河出文庫

片山杜秀の
クラシック大音楽家15講

片山杜秀

kawade bunko

河出書房新社

片山杜秀の
クラシック大音楽家15講

◉

目次

片山杜秀の
クラシック大音楽家15講

1 バッハ

精緻な平等という夢の担い手

●ヨハン・セバスティアン・バッハ
ドイツ　アイゼナハ生まれ。1685－1750
バロック音楽の大家。オルガニスト、鍵盤楽器奏者でもあった。教会音楽や器楽曲を多数作曲。「音楽の父」と称される。
主な作品に、『平均律クラヴィーア曲集』『ゴルトベルク変奏曲』『無伴奏チェロ組曲』『無伴奏ヴァイオリンのためのソナタとパルティータ』『チェンバロ協奏曲』『マタイ受難曲』『音楽の捧げ物』『フーガの技法』など。

《かえるの合唱》と「死ね死ね団」

バッハとの出会いですか。幼稚園から小学校にかけて長いことヴァイオリンを習っていましたので、そこでバッハは出てきたんですよ。でもパルティータやソナタを本格的に弾いていたのではありません。いやいやながらのお稽古ごとという意識でしたから。習った期間の割にはあまりに上達しない。恥ずかしいのを通り過ぎるくらいに上達しなかったんです。難しい曲はまるで弾けません。それでもバッハの名旋律は教則本の最初の方から出てきます。ほんと旋律だけみたいな。それでも難しいぞ、というようなありさまで……。

それから、テレビや映画ですね。私はテレビ好きで映画好きでしたから。クラシックの名曲はいろんなかたちで流れますでしょう。バッハにもあちこちで出会うわけです。特に印象に残ったのは、二短調の《トッカータとフーガ》ですね。あれは幼心にも響くような種類の音楽なんですね。

私の小学生の頃に『レインボーマン』という子供向けの特撮テレビドラマがありまして。印パ戦争のさなかに、日本の青年が戦場に紛れ込んで死んでしまう。インドの山奥です。水谷邦久が扮している。水谷は思い詰めた悲劇的な感じがする青年俳優ですよ。彼をヨガの行者が助ける。井上昭文が扮している。この人は日活アクション映画の脇役としておなじみでしたけれども、俳優座系の新劇俳優ですね。俳優座は人材を輩出させたけれども、人数が増えすぎて、本体では俳優を抱えきれなくなって、衛星劇団を幾つも作って分派させていたんですね。

俳優座は養成所を作ったけれども、養成した人をみんな本体の劇団に入れるわけには行きませんからね。そうして出来た、分派というと失礼だけれども、とにかく俳優座系列の劇団のひとつに新人会というのがありまして。小沢昭一とか渡辺美佐子とかの劇団ですね。新劇俳優は舞台だけでは食えないから、映画や放送が稼ぎ口になります。新人会の活躍の場のひとつは日活映画でした。小沢昭一といえば日活アクション映画に欠かせない名脇役でもある。若き渡辺美佐子は日活の今村昌平監督作品で主演していいるくらいですからね。で、井上昭文も石原裕次郎や小林旭の映画に盛んに出ていましたよ。悪役が多かったですけれども。灰汁の強い顔の人ですから。そういう縁で井上昭文は石原裕次郎のプロダクションが作っていたテレビドラマの『西部警察』にもレギュラー出演していました。わたくしは井上昭文の舞台は何度か拝見していますよ。六本木の俳優座劇場なんかで。

いや、これじゃあ、バッハになかなかなりませんね。まず『レインボーマン』でした。井上昭文はメークが凄くうまい。新劇の人は赤毛物やって舞台で西洋人に扮する伝統があるから、ヨガの行者になるのもお手の物です。井上は印パ戦争に巻き込まれた水谷邦久を超能力で蘇生させる。それから弟子にする。超能力を授ける。これが大変な超能力で七変化できるようになるんですね。虹の七色で虹男。レインボーマンですよ。彼が帰国して大活躍する。救国の英雄になる。日本人絶滅を企む外国人の秘密結社と戦うんです。この秘密結社の名前が凄い。「死ね死ね団」というのです。日本人を皆殺しにすることが目的で「死ね死ね団」。分かりやすくてインパクトがありますよ。今ではＤＶＤにもなっていますが。『月光仮面』の川内康範の原作ですね。

月光仮面は月光菩薩からヒントを得たといいますが、レインボーマンはヨガですからね。川内康範はいわゆる民族主義系の愛国者でしょう。アメリカ製のスーパーマンとかバットマンみたいなものが人気を博して、白人即正義みたいな価値観が子供にすり込まれるのをたいへん警戒して、対抗するために東洋的ヒーローを生み出そうとした。スーパーマンがアメリカ的な陽性の陽光みたいな派手なものだとすれば、東洋のヒーローはもっと寡黙でなければならない。それで月光仮面ですよ。太陽対月ですね。レインボーマンはヨガ。これまた東洋趣味が濃厚に出た作品ですね。ＮＥＴ、今のテレビ朝日の系列で放送されていました。

で、バッハの話に近づいてきましたよ。ごめんなさいね。その敵役の「死ね死ね団」。これがかなり厳しい組織でして。団員は任務に失敗すると、首領から死を賜るわけですよ。その処刑の儀式が見せ場になっている。子供向けのドラマだというのに残虐ですよ。その死刑の場面で必ず流れるのが、ニ短調の《トッカータとフーガ》の、あの強烈な冒頭なんです。平田昭彦扮する「死ね死ね団」の首領、ミスターＫというのですが、「エーメン」と、「アーメン」とは言わずに「エーメン」と、いかにもそれらしく言って十字を切ると、バッハの仰々しいオルガンの響きが耳をつんざくように流れてくる。それで処刑が荘厳化するのです。

この刷り込みは大きかった。今でも《トッカータとフーガ》を聴くと真っ先に連想されるのは処刑です。わたくしは平田昭彦の大ファンですし。『レインボーマン』放送中にファンレターをお出しして、ご返事を頂いたのですが、その手紙には「今はミスターKをやっています」とございまして。今でも大事にしておりますけれども。その平田昭彦さんの執行する酷薄な処刑の儀式の音楽として《トッカータとフーガ》が何かとわたくしの脳内に鳴り響くようになって、何十年経っても変わりませんね。音楽というのは記憶と刷り込みですから、例えば一度『レインボーマン』とつながって《トッカータとフーガ》が記憶されると、一生もう抜けられません。音楽は「パヴロフの犬」でございますよ。音は記憶の呼び覚まし装置です。そういうものです。では、たまたま『レインボーマン』の「死ね死ね団」に《トッカータとフーガ》であったかというと、そんな話でもないとは思うのですよ。音楽の性質に照らして、処刑場面に鳴り響くのは、まったく故なきことではない。だってバッハはキリスト教会のオルガニストとしてオルガン曲を作っていたのですからね。

オルガン曲は純粋な音楽というよりも宗教とつながっている。世間衆生、信徒のみなさんに教会が何を説くかとなれば、その中心は死への備えでしょう。天国に行けるかどうか。荒々しいトッカータの導入というのは現世の大変さかもしれないし、怒りや悲しみかもしれないし、イライラかもしれないし、神の怒りかもしれないし、地獄落ちかもしれない。とにかく死や苦しみがあるから、天国の幸福を求め、救いを求めて教会に行く。そこでバッハがオルガンを演奏する。「死ね死ね団」とあの有名なニ短調の《トッカータとフーガ》というのは結局、どこか合ってしまうところがあるわけです。死とバッハの組み合わせで、小学生時分に耳がひとつできたことは、やっぱりとてもよかったと思っています。「『レインボーマン』とバッハが一体になるような刷り込みはよくありませんでした」とは、ちっとも思いません。

あと、バッハと言いますと、小学校の音楽の授業で、バッハのト短調の《小フーガ》を聴かせてくれたことがありました。文部省指定の音楽鑑賞教育の教材になっておりましたからね。それでレコードで授業中に聴かされたわけです。それが面白かった。大好きになりました。「ドーソーミ♭ーレ、ドミ♭レドシレソ……」というかたちの主題が出てきて、フーガですから、それを追っかけるようにほかの声部が同じ旋律をくり返して、ずれて重なってゆくわけですね。そういう、繰り返しを土台に自由に追っかけっこする楽曲形式としてのフーガ、あるいはほんとに同じ旋律をずらして重ねてゆくだけの楽曲形式としてのカノンは、子供には一般的に面白く感じられるのではないですか。

ちょっと穿った言い方をすると、単純な模倣とはすなわち学習というか、お稽古ごとの基本であり、批判能力に乏しい子供であればあるほど、すんなり入っていけるところがあると思うのです。子供は遊びでも何でも繰り返しが好きだし、原始的、始原的なものの基本も反復でしょう。祭礼でも舞踏でも美術でも。理性が飛ぶと反復になるんですよね。そういう意味でフーガやカノンというのは子供を喜ばすものだと思うのです。大人も喜ぶと思いますが、とにかく童心に触れるということです。

そのようにバッハを思い出すと、小学校低学年の音楽の授業の《かえるの合唱》が自動連想されてくるんですね。《かえるの合唱》を輪唱でやる。初めてやらされたとき、何か凄い経験をしたなあと思いましたよ。輪唱というのはつまりカノンですから。それぞれは単純な繰り返しをやっているだけだ。しかしずれている。ずれるだけのことで聴く側にはたいへん複雑な網の目が作り出されてゆく。対位法的世界というやつですね。タテに響く音はいちいちとてもびっくりするようなことになってきますよ。しかしこちらとしては一本の同じ旋律を覚えているだけでいい。いちいち別のメロディをそれぞれが覚えて違ったものを重ねて対位法にするのではない。同じものの入りをずらすだけでとてつもなく豊かでびっくりする音楽が出てくるんです。そこに子供を刺激するタネがある。《かえるの合唱》の快感はそのままバッハのフーガやカノンの世界、あるいは繰り返しが基本ということでいいますとシャコンヌやパッサカリアの形式にも通じてきますね。

バッハと言えば《ゴルトベルク変奏曲》というのもありますね。変奏曲という分野も大切ですよ。変奏は主題を変えて奏でるのだから単純な繰り返しではないけれども、主題は同じなんだから衣装を着せ替えながら同じ人間が出続けているようなもので、反復の一種ではある。繰り返しを極めるみたいなところがあるでしょう。その意味ではバッハは、モーツァルトやベートーヴェン、むろんワーグナーやマーラーよりも子供心をつかめる音のかたちをしている、とも言えるでしょうね。いくつも主題があってそれらがおのおの展開するというと、記憶する材料が増えるのだから、鑑賞は面倒くさくなってしまう。道筋が追えなくなったら、つまり飽きるということ。退屈して聴く気力を失ってしまう。でもカノンやフーガや変奏曲は原則としてひとつの旋律を覚えて、あとはそのひとつをわくわくと追っかければいいんですよ。

バッハにかぎらず、バロック音楽はフーガやカノンを発達させました。けれども、フーガやカノンはバロック音楽の時代のうしろに行けばゆくほど廃れてゆきまして、それらに最後までこだわりを示し続けた作曲家といえばバッハなんですよ。器楽でも声楽でも、ソロを立たせてリズムやハーモニーで伴奏を付けるというほうが後期バロックに行くほど流行りになった。

同じ後期バロックの大家でも、テレマンやヘンデルやヴィヴァルディは決してバッハのようにフーガやカノンに力を尽くさなかった。コンチェルトやオペラで独奏者や独唱者がメインの声部を立たせて、周囲はそれを面白く伴奏したり、手を入れたりするところに、少なくとも後期バロックで同時代的に大家と目されていた作曲家たちの主たる興味があったわけですね。それは一種のスター主義でしょう。ソリストが目立つことが大事な音楽のかたち。縁の下の力持ちみたいに伴奏のアンサンブルが、主旋律を目立たせようと影のように地味な旋律を添えたりしている。でもフーガやカノンというのは主旋律が一本立ってあとは伴奏という音楽ではない。幾つもの声部が主旋律を受け持って絡み合ってゆく。それぞれが対等なものなんですよ。

平民の平等社会

《かえるの合唱》の輪唱をやった経験のおありになる方は思い出していただきたいのですけれども、別にどのグループが目立って難しいことをやるのではない。みんな同じことをやっている。しかもみんな主旋律をやっている。別にバッハはカノンやフーガばかり作っていたわけではないけれど、そこへのこだわりの度合いがほかの人たちとだいぶん次元を異にしていたのがバッハのバッハたる所以にはちがいないでしょう。バッハの大衆性の問題ともつながるところがあろうかと思うんですね。

つまりバッハは教会の音楽家である。宮廷音楽家のキャリアも長いが、教会音楽家としてお祈りの時間にかかわる声楽曲やオルガン曲をたくさん作ったことがバッハをバッハらしくしている。王族や貴族が相手だと耳の肥えた趣味のある聴衆が想定されてくるけれども、街の教会のミサでやるとなれば、聴き手も普通の人がたくさんいるわけでしょう。みんなでやってみんなに聴かせるという視点がそこから自然と出てくる。大衆を友にする作曲家としてのバッハ。なじみやすいメロディをみんなで応答するようにくり返してゆく合唱や合奏のかたちにこだわる。オルガンやチェンバロの独奏曲にも、同じ発想を移す。右手が主旋律で左手が伴奏なのではなく、対等の重みを持つような書き方ですね。フーガでもカノンでもいい。もっと広い意味での対位法的な書き方への果てしないこだわりというのは、主役のいない対等なもの同士の絡み合いの世界ということで、民主平等の平民的世界の理想像にどこか通じてくるんですね。

つまり平民の共同体が音楽を自ら演奏し、それを楽しむ。そんな世界観の延長線上のとりあえず最後、果ての所にバッハがいる。みんながひとつの旋律を覚えて模倣するという行ないを基礎にして音楽を作りあげる。

それはフレスコバルディもスヴェーリンクもシャイトもブクステフーデもパッヘルベルもみんなそうだったのですが、バッハがその周到さにおいても劇的効果においても極限に到達した。バッハの音楽には平民的性格や集団的性格や共同体的性格があるんですね。独奏曲でも、左右の手、十本の指、手足――オルガンだと足踏みペダルも重要ですから手足ですね――、そういうもののコンソートというか合奏ですわね、その感覚が第一義的にある。

しかも、その平民的性格が素朴にしかあらわれないとただの輪唱くらいになってしまうけれど、バッハにおいては素朴の精密化が行なわれているわけです。対して、バッハと同時代のほかの大家たちは、演奏と鑑賞といいますか、そのあたりがもっと分離しているわけですよ。一緒にやるのではなくて普通の人間には思いもつかないしできもしないようなことを名手にやらせて、凄いなあと楽しむ。それがスター主義や、主旋律と伴奏の分離ということに通じてくる。そういう発想になってくる。みんなでやる、みんなをステージに載せる感覚があるのがバッハ的で、みんなを楽しませる。みんなを客席や伴奏集団に入れておく、主旋律を独占してそれを技巧を尽くして料理して周囲を感嘆させるのはスターであるというのが、ヘンデル的なものやヴィヴァルディ的なものである、という感じでしょうか。

主役が目立つというと、たとえば協奏曲ですね。バッハにも鍵盤楽器やヴァイオリンなどの協奏曲は数多くありますが、ヴィヴァルディのヴァイオリン協奏曲《四季》みたいに、独奏が異常な名人芸を示して独奏と合奏の役割分担が明瞭なものとなると、つまり主従のハッキリしているものとなるとあんまりないでしょう。バッハのコンチェルトは独奏と合奏の協奏であって、競奏だったり喧嘩だったり、独奏の唯我独尊にはなっていない。特別さはそこにある。バロック音楽が見限りつつあった「模倣に基づく民主的音楽形式」とでも呼べるようなものをヨーロッパ音楽の中心部というよりは辺境にいたゆえに引きずって鍛え続けてしまった。

中心部はやはりイタリアですよ。さらにフランスですね。イタリアの音楽家がドイツにも来て人気を博す。その中で華やかなオペラやコンチェルトが作られ、音楽は複雑巧緻な主旋律を展開する主役と、比較的単純なリズミックで和声的な伴奏部を担う脇役に分化してゆく。多声部の均衡ある民主的発展というのは流行らなくなってくる。

バッハはドイツの東の方の教会や宮廷で、オペラを頼まれるような環境もないところで仕事を続けたせいで、そんな時代から取り残されてしまったのでしょう。前時代の課題に黙々と取り組み続け、ほかの作曲家が興味を失いつつあったフーガやカノンをマンモスのように発展させてしまった。《音楽の捧げ物》や《フーガの技法》ができてしまった。バッハはとっても反時代的な巨匠だったのです。だからブルジョワのわがままがまかり通ってみんなで一緒にということが後景に引っ込んだ時代には忘れ去られてしまいました。メンデルスゾーンが引っ張り出して、以後は偉い人になったけれど、ほんとうに大勢がバッハを愛するようになったのは二十世紀以後ではないでしょうか。平等や民主や均衡が大切だということになった時代にこそ、バッハは相応しいのです。

茂吉——リヒター——バッハ

いや、お茶を濁して搦め手からのつもりがけっこうもう立ち入ってしまいましたね。ここで思い出話に戻してもいいですか。

私は東京の九段の、靖国神社の近所にある、暁星という、キリスト教系の男子校に小学校から高校まで通っておりました。そこでの友達にバッハの大ファンがいたんですね。あだ名は「聖人」。学内でも注目の的というかとても目立った生徒のひとりで、どこかカリスマ的な魅力を持っていた。今は立派なお医者さんになっているのですが。その「聖人」と、中学時代から親しくなったのですね。小学校のときはクラスが違って付き合いがなかったのが、中学からはクラスやクラブが一緒になったものですから。その「聖人」は絶対音感もあって、小学校時代は聖歌隊の花形で、クリスマスのミサとかありますと独唱するわけですよ。フランスの「木の十字架合唱団」という有名な少年合唱団と、うちの学校の聖歌隊が共演したときにも独唱していたのではなかったか。同学年とはいっても住む世界が違う、凄い人がいるものだと思っていた。それは美しいボーイ・ソプラノでしてね。そして熱心なクリスチャンです。絵に描いたようでしょう。しかし青春小説やマンガではないんですよ。本当にいたのです。

その「聖人」が、カール・リヒターの演奏するバッハに傾倒していたのですね。ほかにも、バッハはグスタフ・レオンハルトに限るというようなませた友人もおりましたが。とにかくその「聖人」の印象があまりにも強かった。学内に聖堂が建っているような学校に通って、カトリックですから神父様がいて、神父様が担任で、聖書を読む授業もあって、クラスにはクリスチャンの友人がたくさんいて——私は信者ではありませんけどね——、朝礼時間に聖体拝領がはじまっちゃったりして、さらに「聖人」がいる。そのせいで中学生になってからは「バッハ―リヒター―聖人」の三位一体が私の脳内でできあがってしまったんですね。聴いてみようかと思っても下手に立ち入れないのではないかと。フーガやカノンが音楽のかたちとして面白いなんてレベルでは済まなくなった。精神や道徳や倫理や宗教の問題がいやでも大きくなってバッハは重荷になった。

リヒターのバッハというと、当時の一般的理解としてはリヒターが厚い信仰の人で、その演奏はバッハの崇高な精神性に迫る真摯窮まりなきものだと。とにかく信仰なんだと。こっちはミッション・スクールにいても信者ではないのでねえ。下手にキリスト教的環境にいて、しかしその中に信者としてきちんと入っていない分、強い疎外感があるわけです。バッハを遠ざけたい気持ちになった。「私のような俗人は聴いちゃいけない、すみません」なんて。

そういえば「聖人」は斎藤茂吉の短歌を偏愛していて『赤光』とかをそらんじているのです。茂吉といえば「実相観入」ですか。自我を殺して写生に徹するんでしょう。茂吉もリヒターも「求道的」な感じがとても重なる。私は「茂吉の息子の北杜夫でちょうどいいです」と言って、「聖人」に茂吉を薦められても逃走しておりました。ますます「聖人の世界」は畏れ多いぞと（笑）。

といっても、私は当時は既に二十世紀のクラシック音楽、いわゆる近現代の音楽のファンを自任しておりまして、そういう私としてはバッハは遠ざけようにも遠ざけられないものではあり続けていたんですよ。バッハは「聖人」に任せて自分はいいやと思ったわけではない。ヴァイオリンのレッスンから解放されてクラシック音楽とはもう付き合わなくて済むと思ったら、実は私は伊福部昭や早坂文雄や芥川也寸志や黛敏郎の映画音楽が好きで、それらはクラシックの作曲家の書いている映画音楽だからクラシック音楽ではないかと気づき、そこから近現代のクラシックを聴き漁(あさ)るようになったという筋道だったのですが、その途上、随所でバッハに出会う。

たとえばストラヴィンスキーは「バッハに還れ」と言ったでしょう。第一次世界大戦後の反ロマン主義、新古典主義、新即物主義、新バロック主義の音楽は、バッハの影響抜きには考えられない。主役の声の大きい、ホモフォニックな、つまり主旋律優位の音楽から、対位法的なみんなが主役の音楽に還ってゆく傾向が強まる。それは大衆社会化ということと関係あると思うのです。ストラヴィンスキーやヒンデミットは特にそうですね。シェーンベルクの十二音音楽もそうかもしれない。十二の音程、全部が平等でヒエラルキーがないのが十二音音楽の基本ですから。

中世の名残りがまだまだあって街があって教会に人が集ってみたいな世界が壊れていって、ブルジョワ社会ができてゆく中で、バッハはいったん古びた。反時代的になった。田舎の時代遅れな音楽になった。先に述べたとおりです。けれども、それが二十世紀の大衆社会、労働者の社会、平等本位を理想とする社会にまたピッタリ針があってしまって蘇ってくる。ヒンデミットはカノンやフーガをやたら作って素人でも参加できる音楽をやろうとする。

日本の音楽教育に輪唱、つまり合唱カノンを入れ込むことを戦前から推進し、自らもカノンに向いた唱歌の作曲に努めたのは下総皖一（しもふさかんいち）という作曲家で、そのせいで私も小学校の低学年時の音楽の授業で《かえるの合唱》の輪唱をやって楽しい思いをしたのでしょうが、下総はヒンデミットの弟子なんですね。ヒンデミットが、プロとアマの隔てのないみんなの音楽をバッハに倣ってカノンやフーガを武器に実現しようという理想に燃えていたときにベルリンに行って、ヒンデミット教授の理想にもろに影響されて帰ってきて、日本の音楽教育に大きな力を及ぼす。だから《かえるの合唱》が教科書に出ているのは戦間期の「バッハに還れ」とつながっていると言えなくもないでしょう。

人は神のまなざしに耐えられるか

けれど、バッハの宗教的な顔となるとまた別なんですよ。それは「聖人」の近寄りがたい世界であって、信仰から入っていかないと、フーガだ、カノンだ、トッカータだという、音楽のかたちだけでは納得できようはずがないではないか。バッハは確かに一種のみんなの音楽かもしれないけれども、バッハが作曲し演奏する教会やらどこやらに集うみんなは、やっぱり信仰の精神の共同体を成すみんなであって、そのみんなは信仰抜きにしては存在しない。やっぱり信仰かと。

それで私はけっこう困りました。バッハのことだけでなくて、そもそも日本人でクリスチャンでもないのになぜミッション・スクールに通っているのかと悩んでしまった。宗教の時間に神父相手に「東洋には東洋の道がある」とか言って、喧嘩を売ったりもしましたよ。幸徳秋水の『基督抹殺論』が岩波文庫で復刊されて買って読んでしまったものだから「そうか、キリストはいなかったんだ、バッハも学校も西洋文明もみんな虚妄だったんだ」と。まだ子供なもので、やっぱり本というのは怖いですよね、幸徳秋水を真に受けてしまって。級友に「じゃあ、おまえは学校辞めろ」と野次られて、まさか辞められなくて、すぐ転向しましたが（笑）。

そんなこんなで、バッハはプロテスタントで私のいた学校はカトリックですが、「学校が生徒に強要する文化」の化身が私の頭の中ではかなりバッハになってしまって、今でもバッハの受難曲とか教会カンタータを聴くと十代の重圧感が蘇らないといえば嘘になる。暁星自体はそんなに禁欲的な学校でもなく、むしろ遊び人の気風があったと思いますが、何しろ修道院か軍隊かという、黒づくめの制服を着て過ごしておりましたしね。ストイックな世界を意識する環境ではあったのです。

ところが高校のとき、ひとつの転機が訪れまして。再び「聖人」の話なんですが。私の母校は、今はどうか知りませんが、当時は大学受験に差し障りがないようにと、はやめに修学旅行に行っていたんですね。高校一年で行くんですよ。だから修学旅行という感じはまったくしないのですが。南日本に一週間くらいでした。私と「聖人」はそのとき一緒の班だったと思います。日中の行動もだいたい一緒だし、宿でもたいてい同室だったでしょう。するとですね、夜が近づいてくると「聖人」は私に言うのですよ。「どのは今晩は寝ますか?」。「どの」というのは「片山殿」から姓が脱落した短縮形でして。そのとき「聖人」は「私は寝ませんけど、一緒に起きていませんか」ということを言っていたわけなんです。

つまり「聖人」はバッハの宗教曲の世界やカール・リヒターの信仰心を規範にして、厳格に自らを律し、ある種のストイシズムに生きているから、自分のコントロールできない時間を他者にさらすことがいやだった、ということだったと思うのです。単純に言い直しますと、自分が眠りこけて、いびきをかいたり、寝言をつぶやいたり、寝返りをうったり、そういう乱れた姿を友人に決して見せたくなかったのではないでしょうか。ある種の完璧主義ですよね。そしてそれは言葉だけではなかったんですよね。実践を伴っていました。私の知る限りでは本当に毎晩寝ないのです。一晩中ふとんの上に正座して、イヤホンでリヒターのバッハを聴いていたのです。いや、修学旅行にラジカセなど持参してはいけなかったのかもしれないから、クラブの旅行と記憶が混同しているのかもしれない。でも寝ないで正座しているのは本当ですよ。

その姿はまるで苦行に身を浸しきって法悦する修道士そのものでした。その横で私は申し訳なくも寝てしまい、目が覚めると「聖人」はやっぱり正座したまま覚醒しているのです。なんか凄いなあと思いました。求道ですね。が「聖人」もやっぱり人の子でした。寝ないでいるには期間が長すぎました。一週間ですもの。旅程も終わりに迫ったある朝、私が目覚めると「聖人」が横で揺れているのです。揺れに揺れている。正座しながら前後に激しく身を震わせている。そこだけ大地震が起きているように全身をグラグラさせている。ついにトランス状態に入ってしまったのかとびっくりしてしまって「大丈夫ですか」「気を確かに」とか声をかけると、ニコニコしている。本当に幸せそうな顔をしているんですよ。これはどうしようかと困りました。そこで同室だったレオンハルトの好きな奴が面白がって「先生、バッハの生まれたのは何年でしたっけ?」とか「《マタイ受難曲》は何年作曲でしたっけ?」とか訊ねると「聖人」は答えるのです。ところがその数字が突拍子もない。二千何年とか未来の西暦だったりする。レオンハルトの好きな友人は大盛り上がりで、どんどん質問する。意味不明な問答がくり返され、ひどい話ですが、しばらく笑って笑って過ごしました。朝からお祭りになってしまって。

私にはその記憶へのこだわりが凄くあるんですよ。ずうっと引きずっている。「聖人の狂気」がバッハとは何かを教えてくれているような気がして忘れられないのです。完璧さを求める狂気といいますか。寝てしまったら友達に恥ずかしいなんてレベルではもう説明がつかない。神様に対して一分のすきもないように振る舞いたいという信仰心が、修学旅行というハレの舞台でのあの突出した行動というか苦行をもたらしたのではないか。友達みたいな俗世間相手しか想定していなかったら、あそこまで振舞えないのではないか。一切のすきを認めない徹底。神を相手にしないとああはならない。これが思い詰めた信仰や求道的精神についての一般的説明にもなりますし、バッハの音楽の論理的・技術的徹底ということにもつながるように思うのです。

バッハの音楽のいちばんの特徴は隅々まで書き尽くそうとするところにあると思うのですよ。平民性や大衆性と食い違う気もするけれど、そんなこともないのです。どの声部も主役にならず、対等に振る舞わせ、均衡を保つ。そういう対位法の世界を理想的に実現するには細密な設計が必要なんですね。アバウトではたちゆかない。主旋律と伴奏に割り切れる音楽のように役割さえハッキリさせればアバウトで乗り切れる音楽とは根本的に別なのです。いかなるほころびも認めず、設計図は緻密に書き上げられなくてはならない。均衡させてみんなを平等にするのはとっても難しいし手間のかかることなんですよ。積み木やマッチ棒の細工みたいなものを思い出してください。

崩れないように複雑に組むのは難しいでしょう。あれと同じです。それを神に向かって見せようとする。どこもほころんでいませんよと見せようとする。その、うーん、やっぱり一種の狂気と呼ぶべきものがバッハなのではないでしょうか。

ユートピアのバッハ

先に申しましたように、カノンを単純に《かえるの合唱》みたいにやりましょうというくらいのことなら、音楽の実際として聴こえてくる結果はけっこう複雑でも、楽譜の上では、作曲家の工夫としてはそんなにややこしいことにはならないのです。しかし、バッハはカノンやフーガを練り上げてきた十六世紀前後からのヨーロッパ音楽史のひとつの終着点を十八世紀前半に示そうとしていたわけですからね。みんなが主役の模倣的多声部音楽を織り上げる手管（てくだ）は人間国宝の工芸家が裸足で逃げ出すレベルになっています。カノンでもとんでもない規則を作り出すし、フーガの模倣と発展の仕方も前の人たちとは水準を異にする。そういう極限を常にめざして、時代の流行はもう違っているのに、おそらくはただ神の眼だけを恐れて、すきなく、自分の能力の限界にまで挑みつづける。なぜここまで技巧を尽くさなければならないのか、他人に理解されないような、しかしみんなが主役という意味では教会に集う昔ながらの人々の世界から美学においては逸脱しないような作品を書き綴りつづける。

そして、そういう態度を突き詰めるのは人間としてかなり無茶なことであって、その無茶に身を任せると狂気すれすれまで行かざるをえない。あの修学旅行の朝の「聖人」の姿のようなギリギリのところに。完全を求めるとスレスレになる。要するにバッハの信仰というのは、バッハがキリスト教の教義をどう理解していたかとかいうことよりも、神の森羅万象を見通す全能のまなざしにも対抗できるくらいのすきのなさで、多声部が平等の音楽を書こうとした点に求められると思うのです。

カノンやフーガという同じものをくり返す仕掛けにこだわる点では音楽のかたちのつかみやすさ、平易さというものを常に忘れず、どの声部が主役でもないような均衡した音楽を心がける点では平民性や平等性とつながり、神の目にも耐えようとする点では人間の知恵の極限を示す超絶的論理性をギリギリまで、紙一重のところまで探究する。それらの要素が絶妙の均衡を示すところにバッハはいるのです。

だからバッハは神という超越的な眼をおそらく意識しすぎたことで、十八世紀の後期バロック音楽の歴史的文脈を完全に逸脱し、ワイマールやケーテンやライプツィヒといった都市の、宮廷や教会の音楽家という現実的な存在からもずれてしまって、超時代的な、あるいは未来的な平等や対等や均衡や相互的コミュニケーションの理想を、精緻な設計図＝楽譜によって後世に遺した音楽家になってしまったのですね。それが、平等を尊ぶ近現代にこそバッハがますます尊敬される理由であり、情報化社会やテクノロジー社会にフィットしてしまう理由であり、マクルーハンに入れ込んだグレン・グールドのような音楽家がバッハを最大のレパートリーにしてしまう理由だったのでもないでしょうか。

バッハはやはり「精緻な平等」の音楽家ですよ。イライラするような雑な平等はこの世にたくさんありますが、やはり「精緻な平等」は難しい。いつまでもつかめない人類の究極の夢のいくたりかを、バッハはしっかり握っているのです。

2 モーツァルト　寄る辺なき不安からの疾走

◉ヴォルフガング・アマデウス・モーツァルト
オーストリア　ザルツブルク生まれ。1756－1791
古典派の作曲家、ピアニスト。「神童」と謳われた早熟早世の天才音楽家。
主な作品に、多数の交響曲、ピアノ協奏曲、弦楽四重奏曲、ピアノ・ソナタなどの他、オペラ『フィガロの結婚』『魔笛』、宗教曲『レクイエム』がある。

『ウルトラセブン』とモーツァルト

モーツァルトの音楽と、単に出会っただけなら古いんです。いつもの話ですけれども、幼稚園からヴァイオリンのお稽古をしていましたから、有名な人とはひととおり出会いますよね、やっぱり。モーツァルトを弾くこともありました、教材として。でもこの作曲家の音楽をもっと聴きたいとは、幼いときには思いませんでした。まあ、他の作曲家もみんなそうなんですが。毎週の稽古がいやで、いかに逃げるかしか考えない。クラシック音楽を嫌いになる。そういう典型的な道筋をたどっていたものですからね。

　ただ、モーツァルトっぽくて好きだ、本物のモーツァルトなのか何だか分からないけれど耳に残って離れない、そういう曲はありました。『ウルトラセブン』の劇伴音楽なのですけれども。《フルートとピアノのための協奏曲》というのがありまして。題名通り、フルートとピアノと小オーケストラのための音楽。典型的なモーツァルトの長調で快活で流麗な音楽のスタイルをとっている。『ウルトラセブン』のメトロン星人の回とか、あるいは松坂慶子扮する美少女の体内に宇宙生物が棲みつく話の回で、とても効果的に使われている曲なんです。

　『ウルトラセブン』というのは昭和四十年代前半、私の幼稚園の頃のテレビ番組ですね。スポンサーは武田薬品でして、父親が武田薬品を顧客とする広告代理店に勤めていたもので、幼稚園の頃の私の周囲は『ウルトラマン』や『キャプテンウルトラ』や『ウルトラセブン』の宣伝シールとかに覆い尽くされていた。みんな武田薬品提供だったんですよ。ですから、そういう番組は私にとっては他の子供以上に親しいものでして、本放送、再放送と、執拗に観ておりました。

　その『ウルトラセブン』の《フルートとピアノのための協奏曲》についてですけれども、モーツァルトにはたとえば《フルートとハープのための協奏曲》はあっても、実はフルートとピアノのための協奏曲はない。ということはモーツァルトのオリジナルではないらしい。とすると、モーツァルトの何か別の曲を編曲しているのか。そんなことをずっと思っていました。ところが中学生の頃ですか、《フルートとピアノのための協奏曲》の正体が分かりました。

『ウルトラセブン』の音楽を担当されたのは冬木透という作曲家ですね。有名な主題歌を含めて劇伴の曲も冬木さんの作曲というのは、もちろん承知していたのです。私は『ウルトラセブン』の数々の劇伴が大好きでして。テレビからカセット・テープに録音して集めていたくらいで。でも『ウルトラセブン』にはクラシックの有名曲がそのまま使われることもありました。殊に知られているのは、最終回でのシューマンのピアノ協奏曲ですけれども。そのことは最近、青山通さんが『ウルトラセブンが「音楽」を教えてくれた』という本をお書きになって、改めて脚光を浴びていますね。

そんな仕掛けの多い番組でしたから、フルートとピアノのための例の音楽もモーツァルトか誰かの元ネタがあるのかと想像していた。しかし実はそうではなかった。冬木透さんのオリジナルだったという。そうか、モーツァルトらしい音楽として幼い頃からいちばん好きだった音楽は、本物のモーツァルトではなかったのか。いろんな意味でショックでした。とにかく『ウルトラセブン』によってモーツァルトのスタイルを教えられたには相違なく、その意味で「ウルトラセブンに音楽を教えてもらった世代」に属しているようです。

しかもモーツァルトと冬木透については、僭越ながら私の個人史では続きがありまして。小学校の終わり頃から映画音楽やテレビの劇伴音楽への興味から、ついにクラシック音楽の門を叩きまして、近現代物のレコードを集めるようになりました。ストラヴィンスキーやプロコフィエフや伊福部昭や黛敏郎や武満徹とかですね。でも、ある日、レコード屋さんで、ルドルフ・バルシャイ指揮するモスクワ室内管弦楽団のモーツァルトの交響曲第四〇番・四一番、ビクター盤ですけれどもね、それに目が釘付けになった。古典派なんかには興味のないときですよ。なぜか。ジャケットにかかっているタスキに「冬木透」という三文字が印刷されていたからです。『ウルトラセブン』の冬木透ではないか。冬木さんは市場幸介（いちばこうすけ）や高田三郎といった人たちに師事したクラシック音楽畑の作曲家ですね。放送の音楽をたくさん作曲して暮らしておられた。『ウルトラセブン』の音楽もその中で生まれた。ある時期には音楽雑誌でレコード評もお書きになっていた。で、バルシャイのモーツァルトを「現代的で清澄でクリアなモーツァルト」といった具合に批評されて、その文章がタスキに転載されていたんです。それを見て、「『ウルトラセブン』の、あのモーツァルト風にも見事に作曲してのける、冬木透が推薦しているなら間違いない」と思って買いました。自分の意志で初めて買ったモーツァルトのレコードですね。中学生のときです。「冬木透がモーツァルトを教えてくれた」という話です。

芥川也寸志&新交響楽団の四〇番

その頃から演奏会にもよく出かけるようになりました。現代物が目当てで行き始めたのですが、例えばオーケストラの定期演奏会だと、ひとつ現代物があっても、他がベートーヴェンやブラームスということが普通なわけですね。モーツァルトの実演に接することも増えてゆきました。

まず忘れられないものというと、一九七八年の秋のN響定期です。ピアノ協奏曲第二四番。モーツァルトの短調のセンチメンタルとも言える音楽を、ハイドシェックが実に軽やかにぐんぐん弾いた。師匠のコルトー譲りの破調が自然な生命の発露というか、のびのびとした感覚を生んで、「ああ、モーツァルトというのはこんなに時間の経過を忘れさせてくれるものか」と。指揮はピエール・デルヴォー。お恥ずかしい話ですけれども、モーツァルトを三十分も聴くと、当時の中学生の私としては飽きるのが当たり前だったんですね。《春の祭典》みたいな派手なのでないと、あるいは戦後前衛音楽みたいな次にどんな音がするか見当のつかないようなものでないと、面白くない。そんなノリだった。

ところがこの日は飽きなかった。われながら驚きました。モーツァルトの長いものを全部聴いて一瞬たりとも退屈しないでライヴで聴けた。初めてのことでした。どのくだりもいとおしくて。ハイドシェック様々です。最近、このライヴの音がCD化されましたけれども、私は当時、FMでもエアチェックして何度も繰り返し聴きました。カセット・テープの時代ですね。

あと、モーツァルトのライヴで想い出されてならないのは、芥川也寸志指揮新交響楽団の交響曲第四〇番です。これはもうだいぶんあと。大学生でしたね。一九八四年かな。新宿文化センターでした。新交響楽団はアマチュア・オーケストラの雄ですね。芥川さんが手塩にかけて育てていた。ショスタコーヴィチの交響曲第五番と伊福部昭の《ラウダ・コンチェルタータ》をやるというので喜んで聴きに行ったんですが、そのときの一曲目が四〇番でした。それまでにもライヴでたびたび聴いて、レコードも何通りか、そう、冬木透推薦のバルシャイも含めて持っていたのに、その日はなんか今までにない感動を味わってしまった。特に第二楽章。変ホ長調のソナタ形式ですけれども、提示部の終わりのところで、属調の変ロ長調に向かって和声的に高潮するところがあります。あそこで木管とヴィオラと低弦ですか、半音ずつ持ち上がってゆくんですよね。ほんのみじかい箇所で、少なくともそれまでの私の聴取態度ではけっこう素通りしていた。

ところが、あの日の芥川也寸志の指揮が特に遅かったのか、こちらが何か開眼したのか、よく分からないんだけれども、そのほんの四小節くらいの箇所が、ゲートが開くというか、宇宙の深淵の向こうに何かが見えてくるというか、そういう異常な体験をもたらしたのです。なので、そのときの芥川さんとか新響の楽員のコントラバスの半音ずつ上げて弾いてゆく姿とか、何十年経っても鮮明に視覚的にも思い出せてしまうんですね。半音ずつ上がる。それだけといえばそれだけの最低限の仕掛けなんですが、それで世界が膨張してゆく感じを味わった。大きな宇宙を感じた。モーツァルトのマジックですね。

仏教ではありませんけれども、やっぱりあれは蓮華が開く感じでした。ほんの何秒かが何分にも感じられた。大きくふくらんで成熟していく時間を体験したんですね。一種の神秘体験かもしれない。半音階で上がってゆくというのはバッハなんかでもよくありますけれども、しかしとにかく半音階ですから、長調や短調の音階には乗りませんから、それがつづいてゆきますと、浮遊するというか、漂うというか、前衛的というか、そういう感覚で満たされた。モーツァルトは実はとてつもなく斬新な音楽家ではないか。びっくりしました。

そんなこんなで、ずいぶん長い時間がかかって、縁遠いと思っていたモーツァルトが、だいぶん近くなってきました。

「孤高の天才」

えっ、モーツァルトの孤高性についてですか。なるほど、確かにモーツァルトは「孤高の天才」と評されます。音楽史的にはよくも悪くも昔から孤高と扱われる人ですね。別格といいますか。音楽史の筋道をたてようとすると、本流はモーツァルト抜きでも成り立ってしまう。ハイドンとベートーヴェンで古典派の極まりの歴史は語れてしまう。「ラ・フォル・ジュルネ・オ・ジャポン」が始まったばかりの頃ですか、モーツァルトが特集されまして、それの関連催事で「日本近代とモーツァルト」みたいなテーマで喋らせてもらったことがありました。そのとき、大正や昭和初期の日本におけるモーツァルトの説明のされ方をいろいろ読んでみたら、ベートーヴェンは模範とすべきだけれども、モーツァルトは模範にならない。そういう傾向があったのだと、改めて気づかされました。

ベートーヴェンは刻苦勉励して壮大な音楽を創るタイプでしょう。日本にかぎらずドイツでもいいんですが、やはり後発資本主義国ですよ。一所懸命コツコツやって頑張って国を作って、追いつき追い越せだと。苦労してこそ先も開ける、報われるという価値観が、立身出世とかともかぶるし、尊重されるわけです。そういう国家社会の求めるものと芸術の評価は連動しがちです。ベートーヴェンの音楽は、《運命》なんか典型ですが、頑張って苦労して大きな成就があるから模範になる。ベートーヴェンには自殺しかかったとか耳が聞こえなくなったとか、苦労話もたくさんあって、それがまたいい。ところがモーツァルトは違う。苦労なく幾らでも音楽が湧いてくるようにみえる作曲家だから。これは模範にならない（笑）。別次元で神棚にまつり上げられてしまうといいますか。

そのモーツァルトの別格性が何に由来しているのか。モーツァルトの研究書を読むと、モーツァルトはあまりにも言語能力が未発達な幼い時分から、音楽能力が発達しすぎてしまって、神童と言われて、ヨーロッパのあちこちで少年時代にもてはやされたんだけれども、そのアンバランスがモーツァルトの別格性につながるというふうに、説明しているものに出会いますね。つまりモーツァルトは、文字を書いたり文章を組み立ててきちんと喋ったりするよりも、音符で書いた方が早いというか、人間の感情を言語的に捉えるよりも先に音が出てきちゃうというか、そういう人として育ってしまったと。

普通の作曲家だと、たとえば悲しみとか喜びとか勝利とか祈りとか、先に言葉ありきで、それに見合った楽想が降ってくるのを待つんだけれども、モーツァルトの場合は言葉を媒介としない。そういうことでしょうね。音楽が何らかの言葉の象徴とかコンセプトの説明とかになっていない。曖昧な言い方ですが、先に音ありきであるということ。純粋な音の戯れであるということ。そこにモーツァルトらしさがある。そんな作曲家はほかにあまりいないから孤高だ。神童のまま大人になっているから普通人には参考にならない。ベートーヴェンは思弁的だとか論理的だとかよく言いますが、それは哲学や小説なんかの書き方を音でなぞっているように聴くことができるから、そう言われるのだと思うのです。ハイドンは貴族層のウィットに富んだ会話みたいなものをなぞっているところがあるのではないですか。モーツァルトはそういうふうに言語と関連づけてもうまくいかないようにも思える。だから特別だと。モーツァルト別格論・孤高論というのは、褒めちぎるにしても敬して遠ざけるにしても、たとえばそういうかたちをとりますね。

吉田秀和さんはモーツァルトを「音階の音楽家」と形容しました。長調の音階や短調の音階や半音の音階、それをただ上がったり下がったりする動きが物凄く多い音楽を作った作曲家ということでしょう。音楽の基本である音階がそのまま出てきてそこから発想される音楽が得意というのが、なんと言いますか、自然児というか、神童というか。音楽の原初的なものから、言葉を媒介にしないで、ナチュラルに発想する音楽家としてのイメージが、「音階の音楽家」というところからも出てきますね。モーツァルトは音楽の根本である半音階や全音階を自由自在に転がして、スピードも速くどんどん作って、おしゃべりするように音楽を紡いでしまう。モーツァルトが大人になってもいろいろ行ないが子供じみていたという話があるけれども、それもまた言葉の方の言語面では子供っぽいままで、音楽言語については天才であるということの、アンバランスの一種の証明なのかもしれません。

小林秀雄と河上徹太郎

そんなモーツァルトですから長年、敬して遠ざけられるみたいなことはあったと思うのです。日本でのモーツァルト受容の話に戻りますが、小川昂さんが作られた日本に於けるクラシック音楽文献の目録というのがあります（『洋楽の本』『本邦洋楽関係図書目録』など）。たいへん便利な本でして、作曲家別に明治から日本で単行本が何冊出たかと検索できるのです。それを見ますと、やっぱりベートーヴェンの本が、大正、昭和初期、戦時期、戦後初期と、コンスタントに一番出ている。バッハとかショパンとかワーグナーもそれなりに出ている。でもモーツァルトは戦後初期まで通算しても数点しかない。西洋音楽史の通史や入門のような書物でもモーツァルトの扱いは軽いのが通例です。

日本の伝統音楽の研究者として著名な田辺尚雄は、西洋クラシック音楽の入門書もいくつも著していて、大正から昭和初期には広く読まれたものですけれども、その田辺の本なんかでもモーツァルトはほんと流して書いてあります。日本に限らず、当時のヨーロッパも含めた一般的な傾向として、現代の我々が思うほどにモーツァルトは偉いと思われてなかった。モーツァルトは神童だ、天才だ、それはそうだ。なんの苦労もなくさらさらスルスルと音楽が書けてしまう。そういう人もいましたと。やっぱり軽いと。確かに素晴らしい音楽なのだけれども、人間的な深みとか頑張りとかドラマとかが足りない。しかも技法的にも形式的にもモーツァルトはハイドンやベートーヴェンに比べたら新しいことはしていないのだと。日本でも広く流布していた二十世紀前半の典型的なモーツァルト評価ですね。

そこに一石を投じたのは誰か。欧米的に言うと、ドイツのパウル・ベッカーが著した『西洋音楽史』であり、日本的に言うと、河上徹太郎のモーツァルト論だと思うんです。ベッカーの『西洋音楽史』の翻訳が日本で出たのは一九四一年ですけれども、その翻訳も河上徹太郎ですね。今は河出文庫に入っています。ベッカーはモーツァルトが革新的な作曲家だったと強調したんですね。響きの点でも旋律の点でもマクロというよりはミクロな次元で創意工夫に満ちている。その意味で、とてつもなく複雑で、容易には理解不能な音楽家である。

僭越ながら、私がモーツァルトに耳を開かれた交響曲第四〇番の第二楽章の提示部の終わりのところみたいな箇所ですね。耳をそばだてればモーツァルトほどおかしな不思議な音をあちこちで鳴らす作曲家はそういるものじゃない。屈託のない神童ではなくて、あまりにも早すぎた前衛作曲家みたいなイメージですね。しかも、近代的な精神の自由さというものをクラシック音楽史の中で最初に、かつ大いに強烈に表現した作曲家である。ベッカーのモーツァルト理解というのはそういうものだと思います。

それを訳して日本に紹介した河上徹太郎の方なんですけれども、彼は言うまでもなく戦前から著名な文芸批評家ですよ。しかも、ベッカーを訳すくらいですから、クラシック音楽に明るかった。ショパンが大好き。ジョージ・ロランジやマキシム・シャピロといった戦前の滞日ピアニストにピアノを本格的に習って、大好きなショパンを自分で弾いていた人です。作曲家の諸井三郎の近いところにもいた。小林秀雄と親しくて、小林にクラシック音楽について教える知恵袋にもなっていた。小林は戦後すぐに『モオツァルト』を発表しましたよね。クラシック音楽について日本人のしたためた文章の白眉として今日も読み継がれていますが、あれは河上の助けなくしてはおそらく書かれなかったろうし、小林の『モオツァルト』を素晴らしいと真っ先に絶賛して「不朽の名文」としての地位の確立に寄与したのも河上ですよ。

その河上が、戦時期にモーツァルト論を、小林秀雄に先んじて書いておりますけれども、これがなかなか凄い。従来のモーツァルトのイメージは、深みがなくて、摑まえどころがなくて、音楽もベートーヴェンみたいにはっきりした主題があんまりなくて、チャラチャラした音型で、かすみを食っているようなものだと。摑みどころ、ひっかかりどころがないんだと。ベートーヴェンみたいにかたちとして抱きしめられない。それがモーツァルトだと。

河上もそういうモーツァルト像を踏襲するといえばするのだけれども、そのチャランポランな感じを神童が浮世離れしているからだとはとらえないのです。あるいは天使のように自由だとも言わないんです。河上はそんなモーツァルトに現代的不安を感じた。和声的にもしっかり着地しない。転調が多い。半音階も出てくる。メロディも気まぐれで飛び跳ねる。そういう特徴をとらえて、そこが近代人にフィットするんだ、モーツァルトほど現代的な音楽家はいないんだと位置づけにかかった。第二次世界大戦に向かう不安の時代ですよ。寄る辺なき時代ですよ。どこかに足場を摑まえようとしても、それが見あたらない。政治も経済も軍事も社会も、これで安心ということがない。自信がもてない。ベートーヴェンのように勝利の讃歌や歓喜の歌をうたってみても、実感が伴わない。それが一九三〇年代の感覚であり、その後、現代までつながってくる感覚でしょう。明日をも知れないのは大戦の時代だけではない。株式相場や原発対策で日々一喜一憂して安心の摑みようのないのが、当世でしょう。

その不安の表現の粋がモーツァルトにあるんだと。浮世離れした神童から尖鋭で敏感な近代人のシンボルへ。コペルニクス的大転換ですよ。この河上のモーツァルトの摑まえ方というのは、私なんかでもすんなり同意したくなりますね。モーツァルトを聴いていると、ベートーヴェンの「ジャーン！」という音楽は、しっかり捕まえたみたいな感じがあるのですが、モーツァルトの場合は金魚すくいみたいで、捕まえようとしてもフウッーって行っちゃうから。そこが近代の不安の先駆的な写し絵であるというのは、モーツァルト像のひとつの究極ですね。

ところが戦後の小林秀雄だと戦時の河上徹太郎とはまた違う。モーツァルトの音楽は、瞬間的に、みじかいスパンでどんどん変わる。それを河上は寄る辺なき不安ととったわけだけれども、小林秀雄は古代の『万葉集』と結びつけてしまった。「かなしさは疾走する。涙は追いつけない」というのが小林のモーツァルト論のエッセンスとして知られていますけれど、その意味は万葉歌人の精神とモーツァルトが相同的だということなんですね。万葉歌人と違うのは平安朝の歌人ですよ。人間の感情の機微に訴えようと技巧を凝らすのが平安の歌人であると。「あなたと別れるのがこんなにつらいので、私の涙はかくかくしかじかのように滴り落ちて止まらないのでありますよ」と言うんだったら、「かくかくしかじか」のくだりに掛詞がどうしたとか、類語・縁語がどうしたとかいって技の限りを尽くすのが平安時代の『古今和歌集』とかであると。

でも『万葉集』の時代には、もっと人間は自然とか他人とかに対して剝きだしになっていて、そのまんまおおらかに瞬間的に歌があらわれる。「空が青い」といったら「青い」のであって、「別れが悲しい」のであったら「悲しい」のであって、「かくかくしかじかのように」なんて技は凝らさない。間接化しない。直接話法で即時的であるのが、小林秀雄の考える『万葉集』である。小林はモーツァルトがそれに似ているという。だから「悲しい」となったら瞬間的に悲しさを知覚させるようにモーツァルトは書けるので、レトリックでどうこうではないんだと。

「涙は追いつけない」というのは「悲しいからどういうふうに涙を流す」というまどろっこしさがモーツァルトにはないと述べているわけですよ。即時的である。万葉歌人の感性であると。即時的でしかもどんどん変わるから、疾走するんです。悲しいという原因があって、涙するという結果がある。そういう因果連関を念押しする音楽は、たとえばベートーヴェンでしょう。しっかりしつこく確認する。ベートーヴェンの音楽が構造的というのはそういう意味ですね。

ところが、モーツァルトの音楽は因果連関を念押しせずにどんどん先に行っちゃう。だから原因に結果が追いつかない。かなしさに涙は追いつけない。小林は寄る辺なき不安ではなくて、瞬間芸であり、赤裸々であり、即座ということですね。河上は、戦争と不安の時代のモーツァルト像を出したけれども、対して小林は、もはや何も信じられなくなった敗戦後の日本人、魂を剝きだしにさらけだすしかない日本人、技巧を凝らしてとりつくろってもしようがない日本人、ありのままでいいじゃないかという日本人、そういう日本人に訴えるモーツァルト像を示したんだと思います。

でも、河上と小林は、モーツァルトの音楽を何かに執着せずクルクルスルスル自由自在に変わるのだととらえている点では同じなのです。同じ落ち着かない音楽に、河上は寄る辺なさを聴き、小林は変幻自在なそのときそのときの直覚の連鎖を聴いた。そういうことでしょうか。ですから小林の、万葉歌人にこと寄せたモーツァルト像というのは生命主義的ですよ。アンリ＝ルイ・ベルクソンみたいなものですかね。河上の方は表現主義的ということになりますか。

二十世紀に発見しなおされたモーツァルト

小林秀雄の『モオツァルト』についてダメをおしますと、さっき戦後の日本人はありのままにさらけだしたくなったとか申しましたが、やっぱり戦争中は、韜晦とか、はっきりものを言わないとか、ああ言えばこう言うとかでノラリクラリと言っていたり、理屈ばかり言ったりとか、逆に熱狂のポーズとか、いろんな意味のポーズをとって生き延びようとする人が、特にインテリ層にはたくさんいたわけでしょう。

その反動で、生（なま）に、ストレートに、どんどん言っちゃうみたいなことに対する憧れみたいなものが、戦後すぐには強かったと思うんですね。それが小林の『モオツァルト』が受けた大きな理由だとも思うわけです。戦争中のインテリは、戦争に賛成でも反対でも、何か仮面をかぶって、ショスタコーヴィチじゃないけれども、間接話法みたいなものばかりになっていた。そのストレスを晴らすものとして、小林秀雄がモーツァルトを発見したんですね。ありのまま、見えるまま、自然に感じるままの音楽がここにあるじゃないかと。

さっきのパウル・ベッカーや河上徹太郎のことも含めて改めて考えますと、モーツァルトというのは、やはり二十世紀に新たに発見しなおされた作曲家だと思うんですよ。あの摑みどころのなさ、落ち着きのなさ、ゆらぎみたいなものは、十九世紀的価値観の中では異形の神童みたいに奉っておくしかなかった。それが第一次世界大戦を経験して、いよいよ文明があらゆる意味で現代化されてくる。スピード時代になる。ズンズン物事が推移する。起承転結なんかつかずに不条理に運ぶのも当たり前になってくる。理屈では整理できなくてかたちにしにくいのだけれども、何だか生々しく常に揺れ動く思いというものが、人間にとってアクチュアルな感情形態として納得されてくる。そうなって初めて、モーツァルトはこの世ならぬ人から日常の友へと近づいてくるわけですね。河上徹太郎のようにも感じられれば、小林秀雄のようにも感じられる。とにかく神童や天使ではなくて、激動の時代を生きる普通の現代人に適合する。モーツァルトの音楽がたくさん演奏されて、ベートーヴェンなんかに負けないようになって、親しまれるようになるのも、我々が思っているよりは意外と新しいものでしょう。ヨーロッパでもやっぱり第一次世界大戦後ですよね。一九二〇年代、三〇年代にかなり「モーツァルト復興」があった。それはつまり二十世紀になってみないと、モーツァルトはよく分からなかった。そういうことでしょう。

モーツァルトの短調

モーツァルトの短調の曲に人気があることをどう考えるかですか。確かに私がモーツァルトに近づくときに大切だったピアノ協奏曲第二四番や交響曲第四〇番も主調は短調ですし。私も短調のモーツァルト好きなのかもしれませんね。モーツァルトが二十世紀に発見されたということも大きいかもしれません。

二十世紀にクラシック音楽が大衆社会に受け入れられてゆくとき、短調の曲がかなりの役割を果たしたと思います。一種のセンチメンタリズムと結びついて通俗化して、音によるメロドラマとして短調の楽曲が人気を博する。典型はラフマニノフですね。ラフマニノフはハリウッドの映画音楽なんかの大きなモデルも提供したけれども、憂いや嘆きの感情をよく表出する作曲家として、苦労の多い現代人の琴線にふれやすいからよかったわけで、その証拠に、三つの交響曲も四つのピアノ協奏曲も、みんな主調は短調ですよ。そういう時代にモーツァルトも発見された。そこで注目されたのは短調の曲だった。

しかし、ラフマニノフとモーツァルトは同じく短調の曲に人気が集まっているとしても、かなり違うと思うんです。そもそもモーツァルトは短調の曲が極めてすくない。ケッヘル番号で言うと十何分の一しか短調が主調の曲はない。ラフマニノフのように主要な大作が短調揃いというのとは一線を画している。そこから単純に類推すれば、モーツァルトにとって短調は長調と比べて特に重要でも自然でも大切でもない。短調か長調かと言えば、モーツァルトはむしろ「長調の音楽家」でしょう。それに、他の多くの作曲家もそうですけれども、作品の主調が短調か長調かで、曲の色分けや美意識が単純にはかれるわけではない。特にモーツァルトの場合はそうでしょう。モーツァルトの作品というのは、主調が長調でも短調的な響きに途中でねじれている曲はたくさんある。主調が短調か長調かというのは、もちろん曲の性格の根本にかかわる大問題ですが、モーツァルトを鑑賞するとき、本当に大事なのはミクロな変化、うつろい、ゆらぎだと思うのですね。

河上徹太郎の「寄る辺ないモーツァルト」のイメージにかかわる話ですが、ミクロなレベルで、長調になったり、短調になったり、半音階的なおかしな不思議な音がサラッと織り込まれて、今のはなんだったんだと思っても、どんどん先に行ってもう二度とあらわれず、はかないなあというような、そういうところがおそらくモーツァルトらしさの核心なのです。主調が長調か短調かというのははかりそめみたいなもので、あくまでミクロで際限ない推移の連鎖。そこに少なくとも現代人にとってのモーツァルトの魅力があるんだろうと思います。

「短調のモーツァルト」の中に「長調のモーツァルト」がいて、「長調のモーツァルト」の中に「短調のモーツァルト」がいる。どっちにも「半音階のモーツァルト」がまたもちろんいる。融通無碍でないまぜで変わり身が早くて疾走するのがモーツァルトでしょう。その中で短調が主調の作品が、二十世紀の大衆社会のメロドラマ趣味、センチメンタリズム志向によってどうしてもクローズ・アップされるのだけれども、そこに重要な問題があるように思いたがる人がいるとすれば、それは二十世紀的錯覚、と言っては言い過ぎだとすると、二十世紀的色眼鏡くらいかな、そのくらいのものであると、とりあえず言いたいですね。

結局、モーツァルトの音楽は、ベートーヴェンやブラームスのような盤石の基盤を与えてくれるものじゃなくて、マーラーのように大仰にわざとらしく揺れてみせるものでもない。「あーっ」と思ったときに次に行っちゃっている、無限にはかない経過ですね。足元のバスも弱くて、そんななかでクラリネットとか、頼りなげで、澄んでいて、目方がなくて、脆くて、はかなくて、壊れやすくて、ポンとやられたら心療内科に行かないとダメみたいな、いろんな意味で人間の頼りなさや脆弱性とリンクする。イタリアの二十世紀の作曲家、ダラピッコラの意見に従えば、シェーンベルクに通じる瞬間さえある。そういうものがたくさんモーツァルトから聴こえてくるんだと。それほどモーツァルトの音楽は変化に富んでいて、調性が不安定ということですよね。そクロマティックな変な音があちこちに挟まっているとか、そういうことによって、聴けば聴くほど不可思議みたいことがたくさんある。

フレーズもみじかい。シューベルトまで行くと流行り歌みたいな長いフレーズになりますが、モーツァルトとなると基本的にキャッチーな長いメロディではなくて、もっとはかなくて断片的なものですよね。聴けば聴くほど瞬間を漂う。確固たる筋道に安住できない。楽しいにせよ、悲しいにせよ、どっちつかずにせよ、刹那の芸術である。現代が起承転結や脈絡を失い、われわれが刹那的になればなるほどモーツァルトはリアリティを持って迫ってくる。二十一世紀もわれわれにとってモーツァルトはずっと親しいものであり続けるでしょう。喜ぶべきか、悲しむべきか。

3 ベートーヴェン　日本人の楽聖受容

◉ルートヴィッヒ・ヴァン・ベートーヴェン
ドイツ　ボン生まれ。1770-1827
古典派・ロマン派音楽の大家。作曲家、ピアニスト。「楽聖」と称される。
主な作品に、ピアノ・ソナタ全三十二曲、ピアノ協奏曲全五曲、ヴァイオリン・ソナタ全十曲、ヴァイオリン協奏曲、チェロ・ソナタ全五曲、交響曲全九曲、弦楽四重奏曲全十六曲、オペラ『フィデリオ』など。

ベートーヴェンと私

ベートーヴェンの有名な曲は幼いうちから耳に入ってきますよね。《エリーゼのために》とか交響曲第九番の〈歓喜の歌〉とか《月光》とか《運命》とか《アテネの廃墟》の〈トルコ行進曲〉とか。私も幼年期から楽器もやっていて、幼稚園のときにベートーヴェンのメロディは弾いていたし、早くから何だか知っているつもりにはなっていました。モーツァルトよりもベートーヴェンの〈トルコ行進曲〉の方が好きでしたよ。でもベートーヴェンに夢中になったり憧れたりはしなかった。クラシック音楽の象徴みたいな、棚の上に祀っておくようなものであって、縁が近いとは思いませんでした。

真面目にベートーヴェンを聴く気になったのは、私の場合は順番が転倒しているので、先に夢中になった日本の作曲家の作品や現代音楽、そこから遡ってのことですね。ああ、ベートーヴェンって、こういう時代の、こういう立ち位置の人だったのかと。ますますへんな話ですが、わたくし、中学生の頃、日本の近代の音楽への興味から、諸井三郎の小交響曲変ロ調や交響曲第二番と出会いました。交響曲とはどんなものかと一所懸命に聴くようになったのは、諸井三郎やショスタコーヴィチやプロコフィエフやヒンデミットからであって、あと、黛敏郎の《涅槃交響曲》やベリオの《シンフォニア》や松下真一の《シンフォニア・サンガ》なんかを、古典派やロマン派の有名交響曲よりも先に、真面目に鑑賞していたわけなのです。その中で、諸井三郎はベートーヴェンの影響が強いと、曲目解説や作曲家の紹介を読むと、目に入ります。はは あ、そうなのかと。わたくしは、諸井三郎ってとってもいいと思ったのですよね。それで諸井三郎を聴くには、ベートーヴェンを知らないとダメなのか、だったらきちんと通して、ポケット・スコアも買ってきてまじめに聴こうではないかと。

さいわい、家には親の買ったルネ・レイボヴィッツ指揮の交響曲全集がありましたし、自分でもクリュイタンスとベルリン・フィルによるベートーヴェンとか、みんな廉価盤ですけれども、徐々に集めました。とはいえ、そのときも知識や教養として、日本の作曲家の作品の鑑賞のためにベートーヴェンも知らなきゃという程度だったのですね。私の場合、ストラヴィンスキーも、伊福部昭を聴くのに知っておかなきゃといういうことだったので、ことごとく順番が普通と違うのでございます。

でも、ベートーヴェンを本当にこれはとても良いと思えたことが、やはり中学のうちでしたか、とにかくようやくあって、それは渡邉暁雄（わたなべあけお）指揮の日本フィルのライヴで、東京文化会館でしたが、交響曲第八番でした。なんていい曲なんだと。どうして今までそう思わなかったのだろうと。メトロノームを模した楽章なんてモダンではないですか。新古典的な音楽のように聴こえたんですね。歴史の順番が倒錯しているのだけれど、プロコフィエフの《古典交響曲》やショスタコーヴィチの第九番など、私の好きな二十世紀の新古典主義的交響曲と同じ次元で聴けるスピードや軽やかさがあって、ベートーヴェンも爽快じゃないかと。そのとき、ベートーヴェンがぐっと近づいてきた。それから四十年くらい経ちましたか。あまりベートーヴェン理解は深まっていないかもしれませんけれど。

日本近代作曲史の中のベートーヴェン

それはともかく、日本の近代とベートーヴェンの話ですね。音楽史は何よりもまず作曲の歴史であるはずだという、当節流行らなくなっているかもしれない観点から言うと、やはり諸井三郎が大切だと思うのです。日本の作曲家で、ベートーヴェンの論理を真摯に受容して発展をはかったということでは、大正期からの諸井の軌跡がエポック・メーキングです。

諸井の上の世代には、ベルリンに留学した大家、山田耕筰がおりますが、山田はベートーヴェンよりも、まずはシューベルトやメンデルスゾーンやシューマンですね。山田は上野の東京音楽学校、今の東京藝術大学音楽学部に学んでいた時代、チェロを弾きましたから、ドイツ留学前には学友たちと弦楽四重奏団を組んで、東京で演奏活動をしていました。日露戦争後、明治末期の話です。その頃のレパートリーを見ますと、ハイドンは熱心にやっているけど、ベートーヴェンはそれほどでもないでしょう。そのチェロは実は山田にとってはついでで、彼が音楽学校でメインに学んでいたのは声楽です。当時の上野の音楽学校にはまだ作曲専修のコースがなかったので、山田は作曲家になりたかったのだけれど、専攻は声楽だった。どんなものを歌っていたかというと、シューベルトやシューマンですよ。ドイツのロマン派のリートです。山田の有名な歌曲にはまるでドイツ・ロマン派のスタイルのものが多く、同じ精神で歌えると指摘したのは、ドイツの名歌手、エルンスト・ヘフリガーで、事実、彼は山田の歌曲の歌詞を独訳してレパートリーにしていましたが、これは適切な理解であり、山田本人の歌手としての勉強がのちのちまで生きたということでもあります。

　山田はそれからベルリンに留学して、そのとき明らかにベートーヴェンの交響曲を相当勉強しています。ベルリンで書いた交響曲へ長調《かちどきと平和》は、細部においてベートーヴェンの交響曲のあちこちを模倣してパッチワークのようにしたところがあります。それに、山田はN響の前身の新交響楽団と日本の指揮者では初めて《運命》の全曲を録音して、それはCD化されたこともあります。でも、山田は指揮者としてはともかく、作曲家としてはベートーヴェンから離れて行く。ワーグナーとかリヒャルト・シュトラウスとか、ムソルグスキーとかドビュッシーのほうに行く。ここで言うベートーヴェンとは、ベートーヴェンと似た音楽を書くという話にはとどまらないのです。ソナタ形式や変奏曲形式やフガートやポリフォニーやテンション、力動性といった部分で、ベートーヴェンの延長線上に、ブラームスなんかも踏まえて、いわゆる純粋器楽ですね、大きなシンフォニーや弦楽四重奏曲やピアノ・ソナタを書く。主題を労作して展開していかに論理的かつ精力的にがっちり創っていくかに懸ける。山田耕筰は、そういうベートーヴェンの続きみたいな、ドイツ音楽が理想とし、フランク以後のフランス音楽も多分に追いかけた方向は、日本人に向いていないと思うに至った。ベルリン留学期に洋の東西の懸隔を思い知らされたのです。もともと日本人は能とか歌舞伎とか文楽とか、音楽と言葉、音楽とドラマを切り離さないまま、江戸時代まで来ている。お箏や尺八だけの音楽もあるけれど、器楽のみは全体としては主流とは言えない。文学でも短歌とか俳句とかに強い。つまり長いのは得意ではない。日本人の目指すべき西洋クラシック音楽の方向は、まずはオペラやバレエや交響詩やドビュッシーみたいなものであって、交響曲や弦楽四重奏曲やソナタではない。これが留学後の山田の考え方でした。本当にドイツから帰ってきてからの山田の膨大な作品表には、その種の曲はひとつもない。徹底しています。交響曲と便宜的に曲名に付いている交響詩や組曲のようなものはありますけれどね。

諸井三郎はそういう先輩山田の姿勢に不満を持った。日本人が、ドイツ音楽に負けない交響曲とか弦楽四重奏曲とかピアノ・ソナタとかを、ベートーヴェンの成果を踏まえつつ、日本人らしい工夫を加えて書けるようになることで、日本が西洋音楽を真に受容し、我がものにすることになると考えた。山田がドラマや詩と音楽の融合という同じドイツ音楽でもワーグナーみたいな方向に舵を切って日本の洋楽を着地させようとしたのに対し、諸井三郎は音の論理の自律を考えた。もちろんベートーヴェンは論理によるオートマティックな音楽ではなくて（理性により自動的に設計される音楽はベートーヴェンの友達のレイハの理想だったかもしれないけれど）、論理にパッションの燃料が加わるからベートーヴェンになるので、諸井三郎もモトーリッシュというドイツ語を強調する。モーター的な推進力のある音楽ですね。それはスピーディな運動性や心理的圧力でできるものでしょう。それで長丁場をいかにもたせるか。山田耕筰の放棄した路線です。山田は交響詩なんかでもミニチュアリズムですから。音の短詩型文学的な短い身振りにどれだけ情緒を込められるかということを考える。瞬間芸なんですね。

諸井三郎がそういう方向で充実した作品を書くようになるのは一九三〇年代ですけれども、それに諸井の同世代や下の世代が憧れてついていったかというと、そうでもない。橋本國彦でも深井史郎でも松平頼則でも伊福部昭でも早坂文雄でも、彼らの視界にいきなり入ったのは、バッハやハイドンやベートーヴェンではなく、ワーグナーでもなく、同時代の音楽ですね。ストラヴィンスキーやドビュッシーやラヴェルやファリャですよ。ベートーヴェンの骨太な論理展開の術を自家薬籠中のものにして人生の長い時間を費やしても、それはもう過去のものなんだ。ストラヴィンスキーもドビュッシーもベートーヴェンとはかなり隔絶している。西洋音楽史を古いところからいちいち学んでいたらきりがないし、現代の表現を目指すならかえって邪魔だ。いきなりモダンな流儀を模範にして、それに日本的な感性を加えて書くのが、オリジナルなものを創る早道だ。そういう作曲家がたくさん出てくる。

戦後を考えても、黛敏郎も武満徹も、ベートーヴェン的な音楽を作ろうとは思っていなかったでしょう。入野義朗や矢代秋雄はベートーヴェン的だったと言えますし、考えようによっては三善晃もそうかもしれませんけれど。あと、たとえば別宮貞雄さんだと「ベートーヴェン、ベートーヴェン」と仰って、強い憧れを示しておられたけれど。かといって、ベートーヴェンの続きにどんどんいい音楽が書けるとは、別宮さんは思っていなかったでしょう。いろいろと逃げ道を考えた。ベートーヴェン的なものはベートーヴェン本人でもう極まっているから続きは容易にできないというわけです。別宮さんは「人は芸術の歴史をずっと進歩できるものと考えたがってきたけれど、芸術は科学や経済ではないのでそれは間違いだ、西洋の彫刻の歴史を観てもミケランジェロが頂点で、あとは退化しているのではないか、西洋の音楽もベートーヴェンが頂点だ、そこから先は困っているだけだ」みたいなことを言われていましたね。こういう見解は日本の別宮貞雄という作曲家にとどまらず、シューベルトやシューマンの意見でもあったでしょう。ドイツ・ロマン派のあたまの作曲家たちは、同時代的なベートーヴェンの重みに押されて、自分たちはどうしたらよいのか、かなり困っていたわけですね。

ロマン主義は時代の現実を先に進めていくことができず、夢の世界に引きこもる傾向を持っているからロマンティックと呼ばれる。その理由は、政治史の観点からは、フランス革命からナポレオン戦争をへて自由主義や民主主義の抑圧される反動期に入るのと対応していると説明されますけれど、音楽そのもので言うと、ベートーヴェンがミケランジェロのような頑健なプロポーションを、楽式の点でも響きの点でも、楽器編成まで含めて、ひとつ完成させてしまったとも言えるでしょう。後が困るというのはそういうことで、詩に逃げるとか、無形式に逃げるとか、ドラマに逃げるとか、シューベルトもシューマンもショパンもワーグナーもドビュッシーも山田耕筰も、みんなそれぞれの逃げ道を開発した。そんな言い方もできるわけです。それはできたものを見てそうとも言えるという話でもなく、本人たちの意識としてもけっこうそうだったのです。

日本近代演奏史の中のベートーヴェン

以上の話は作曲の歴史からの瞥見というやつで、今度は演奏の歴史を考えてみましょうか。これはまたずいぶん違ってきます。日本人がベートーヴェンの本格的な作品を理解し演奏できるかどうかが、日本の文明開化のひとつのレベルの証明になってくるところがある。日本の文明開化とは西洋近代をわがものにするということで、その中には西洋クラシック音楽が入っていて、そこでの古典中の古典はベートーヴェンであるとの認識は、もちろん欧米に広く確立していたし、であるならば、日本の文明開化には日本人が自力でベートーヴェンを弾けて、もちろん鑑賞できる、欧米人並みに語れるようになることがひとつの大目標に自ずとなってくる。

先に山田耕筰は東京音楽学校で作曲家になりたかったのに声楽を専攻したと述べました。諸井三郎は東京帝国大学の文学部を卒業している。音楽学校には行っていない。作曲は独学です。つまり東京音楽学校には昭和の初期まで作曲専攻が無かった。作曲家の養成は国策ではなかった。コースとしてあったのは、まず西洋音楽教育のための教員の養成のコースであり、それから楽器を教え、演奏家を育てるコースです。明治国家が西洋音楽受容において先行させるべきと考えたのは、国民がドレミファソラシドを理解し肉体化し西洋の音楽を耳にしても違和感を覚えず、クラシック音楽も聴いて感想を述べられるような状態ですね。軍隊に入っても軍楽で行進できるとか、軍楽の喇叭（ラッパ）のメロディのききわけができるとか。西洋人がそれを見たら、日本人も自分たちと同じ音感を持っているのかと分かって、条約改正に応じてもいいかもしれないと思う。そういう日本人を作る。そして日本人のヴァイオリニストやピアニストやソプラノ歌手が出てきて、シューベルトやシューマンやショパンを弾いたり、歌ったりする。ベートーヴェンの交響曲も演奏してしまう。おお、これは西洋化が進んでいる。日本の文明開化を欧米人に恥ずかしくなく誇れるようになる。文明開化の文化芸術面でのひとつの目標になるのは当然ですね。日本人が交響曲やソナタを作ることも大切と言えば大切ですけれど、それは後回しでもいい。曲には出来不出来があるし、がんばって作曲家養成にお金をかけて成果が出るかなんて神のみぞ知るでしょう。日本人にはまずは泰西名曲を演奏し鑑賞できるようにすることが先決だ。そして泰西名曲の頂点は、十九世紀後半、明治時代の西洋の価値観で言うと、バッハよりもモーツァルトよりもシューベルトよりもショパンよりも、ベートーヴェンです。演奏技巧の点でも、ベートーヴェンの難しいものまでできたら、ピアニストでもヴァイオリニストでもオーケストラでも、これはもう一丁あがりだ。ひとつの水準をクリアしたことになる。

しかし、明治の前半だと、ベートーヴェンのソナタや交響曲を演奏するのも鑑賞するのも、これはまだ難しい。飛躍向上が認められるのは、日清戦争の後ですね。一九〇〇年前後です。理解も腕前もそろそろ上がってくる。その頃には、東京音楽学校の演奏会の生徒や先生の演奏会のレパートリーが急に本格化してくる。たとえば幸田露伴の妹で日本のヴァイオリニストの草分けである幸田幸（のちの安藤幸）がベートーヴェンのヴァイオリン・ソナタを取り上げ、瀧廉太郎はピアノ・ソナタや交響曲のピアノ連弾版を弾き、ピアニストの草分けの橘糸重は《熱情》や《悲愴》を弾いている。みんな日露戦争よりも前の話ですよ。山田耕筰が東京音楽学校に入る前ですね。

日露戦争後になると、上野の生んだピアノのスター、久野久が学校のオーケストラとともにピアノ協奏曲第一番を弾きますし、上野にユンケル、ヴェルクマイスター、さらにクローンといった、優れたお雇い外国人教師がやってきて、明治の終わりから大正にかけて、《英雄》も《運命》も《田園》も上野で演奏される。ベートーヴェンの交響曲が実演されることが増えてくる。久野久が《熱情》、《月光》、《悲愴》、《ワルトシュタイン》をいっぺんに弾くリサイタルをやったのは第一次世界大戦の終わりの年、大正七（一九一八）年の暮れです。上野でクローンが指揮して交響曲第九番の全曲演奏を初めてやったのは大正十三年でしょう。

そのあと、指揮者だと、近衛秀麿、ナチを避けて東京で活躍するポーランド出身のユダヤ人のローゼンシュトック、それからワインガルトナーの弟子の尾高尚忠といった人たちが中心的な役割を果たして、ベートーヴェンの交響曲の生演奏は敗戦までの日本で当たり前になります。敗戦間際の一九四五年六月まで、ナチス・ドイツが降伏した後も、今のNHK交響楽団、当時の日本交響楽団は、ベートーヴェンの交響曲連続演奏会を焼け野原の東京で継続していたくらいで。しかし、ピアノ・ソナタやヴァイオリン・ソナタがかなりの技量で弾かれるようになるというと、戦後世代の園田高弘や江藤俊哉を待たないといけなかったかとは思いますが。

話を大正のあたりに戻すと、さっきは日本における西洋音楽受容の総本山、上野の話ばかり致しましたが、大正くらいからは軍楽隊も吹奏楽でなく管弦楽で、日比谷公園の野外演奏が中心ですけれども、さかんにベートーヴェンを演奏する。帝国大学や私立大学にもアマチュア・オーケストラが、これはもう全国的に出来て、かなりの頻度でベートーヴェンを取り上げるということもあります。軍楽隊やアマチュア・オーケストラの演奏活動の社会への波及力は、上野よりもずっと大きかったでしょう。日清戦争と日露戦争の戦間期から昭和の初期にかけて、およそ三十年くらいかけてベートーヴェンは多くの日本人に演奏されるようになっていった。ということはそれなりに浸透していったということでもあります。ひとつの文明開化でありましょう。

日本の近代化とベートーヴェン

と、作曲史と演奏史から日本近代とベートーヴェンのかかわりをちらっと眺めたわけですが、もっとひいて、日本の近代全体とベートーヴェンを考えてみましょう。明治からベートーヴェンが日本で特別の重みを持ってきたのは、単にベートーヴェンがクラシック音楽史の頂点にいるから、それが分からないと恥ずかしいというだけでなく、近代国家をめざす日本の立ち位置や文脈に、ベートーヴェンの文化象徴的な意味と言いますか、それがはまるということがすごくあったと思うのです。

どういうことか。ちょっと遅れてはみ出している国が、頑張って先行している国と肩を並べるところまで行きたい。さらに追い抜きたい。頂点まで行きたい。結果はともかく、そんな強いつもりがあってこそ、明治維新から文明開化、そのあとの成長と紆余曲折の歴史が日本の歴史になったのでしょう。これはもう、バッハ的でもハイドン的でもモーツァルト的でもない。ベートーヴェン的なのです。

そもそも日本は、文明開化に当たって、西洋列強のそれぞれのいいとこどりをしました。イギリスもアメリカもフランスも真似た。文学ならロシアも真似た。それからドイツです。憲法や陸軍、政治体制の仕組み、医学もですが、かなりドイツをなぞった。なぜかというと、ドイツはプロイセンが明治維新よりも遅れてようやくドイツを統一し、ドイツ帝国になり、プロイセンの王が皇帝になった。皇帝の強い国として、イギリスやフランスに遅れて富国強兵を目指してゆく。ドイツの自慢は、ゲーテやベートーヴェンの存在によって文化芸術ではイギリスやフランスよりも上に行っているということにあったのですが、それはともかく明治維新をやって、幕藩体制で藩同士が戦争するような日本を天皇で統一して、帝国として文明開化を目指す日本には、ドイツが親近感の持てるモデルになる。ドイツ皇帝のように天皇の名のもとに中央集権国家にして、国民よ、近代化のために刻苦勉励、粉骨砕身せよ、とやる。これはフランスでもイギリスでもない。ドイツ・モデルです。

そのドイツの文化的英雄であるベートーヴェンが、まさにそこによくはまってくる。ベートーヴェンはボンの生まれで、ウィーンに長くいたといっても、独墺圏のしかもあくまでドイツの作曲家だと分類しやすい。そのベートーヴェンの伝記を観よ。まさに苦難を克服してゆく歩みではないか。ハイリゲンシュタットの遺書もある。音楽家なのに耳が聞こえなくなっていって悩む。それでも音楽をあきらめず、作曲家として功なり名を遂げていく。後発資本主義国のドイツ帝国が、懸命に努力してイギリスやフランスを追い越そうとするのと、日本が文明開化で、遅れをとっている西欧諸国に文明のレベルで追いついて、もう馬鹿にされないように、刻苦勉励して、艱難辛苦を乗り越えていくというのが、ベートーヴェンが数々の苦難にめげず頑張って、偉大な作曲家になった事実と共鳴する。

ベートーヴェンは一七七〇年にドイツのボンに生まれるのだけれど、ボンはケルンの隣でフランスに近いところです。それなりの文化的なレベルもある。でもメインの場所ではない。やや外れている。ちいさな町ですよ。しかもそこでベートーヴェンは音楽家の家に生まれたといっても、最初から一流の教育を受けたわけではない。かなり無手勝流のところがある。ボンではピアノがやたら上手いと言われていたけれど、ウィーンやパリで通用するかどうか。ベートーヴェンと同年生まれで、ボン時代のベートーヴェンをよく知る、ボヘミア出身の作曲家、アントニン・レイハ（ドイツ風にはアントン・ライヒャですが）の回想を読むと、ボンで青年ベートーヴェンがモーツァルトのコンチェルトを弾いて、レイハが譜めくりをしていると、ベートーヴェンは打鍵が強すぎて、楽器を壊してしまう。それで、レイハが慌てて修理したとか。猛烈に頑張るって感じがするでしょう。田舎の天才がウィーンに行って頑張るぞみたいな。

昔のスポーツ根性物の主人公みたいな。何が何でも立身出世という意気込みですね。ドイツや日本のような後発国のストーリーにピッタリなのです。しかも、肝腎なのはベートーヴェン的な音楽の中身です。《運命》が一番分かりやすい。「ジャジャジャ、ジャーン！」という冒頭のテーマを執拗に刻苦勉励させて、労働させて、こつこつと積み重ねて、半時間以上の大交響曲にして、それが敗北ではなく勝利で終わる。苦労して報われる。頑張るぞ。しかも交響曲第九番の〈歓喜の歌〉で創作が窮まるわけでしょう。フランス革命からナポレオン戦争を経て人類愛の理想へ。単に立派な作曲家になったというだけでなく、思想的・人格的にも大いなる完成をみるようではありませんか。実際の本人がどうであったかはともかくとして。近代日本にこんなピッタリな、誰がどう見たって見習いたくなるような、音楽や人生がほかに見いだせるでしょうか。

田辺尚雄と言えば東洋音楽研究の大家ですが、大正・昭和初期には西洋クラシック音楽の啓蒙家としても活躍していました。彼のその時代のクラシック音楽入門書を読むと、「モーツァルトの曲を聴いていると、苦労が感じられない。天才的インスピレーションはあるけれども、つまり思い付きでサラサラかけてしまっていて、地に足が着いていないというか、我々の心に訴えるものは弱い」みたいなことが書かれている。ベートーヴェンの音楽はそうではなくて、「ジャジャジャ、ジャーン！」を例にとっても、一歩一歩の展開が「そうだ、なるほど、こうだ！」みたいに、地に足を着けて頑張っているドラマとして聴こえてくる。つまり、ベートーヴェンは努力の人で、ベートーヴェンの曲を聴くと、芸術鑑賞というのを超えて、日々努力していい学校に、いい会社に入ろうとか、お国のために頑張ろうとか、ベートーヴェンの人生も、ベートーヴェンの動機労作も、全部がそういう象徴と受け止められるようになる。みんなが無理を無理とせず努力を強いられる時代、つまり無茶とも言える近代化を急激に果たすというときに、モーツァルトの、「僕、天才なので、溢れるようにできちゃいました」みたいに聴こえる音楽はモデルにならない。努力して偉大になるベートーヴェン。それに尽きる。

諸井三郎の弟子の三木鶏郎が残した言葉があって、曰く、「諸井先生がこう言った。人間はいくら努力してもバッハにはなれないが、努力すればベートーヴェンにはなれる」。これがまさに象徴的で、一所懸命に知力と体力を尽くしてやりぬけばベートーヴェン級の曲は書ける可能性がある。つまり、あるテーマが与えられたら、ベートーヴェンの楽式を研究し、テーマがこう変形して盛り上げていくのだと理屈を解し、そこに情熱で燃料をくべれば、ベートーヴェンの水準に行けるかもしれないというのが、諸井先生の教えだったという。でも三木鶏郎は「諸井先生はそういったけれど、ベートーヴェンは無理に決まっている、せめてなりたやサン＝サーンス」とか書いておりますね。まあ、そのあたりから近代日本にとってのベートーヴェンの意味と役割は見えてくると思うのです。

戦後大衆教養主義時代のベートーヴェン

そういう頑張り抜いて大いなる完成に至るベートーヴェンのイメージの一般教養層への広まりは、明治時代にはまだまだで、日露戦争後、明治の終わりから大正時代にそうなったと思われます。ロマン・ロランの描くヒューマニスティックなベートーヴェン像が、翻訳書によって知られるようになり、ベートーヴェンの伝記も次々と出るようになり、そこに先にふれたベートーヴェン演奏の本格化してゆく流れが重なり、あとなんといってもSPレコードが普及して、ベートーヴェンのヴァイオリン・ソナタやピアノ・ソナタや交響曲を聴くことが教養生活のステータス・シンボルになってくる。日露戦争後にはヴァイオリンが安価になってインテリの若者が競って趣味として弾くようになる。それが学校にアマチュア・オーケストラができることにつながる。そこでベートーヴェンの序曲や交響曲を演奏したがるようになる。

そういう大正以後に高等教育を受け、クラシック音楽に関してはベートーヴェンを知らないと恥ずかしいという育ち方をする世代が、日本に初めて、社会的にそれなりの厚みのある音楽鑑賞層を形成してゆく。当時の高等教育を受ける人は同年齢の数パーセント程度に過ぎませんが、身分や地位やお金が付いてくる人たちだから、文化芸術の風潮というのはこの数パーセントがかなり作り出す。旧制高校、帝国大学の教育の中では、外国語ではドイツ語の勢力が大きいということもベートーヴェンの特権化に相乗してきます。

そこから戦後に繋がる。大正から昭和初期へ。そのころSPレコードを聴いたり、大学のアマチュア・オーケストラにいたりした、特権的なエリート青年は、一九〇〇年前後から一九二〇年頃までの生まれの人たちということになって、戦後の社会を率先するわけですね。この時代はかなり長い。昭和の終わり、平成の初めまでは、このグループが力を持っている。文化人、政治家、財界人、官僚。戦争の前の時代に教養を形成し、クラシック音楽は教養のシンボルで、その最大のイコンはベートーヴェンだという人たちが戦後偉くなっていき、会社の中で「君もカラヤンのベートーヴェンくらい聴かないとね」みたいな感じになった。昭和二十年代にはバレエ・ブームやオペラ・ブームもあり、高度経済成長と合わせて、レコードの販売が伸び、当時の民放ラジオ局が開局されると、初期にクラシック音楽の番組がたくさん作られもし。戦後の混乱から立ち直って、明治時代のやり直しではないけれど、みんな働いて改めて豊かな国にしていこうというときに、教養の象徴としてクラシック音楽があり、頑張りの象徴としてベートーヴェンがある。テレビや電気冷蔵庫や電気洗濯機の次は、家具調ステレオを買って、LPレコードを並べて、居間、応接間で聴く。私の幼年時代の昭和四十年代の我が家の居間に、別にクラシック音楽ファンでもない、典型的な中産階級の両親が、出版社が通販で売ったレイボヴィッツ指揮のベートーヴェン交響曲全集を並べていたのは、そういうわけなのでしょう。大正教養主義ジェネレーションが上にいて、戦後の大衆教養主義が導かれる。高度経済成長期の中産階級が背伸びして、「ベートーヴェン、凄いですね！」みたいな形で普及していく。

えっ、《第九》と日本ですか。年末に《第九》というのは日本特有の習慣ですよね。戦前にＮＨＫの人がドイツで年末に《第九》をやっているのを聴いて、それは偶々だったのですが、ドイツ・オーストリアの習慣だと勘違いしたのが始まりで、暮れに《第九》をラジオで流したのが始まりとも言われています。でも、そのＮＨＫの人が勘違いし、日本人もそれを自然だと思ってこうなったということは、日本の文化、日本人の価値観に適合していたからだと思うのです。お清め、御祓いではないですか。一年の悪いものをベートーヴェンの頑張りのエネルギーでふっとばして退散させて、新年を迎えたいということではないか。年末の忙しいときに長い曲をわざわざ聴きに行かなくてもね。しかし行かないと済まない、合唱団に入って謳わないと済まないという人がなぜか日本に大勢いるから、オーケストラが餅代を《第九》で稼ぐという話も成り立つのでしょう。年の瀬にしみじみとしたものを聴いてもいい。でもそっちよりも《第九》だ。《第九》を聴いて、第一楽章から第三楽章までいろいろあったけど、頑張ってあの第四楽章になると、最後に全部を洗い流して、みんな忘れて、「ああ、良かった！」と。

明治の文明開化の時代に立身出世で頑張ろうというのも、高度経済成長時代に所得を上げようというのも、一に努力、二に努力。報いとしての完成であり歓喜ですね。苦難があっても、苦悩から歓喜へ。理想は必ず実現する。明治は明治なりに、昭和は昭和なりに、背伸びする国と民としてどうしても苦労を強いられる日本人の御符でしょうか、ベートーヴェンは。努力は必ず報われる。日本人はベートーヴェンでこそ上手にイメージ・トレーニングをしてきたのかもしれません。

ポピュリストとしてのベートーヴェン

しかし、日本のクラシック・ファンは、いろんな時代を経てきても、やっぱりベートーヴェンが好きですよね。音楽趣味は特に平成以後、クラシック音楽についても過激に多様化してきたと思うのですが、二〇二〇年のベートーヴェン生誕二五〇年を迎えてみると、やはりレコード会社もベートーヴェン頼みだし、ベートーヴェンの人気は相変わらず別格なのかと思わされます。これだけ人気があるというのは、さっき刻苦勉励だのなんだの申しましたけれど、そういうことだけではもちろん説明できないですよ。やっぱり分かりいい。ベートーヴェンの有名曲は、誰でもすぐ覚えられ口ずさみやすいテーマを持っていますよね。ポピュラー・ソングのようにキャッチーです。というか、《エリーゼのために》なんかポピュラー・ソングに化けていますけれど、元祖ポピュラー・ソングみたいなところがベートーヴェンの音楽にはあるのではないですか。例えば《運命》。複雑な大交響曲なのに頭の「ジャジャジャ、ジャーン」は幼児でもすぐ覚えるでしょう。その覚えたテーマを頼みの綱にして聴いていくと、長丁場も聴けてしまう。テーマがずっと一貫して分かりやすく生きていて、耳で追いやすい。シューベルトやシューマンだと、どれが第一主題とか初心者にはすぐわからないですよ。ハイドンやモーツァルトだと、似ているものが多くて区別がつかなくなったりしませんか。ベートーヴェンの交響曲は九曲しかないからにしても、ある種の流行歌的なセンスで、口ずさんで覚えられるメロディの違いが、一曲ずつ差別化されている。大音響とか、フォルテで三和音をぶつけてくるようなオーケストレーションでも、やかましいところで、誰でもが目を覚まして聴いて、メロディも一応聴き分けられるような……。ベートーヴェンの作品は楽式的には高度でハイグレードと言えるけれども、むしろテーマを追ったりすることについては目立つ標識がたくさん立っていて道を迷わせないようにできている。識別可能なテーマの音型、キャッチーな音型を持っているから、多くの人が鑑賞して面白みを感ずるようにできている、曲種にもよりますが。

ベートーヴェンの時代はハイドン、モーツァルトを経ていて、宮廷の貴族などに雇われて、その人たちのためだけに聴かせるというのから、契約の演奏会になって、不特定多数の聴衆が集まってくるという状況になってくる。そうなると、ハイドンの《驚愕交響曲》が一番分かりやすい例ですが、イギリスのブルジョアがヨーロッパの貴族気分になって、ザロモンが興行したハイドンの演奏会に来たわけでしょ。でも、なんか分からないから、みんな寝てしまう。それで、途中で起こそうとハイドンも工夫せざるを得ない。ベートーヴェンはその続きを極端にやっている。やたらうるさいのは、寝たりしゃべったりする聴衆を牽制するためでしょう。「ちゃんと聴け！」と。しかも分かりやすい音型で引っ張っていこうとする。もちろん後期の弦楽四重奏曲やピアノ・ソナタなど、高踏的で、鑑賞にエネルギーを使わされる曲、理解度の高い聴衆をあてにしている曲もありますが、その一方で、《第九》の第四楽章に象徴されるように、理解度の低い聴衆と言ったら怒られるけれど、誰がいきなり聴いてもメロディを覚えられて、「あんな曲だったね」と言って帰ることができる。

ベートーヴェンの一番当たった曲と言われる《戦争交響曲（ウェリントンの勝利）》なんか鉄砲の音なんか使って、描写音楽の極みですね。誰が聴いてもスペクタクルで、今でいえば映画館や遊園地みたいな感じで、エンタテインメントです。ああいう音楽を臆面もなく創るというのは、ベートーヴェンは常に時流の先端に立っていて、受けるものを考えていたからかもしれない。《英雄》で葬送行進曲を使ったのも、当時はナポレオン戦争でたくさん人が死ぬ。町中で葬送行進や葬送カンタータをやったり、戦場で楽隊が葬送行進曲をやったり、パリではフランス革命で亡くなった戦士を偲ぶなど、葬送行進曲ばやりですから、《英雄》の葬送行進曲は、ある意味、世間で流行っているものを演奏会場に持ってくるという発想ですね。《田園》は、題名通りで田園を観光する音楽でしょう。しかも大金持ちのメンデルスゾーンみたいにスコットランドやイタリアに行くのではなくて、熱海や箱根に行ったみたいな。ウィーンの近場の田園のすぐ帰れる観光でしょう。ベートーヴェンが付けたのではないにしても、評論家が「月光」とかキャッチーなタイトルを考えたのは分かりやすいからですね。そういうキャッチーな曲を創るという点で、耳の鍛えられていない聴衆に対してもアピールを高くするということと、時代の大きな変化、革命戦争、自由主義、市民社会とがあって、新しい聴衆が生まれ、ここで馬力のある音楽、即物的には寝かさないためとか、革命や戦争の騒乱に負けないくらい音量も必要だとか、ありとあらゆるレベルでその時代の先端を行けて、かつ聴衆に受けて、分かりにくい変な作曲家だと思われないようなところで、上手にコーディネイトされている。そこはベートーヴェンの一番すごいところですね。しかも結局、ベートーヴェン一代で、とりあえず思いつくことは全部やってしまった。それでシューベルト、メンデルスゾーン、シューマンなんかは、交響曲はどう創ればいいか困ってしまったわけで、そういう意味での流行りの先端を行く交響曲ということでのベートーヴェンの続きは、ブラームスや諸井三郎でなく、ベルリオーズの《幻想交響曲》なのでしょう。

人間の音楽鑑賞能力というのは、シェーンベルクなら訓練されれば十二音の音列もみんな聴き分けてくれると希望的観測を持ちもしたけれど、実際はほぼ一世紀経ってもそうなっていない。人間の最大多数が聴いてすぐ分かり耳がどんどんついてゆき夢中になれる旋律というのは、どこかリミットがあると思うのです。ベートーヴェンはそこを一人で制覇してしまったみたいなところがある。それで後ろの作曲家たちは困ってしまった。ただベートーヴェンはオペラを一つしか書けなかったので、ワーグナーは活躍する余地があったのです。だから、ドイツ音楽と言ったら、インストゥルメンタルはベートーヴェンで、オペラはワーグナー。他にもたくさんいるのだけれど、交響曲でベートーヴェンを、オペラでワーグナーを超える人気を博せる者はなかなかおらず、ほとんどベートーヴェンとワーグナーで終わっている。

そのワーグナーのオペラにしても、ベートーヴェンの識別しやすいテーマに相当するライトモティーフ（示導動機）でできているから、ある意味分かりやすく、巨大なものを構築していきやすい。ワーグナーがベートーヴェンを尊敬していたことは言うまでもないことで、ベートーヴェンの足りないところを補って、ほとんど二人だけで全部できているところがある。だから日本人はベートーヴェン崇拝者とワグネリアンで、クラシック・ファンの趣味が多様化したといっても、あとモーツァルトがいれば、ほとんど八割、九割くらいのファンはそれで充足する。わたくしなどはそこに満足できないクラシック音楽ファンを少しでも増やして趣味のますますの多様化に貢献したいと、非力ながらもやっていたつもりでしたが、この年になると多少の虚しさを覚えますね。みんな、ベートーヴェンがいれば、とりあえず満足なんだ。いや、本当に、ベートーヴェンはクラシック音楽のホームラン王です。

4 ショパン　メロドラマと〝遠距離思慕〟

◉フレデリック・フランソワ・ショパン
ポーランド　ジェラゾヴァ・ヴォラ（ワルシャワ近郊）生まれ。1810－1849
ロマン派の作曲家、ピアニスト。「ピアノの詩人」と称される。
主な作品は、多数のピアノ曲の他には二つのピアノ協奏曲やチェロ・ソナタなどがある。
ピアノ曲には、二十四の前奏曲、十二の練習曲集が二集、三つのソナタ、マズルカ、ポロネーズ、バラード、ノクターン、スケルツォ、即興曲、ワルツなど。

『白い滑走路』と《バラード第一番》

ショパンとの出会いですか。そうですねえ、いつものことですけれど、私は幼稚園の頃からヴァイオリンを習っていましたでしょう。それなので、ヴァイオリンがらみの作曲家には早めに何か印象があるのですよね。ところがショパンは言うまでもなくヴァイオリン独奏用の曲はないですから。でも、妹がピアノを習っていましたし、私も見よう見まねでちょっとしましたから、へえ、ショパンというのはこういうものかという程度のことはありました。

しかし、やはり遠いですよね。だから普通に耳に入ってくる程度といいますか。ショパンの名曲は家庭名曲集みたいなレコードに必ず入っていますし、小学校の音楽鑑賞のときにも出てきますでしょう、有名なノクターンとかポロネーズとか《葬送行進曲》などは、普通に日本で暮らして、テレビを観てラジオを聴いて学校に行っていれば、絶対にどこかで知ってしまうわけです。そのくらいには出会っていた。まあ、幼い頃はその程度です。

ところがひとつ転機がありました。ショパンの音楽がどんなものか物凄く刷り込まれてしまった。ショパンはメロドラマであるという価値づけを伴って、その音楽が胸にしみて、もう生涯そこから逃れられなくなってしまったのです。大げさですね。しかし個人史としてはそう表現するしかありません。またテレビなんですがね。

あるテレビ・ドラマを通じて、しかもメロドラマを通じてショパンのイメージができてしまったのです。私の年齢だと小学校五年生だったのですけれども、『白い滑走路』というドラマが放送されました。これがショパンを印象的に使っていたのですね。ショパンというのは映画やテレビ・ドラマには使われやすい。映画ならショパンの伝記映画の『別れの曲』だってありますしね。映画やテレビで、何らかのストーリーや映像や俳優の顔とともにショパンを刷り込まれるケースはとても多いと思うのです。それが私の場合は『白い滑走路』だったんですね。ＴＢＳ系で放送されたテレビ・ドラマですよ。松竹が作っていましたね。番匠義彰（ばんしょうよしあき）とか、日本映画黄金時代の松竹大船調のメロドラマ映画の監督がテレビにスライドして『白い滑走路』を演出しておりました。中村登が撮っている回もありましたね。中村といえば松竹大船調の巨匠ですよ。黛敏郎や武満徹と数々の作品でコンビを組みました。あの時代のテレビ映画というのはそういう意味でとても贅沢ですよね。松本白鷗の『鬼平犯科帳』なんて吉村公三郎がやっている回もあるのですから。

いや、『白い滑走路』でした。一九七四年の四月から九月まで、夜の九時より全二十六話でしたね。タイトルの通りで飛行機のドラマ。ＪＡＬのジャンボ・ジェット機の機長が主人公。物凄い人気ドラマでした。高視聴率をマークしましたね。主人公の機長は田宮二郎ですよ。田宮二郎は「白いナントカ」というのが「お家芸」みたいなもので、既に若いときに山本薩夫監督の『白い巨塔』の映画に主演して代表作にしていた。それから映画よりテレビへ主たるフィールドを移して、あの大ヒット・ドラマがありました。渡辺淳一の小説『無影燈』をドラマ化した『白い影』ですね。田宮二郎が骨肉腫でしたかね、不治の病に冒される医者の話で、田宮と恋仲になる看護師が山本陽子でしたでしょう。メロドラマですよね。それが大当たりして、また「白いナントカ」ということで『白い滑走路』ができたのではなかったですか。

なかなかショパンが出てきませんね。もうちょっとで出てきますから。『白い影』は

VTRでしたけれども、『白い滑走路』はフィルムでしてね。日本航空がボーイング747、いわゆるジャンボ・ジェット機を導入したばかりの頃で、その宣伝も兼ねてJALが全面協力したドラマなんですね。ドラマで田宮二郎の勤める航空会社の名前も架空ではなくて、日本航空そのまんまなんです。日本航空の内部や当時の羽田国際空港での旅客機の整備の様子なんかもそのまま写している。その点では記録映像としての値打ちもありますね。旅客機の操縦士や客室乗務員がどのように養成されるか。機長と他の搭乗員がどんな関係か。そんなことに詳しくなれてしまう航空ドラマですね。日本航空の宣伝としてよくできていたと思います。もちろん、航空会社の仕事を描く労働現場の社会派ドラマというだけではないんです。さっき申したようにこれがメロドラマにもなっておりまして、そこでショパンが重要な役割を果たすのです。

　ドラマはですね。田宮二郎が久々に家に帰ってくるところから始まったと思うんですね。都内の高級マンションではないですか。日本航空が747を導入する。操縦法を覚えなくてはいけない。国際線の機長の田宮二郎は747向けの要員にされて、講習を受けるために、長期間アメリカに出張した。で、帰宅した。そうしたら妻が消えていたんですよ。この妻がピアニストなんです。得意曲がショパン。よその男と駆け落ちしたのか、なんだか分からない。とにかくいない。口紅で洗面所の大鏡に別れの言葉が書いてあったりして、田宮二郎は苦悩に沈むわけです。妻はどこに消えたのか。

半年にわたるドラマの縦糸になります。田宮は妻を思って悩み続ける。辛く悲しい思いをしつづける。どこに行ったのかと行方をさがす。

ところがドラマにこの消えた妻の顔は決して出てこない。写真も出てこない。不自然なまでに出てこない。出てくるのはいつもピアノを弾いている指だけ。指の思い出しか妻について持っていないのか。そう思えてしまうほどピアノを弾く手のアップしか出てこない。田宮が妻を回想するイメージのシーンはいつもピアノ演奏で、それも決まって得意のショパンで、しかも必ず《バラード》の第一番なんです。

田宮がショパンを聴いて悩む。メロドラマでしょう。そこにハイジャック事件があったり、航空ドラマらしいエピソードが密接に寄り添ってゆくわけです。でも基本はとにかくメロドラマ。田宮が親しくしていて冬山で行方不明になった機長仲間の同僚がいまして。その妻が田宮のことを気遣うんですね。彼女を演じるのは山本陽子です。『白い影』のコンビの再現になっている。田宮と山本陽子が思いを寄せ合う。ところが妻もついに指だけではなくて姿が出てくる。顔があらわれる。浅丘ルリ子なんですね。

田宮は妻との関係を清算して、山本陽子と結ばれる。あと、田宮二郎に憧れる若くて元気のいいスチュワーデス役に松坂慶子がいて、彼女もお嬢さんからだんだん大人になってゆくわけですね。松坂慶子の成長物語が脇筋になっていて、松坂慶子はいつも「機長!」とか元気よく言って、わくわくしているのですよ。

いやいや、ここはショパンですよね。ずっと浅丘ルリ子が演ずるとは明かされないで引っ張ってゆくピアニストの妻。顔のない手と指だけの妻。彼女が弾くショパン。田宮二郎の苦悩に強迫観念となってトラウマとなって寄り添うショパンの《バラード》の第一番。これが強烈だったんですね。もちろんショパンだけではなくてオリジナルのテーマ曲も劇伴音楽もあったのですよ。作曲を担当したのは、早逝した木田高介でした。早川義夫のジャックスにいた人ですね。ジャズの人と思い込んでいましたが、ロックと言うべきなのか。でも、もともとはクラシックを勉強していた人なんですね。りりィの《私は泣いています》のアレンジなんかが有名ですね。『白い滑走路』のテーマ曲は、いかにも空を飛んでいるような、軽い音色で高音志向のフュージョンみたいな音楽でして。いかにも『ジェット・ストリーム』といいますか。城達也のナレーションが聞こえてくるかのような。名曲ですね。

でも、『白い滑走路』はやっぱりショパンに尽きる。メロドラマとしてのドラマの縦糸の担い手になる音楽というと、テーマ曲よりもドラマ自体に即して機能するのはショパンですからね。しかも、それが合いすぎるくらい合っている。メロドラマにたまたまショパンというような消極的な事柄ではない。ショパン自体がメロドラマなのです。

《バラード》の第一番というのは恋のひめやかなささやきにしか聴こえない音楽でし

ょう。何か物憂げで赤裸々にはできないような恋のささやきですよ。特に主部に入って第一主題が出てくるところですね。弱音でドルチェという指示があって、つまり恋の甘いささやき、男女の呼び交わしと楽譜にはっきり書いてあるようなものです。低音からド・レ・ファ♯・シ♭と持ち上がってゆく、憧れに揺れ動くような旋律に、上声部のレドという下行音型が応えるというのは、もう男女の秘密の会話にしか聴こえないでしょう。メロドラマですよ。

というよりも、そういうピアノでやるメロドラマを、ショパンが発明してしまったわけですね。ショパンというのは、音楽から伝記から何から何まで、みんなメロドラマですよ。ジョルジュ・サンドとの恋愛譚に象徴されるように。そういうショパンの音楽が、映画やテレビのメロドラマとセットに使われて、メロドラマのメロドラマたる性質を高める機能を担う。だから、浅丘ルリ子はショパンを弾かなくてはならないのです。それがシューベルトでもシューマンでもリストでもないというのは故あることなのです。

少し先走るかもしれませんが、ショパンのピアノ音楽は、なんといってもオペラに由来している。イタリア・オペラにフランス・オペラ。一八三〇年代にショパンがパリとかで親しんだオペラ。そのアリアやレチタティーヴォの肉感的な歌い回しに語りの調子。オペラ歌手の声の生理。その写し絵をピアノでやれないか。ショパンの工夫はひとえにそこにあったわけでしょう。歌を写す、声を写すというのが、ショパンの音楽の基本性格です。そしてオペラの基本はメロドラマですよ。ベッリーニとかボイエルデューとか、そういうオペラですからね。女性の歌い手が恋に悩む。そういう声の抑揚をいかにピアノに写すかというところから、ショパンのバラードのシリーズも生まれてくるわけですね。メロドラマですよ。

たまたま『白い滑走路』のようなメロドラマでショパンの音楽が使われているというのでない。バラードというのはお話ですもんね。お話の中身はいろいろに想像できる。あくまでピアノ曲であって言葉もなければ筋立ても明示されていないわけですから。弾く側、聴く側が、いろんなメロドラマを紡げばいいわけですよ。具体的な筋書きはショパンから無限に想像されてくる。その想像のひとつがたとえば『白い滑走路』のお話になるのでしょう。ショパンを愛奏する女性ピアニストの駆け落ちと、取り残される男の物語。私は『白い滑走路』で強くショパンを意識することになったせいで、特に《バラード》を聴くと、田宮二郎と浅丘ルリ子の顔をどうしても思いだしてしまう。良くないと言えば良くないのだけれど、ショパンのメロドラマ性をテレビのメロドラマで教えられたということは、時代の経験として当然だったかなと思うんです。

『赤い激流』と《英雄ポロネーズ》

しつこいかもしれませんが、もうひとつテレビ・ドラマの話をしてよろしいでしょうか。『白い滑走路』のあと、私がクラシック音楽ファンを自任するようになってから、一九七七年と思いますが、中学生でしたけれども、『赤い激流』というドラマがあったんです。これもTBS系列ですね。さすが「ドラマのTBS」で。田宮二郎の「白」に対して「赤」もあった。そして「白」にも「赤」にもショパンが出てくる。『赤い激流』というのは大映テレビ制作の「赤いナントカ」シリーズの一篇です。山口百恵の主演作が幾つもあるのが「赤い〜」シリーズですけれども、山口百恵ではないのもあって、『赤い激流』は宇津井健と水谷豊ですね。水谷豊がピアニストなのです。システマティックな教育は受けていない。我流、無手勝流で弾いているのだけれども、なんだか凄い。酒場とかで弾いている。この水谷豊を音大ピアノ科の助教授の宇津井健が見いだすんですね。

で、これはまたメロドラマなわけですよ。宇津井健は水谷豊の母親の松尾嘉代と、もともと恋仲であった。ところが、松尾嘉代は宇津井とでなく緒形拳と結婚する。宇津井健と緒形拳は若い頃からのピアノのライヴァルなんです。けれど緒形拳はやがて身を持ち崩して、どこかに消えてしまって、死んだんじゃないかということになる。

松尾嘉代と緒形拳の間の子が水谷豊ですね。家庭が崩壊したのでグレて、酒場でピアノを弾いている。緒形拳が消えたので、宇津井健は松尾嘉代と晴れて結婚する。水谷豊も引き取る。この才能をまっとうにのばさなくてはいけない。音大に入れる。宇津井健は宮島音楽大学のピアノ科の助教授ということになっています。架空の音楽大学です。私大ですね。学長は小沢栄太郎で、その音楽大学の内部がドロドロしていて、宇津井健はいろいろ酷い目に遭う。私立音大の内部抗争みたいなことがあるんですね。そういう渦中に水谷豊を育てる話が入ってきて、日本を代表するピアニストに鍛えようというのが、物語の縦糸になるんですね。

しかしです。そこに死んだと思った緒形拳がなんと生きていて出てきまして、ネチネチとつきまとってくるんですね。そうやってプライヴェートも大学もドロドロの中で、宇津井健は水谷豊を音楽コンクールに出す。そのときの一次予選の課題曲がショパンの《英雄ポロネーズ》ですよ。そこからずっと《英雄ポロネーズ》が出てくる。水谷豊が練習して練習して、ショパンはこう弾くんだと宇津井健が懸命になります。で、水谷豊はショパンを弾きこなすようになるのですが、『赤い激流』は『白い滑走路』のようにショパンだけでは終わりません。なにしろ一次予選ですからね。次はリストの《ラ・カンパネッラ》に行きます。で、最後はベートーヴェンのピアノ・ソナタです。《テンペスト》ですね。もちろんその階梯は順調ではない。水谷豊はもともと育ちが悪いので、すぐに失踪したりする。それを連れ戻して、また練習させて、緒形拳が乱入してきて、もめにもめて……。そういう繰り返しですよ。その渦の中で、ショパン、リスト、ベートーヴェンという順番で進んでいって、最後に水谷豊は立派なピアニストとなるという、ハッピーエンドです。

このショパン、リスト、ベートーヴェンという順番に、ある種の価値観が示されているという気がするのですね。その意味で『赤い激流』というのは忘れられないドラマですね。ショパンは日本人の琴線にも容易に触れるメロドラマ的な歌であって、いちばんとっつきがいい。

ところがリストになると、リストはやっぱりツェルニーの弟子ですから。歌心とかメロドラマとかでは片付かなくなって、非人間的・機械的といってもいい技術の世界に行ってしまう。ショパンの人間的感情からリストの非人間的、というとリストに失礼だけれども、とにかく超絶技巧的な技術の世界へ。それを経由して、まさに正反合の弁証法ですよね、ベートーヴェンの精神の高みに辿り着くわけですよ。感情と技術を論理の力で止揚して高い精神性を表現する。ベートーヴェンがハードルが一番高くて、ショパンが一番ハードルが低い。そう設定されている。

私はこの図式にはまったく同意しないですよ。ショパンとベートーヴェンを上下の階梯に位置づけるなんてナンセンスですからね。しかし面白いですよ。ショパンがいちばん誰にでも分かる。メロドラマ的想像力のある人間ならばショパンは分かる。そこにショパン理解の核心はあると思うのです。日本のメロドラマでショパンが見えてくる。そういう話です。

プーランクとショパン

と、テレビ・ドラマの話ばかりになってしまいましたが、あと私にとってショパンの入口になったのはプーランクなんです。私は十九世紀のロマン派の音楽よりも、二十世紀の音楽の方がずっと好きなつもりで、いろんなクラシック音楽を聴いていました。プーランクはフランスの「六人組」のひとりでして、二十世紀音楽を聴いてゆくときに当然大きな人として出てくる。で、いろいろプーランクに接してみて、ある種のプーランクの音楽をとても気に入るようになりました。ピアノ協奏曲とかピアノの小品の幾つかなんですけれども。

そこで、なぜそういうものが気に入るのかと胸に手を当ててよくよく考えてみたら、それらはショパンに似ているのではないかと。ショパンの音楽はメロドラマという認識は『白い滑走路』のおかげで早くから持っていましたが、青少年期の私としては特にメロドラマが好きだというつもりはなく、ショパンのファンというつもりもなかった。甘美なものよりも、ストラヴィンスキーとかプロコフィエフとか伊福部昭の、アタックの強い方がよいと。

けれどもプーランクがいいと思ったときに、いいと思ったプーランクの曲がみんな自分の趣味志向のつもりを裏切るもので、ショパンに通じていると気づいた。かなり衝撃を受けました。実はショパンに浸食されていたのかと分かってしまった。プーランクをいいと思うのはショパンに馴染んでいたからで、そういう面のプーランクが切なくて堪らない自分は、ショパンのメロドラマを本当は好きだったのかと。プーランクの音楽は、ショパン的な甘いメロディや転調や、浮遊する感じとか、ショパンの影響を非常に受けていて、ピアノ協奏曲の、いきなり短調の始まりなんか、メロドラマのテーマ曲にそのまま使えるようなものなんです。プーランクには、ストラヴィンスキーやプロコフィエフに通じる、闊達でリズミックでネオ・クラシックでしゃきしゃきしている面もありまして、私はそっちの方ばかり好きなつもりでいたのに、なぜかプーランクに関してはショパン寄りのところに引きずられてしまっていた。そうやって内なる自分を発見してしまうのが音楽を聴くひとつの楽しみですね。

プーランクは「ショパンが好きだ」と自分でさかんに言って、積極的に認めているんですね。ストラヴィンスキーやモーツァルトが好きだと書いたあと、必ずショパンの名を挙げてくる。それにシャンソン、マスネやグノーのオペラだと。プーランクを聴いてショパンを発見したというのは生意気ですが、まあ、そういうことです。プーランクと『白い滑走路』と『赤い激流』。それらが私にとってのショパンの入口であり、出口でもあるような気がしています。

ピアノで人間の声を

音楽のメロドラマ的要素というのは、ショパンに限らず例えばラフマニノフにも強くありますよね。するとショパンのメロドラマを独自のものたらしめているのは何なのかということですが、さっきちらっと申した、まあ、誰でも言うことですけれども、ショパンがウィーンとかパリで聴いたメロドラマ的なオペラですよね。ウィーンだってパリだってイタリア人の歌手が来て、ショパンが言うところのベル・カント唱法――ベル・カントの定義はすごく難しいけれど――によって、人間の恋の悩みとかのメロドラマ的感情を切々と歌いあげるものがあって、それにショパンがのめりこんで、ピアノに移そうとした。そこにショパンらしさの根源がある。こういう理解ですね。なぜショパンがベルカントをピアノに移そうと思ったか。モーツァルトやベートーヴェンのような前の時代の作曲家と違う発想に至ったか。むろんショパンの天才性ということにもなりますが、やはりピアノという楽器の性能も考えなくてはいけない。ショパンの時代にはピアノのペダルとかが発達してくる。ペダルを踏むと音が延びるようになってくる。ペダルがあっても音がまだまだ延びない時代から、ショパンの頃になってくると、ペダルを踏むと音が延びて、鍵盤から指を離しても、ペダルを踏んでおけば、余韻が聴こえますみたいになる。そうすると、チェンバロやフォルテピアノみたいに、音が短く途切れて、音を延ばせなかった、あるいは延ばすといっても限界があった頃とは、発想が変わってくる。音が延びるということは、ピアノでも声を模倣できるのではないかというアイデアが育ちうるわけですよ。声は延びるから声。打鍵する楽器は打つとすぐ音が途切れるから打鍵する楽器。水と油と思っていたら接点が出てきた。そういうふうに思おうと思えば思えるようになった。ショパン時代の新現象ですね。しかもオペラはさかんにメロドラマをやっている。時代条件が整うというか揃ってくるわけですよ。

ショパンはとにかくオペラ好きでした。ピアノで歌う。そのことにこだわりぬいた。実際に「歌うように」とばっかり言って、弟子を指導していた。ショパンのピアノ音楽の主役は器楽的な音型にはならない。肉感的な歌を模した、歌えるような旋律です。ノクターンだって、ポロネーズだって、マズルカだって、オペラの恋の悩みをうたうアリア、喋るようなレチタティーヴォが意識されているでしょう。ショパンは弁論術というか、お芝居の台詞のようにピアノを弾きましょうといつも言っていたわけです。

具体的にはどういうことか。転調が多くて不安定。主調は短調が多い。まさに恋とかに揺れ動く人間のメロドラマ的心象を、旋律の微妙なうつろいで表す。それはそうなんですが、そういうことだけではありません。声を写すというときの写し方の工夫の仕方ですね。人間の声というのは、声楽でチェインジ・ヴォイスといって、出やすい音高と出にくい音高がある。ソプラノでもアルトでもテノールでも、人間の歌というのは歌える音域内の種々の音高が均等に出るということはない。人間の声の特性として、高さによって出やすかったり出にくかったりという不均等がある。それが歌に味をもたらす。すると、不均等をピアノでどう写すのか。ピアノは鍵盤さえ押せば出にくい音も出やすい音もヘチマもない。原則としてみんな均等に出てしまう。それではダメなんだと。ピアノを器楽的に、機械のように、ミシンのように弾けば、というツェルニーのエチュードみたいなものは、ショパンは受け入れられない。

リストはツェルニーの弟子ですから、ショパンがリストを馬鹿にするのは、ミシン的なものがベースにあるからダメなわけです。《ラ・カンパネッラ》みたいなものですね。リストはツェルニー直伝の、指の全部が均等に動くように音楽し演奏することにこだわりました。そういう技巧を追求して、ピアノにオーケストラを超えるほどの機能性をもたせたいというのがリストのやり続けたことでしょう。ところがショパンの場合はオーケストラの多様な音色をピアノで出すのではなくて「声」を出したいわけですよ。そして声の魅力は不均等なんですよ。でも声帯と違ってピアノは均等にどの音も出せるわけです。同じように叩けば。だったら同じように叩かなければいいわけです。ツェルニーやリストは十本の指を鍛錬して均等にメカニックに動かすことを追求しました。対してショパンは小指は小指、薬指は薬指というふうに、強かったり弱かったりの指の力や長さのムラを演奏に積極的に反映させることを考えた。ツェルニーみたいに指が均等に動くように訓練しましょうみたいなことに反旗をひるがえした。カルクブレンナーのように手首から先でピアノを正確にコントロールして、悪い言い方をすれば手先で弾きましょうという行き方にも従わなかった。歌手が全身で歌うように、ピアニストも腕を、手全体を、ひいては全身を使って、指の力のムラを打鍵に反映させて声のムラに通じる音の強弱のムラを作り出そうとした。声帯を手首に、口のかたちを指の動きになぞらえて、声を出すように手を動かすということを考え続けた。普通ではないですよね。そういう演奏上の工夫を重ねて、そういう工夫で弾いてこそ映えるピアノ音楽を作り出して、メロドラマの声を鍵盤に写そうとした。そして成功した。

リストは人間を機械にしようとした人ですよね。ピアノという機械を人間という機械が操る。メカニックな技巧の極限を尽くしてピアノという機械の性能を全開にして、ベートーヴェンの九つの交響曲やベルリオーズの《幻想交響曲》をピアノで写してしまおうとする。ピアノ＝宇宙みたいな感じ。対してショパンは、ピアノで人間の声を写す方にいった。不均等の要素をたくさん孕んでいるのが人間の声だから、ピアノもムラを追求しなくてはいけない。ツェルニーとリストの路線で、機械のように均等に指が動くことをイメージして弾きましょうというのとは、逆に逆に行こうとする。

楽譜には八分音符が並んでいたにしても、運指法によって自ずと緩急の差がつく。指の強さも均一にならない。そうやって出てくるさまざまなムラの累積が相乗効果を生み、声の陰翳に見合うものをピアノから引き出せるようになる。運指法だって非合理なものを考える。小指の外側に親指をねじって持っていくなんて、およそ機能的でない運指法を考えたりもする。そういう無理な運指が生む力加減が声に見合った味を生みうる。そう思おうとするのがショパンなのです。

人間の喉(のど)は楽器としてムラがあるのが前提である。でもピアノは楽器として均等なのが前提である。叩いてもよく鳴らない鍵盤があったら、それはピアノが壊れているということでしょう。そんな楽器で声を模すためには緩急強弱の不均等を活かさねばならない。楽器が完璧なら、それを弾く人間の不完全さや弱さを前に出してゆかねばならない。不均等感を出すにはたとえばルバートを使う。でもルバートをわざとらしくやるとダメで、人間の指が不均等な形でもルバートというか、一所懸命に均等な意識で動かすのだけれど、自ずと二番目の八分音符がちょっと短くなって、三番目の八分音符が少し長くみたいになる。それでこそ生きる楽想を考案し、楽想を最大限に活かすような伸縮感や種々のムラが出る指の割り付けを考える。そうやってピアノで声を擬似体験させようとこだわり続けた。指の合理的な動きだけを追求するのでなく、不均等な指の動きや力加減で生きる楽想と響きがあるんだと。人間の喉とは、どうしてもコントロールしきれなくて、どうしても崩れていってしまうところのある楽器である。その特性を活かしてこそメロドラマにふさわしい情感の陰翳に富んだ歌も可能になる。それをただただ真似たい。ショパンの想像力ですね。

ただ、ここまでの話というのは、かなり右手に限ったことだと思った方が正解でしょうね。ショパンの弟子の証言なんかを読むと、左手はきちんとリズムを弾いて、その上で右手をいかに自由に柔軟にするかということが説かれている。舞曲のリズムとか、尺というか、枠というか、それはきっちり左手で作る。仮にメロドラマ的に密やかでナヨナヨした声を写そうというときでも、左手までがナヨナヨしてしまってはしようがない。歌がナヨナヨを追求していたとしても、例えば、オペラのオーケストラはリズムを刻んでいるわけでしょう。伴奏という枠をきちんと作るという意識は、ショパンには強いですね。情感を漂わせるためには、強くうねる情感でもひめやかに揺らぐ情感でも、基本的にメトロノーム的なものがちゃんと伴っていなくてはいけない。

歌の伴奏はピアノでもオーケストラでも歌を聴き過ぎてはダメなんです。合わせようとするとお見合いして止まってしまいますからね。歌がそのうえで自由に振る舞えるような、伴奏それ自体としては毅然とした枠組みを作ることが大切なんですね。ショパンの右手と左手の関係はそれをなぞっているわけでしょう。

あと、ショパンはバッハとモーツァルトをとても尊敬していたと言いますけれど、古典的な規矩への敬意というものもあるでしょうね。いろんな声を右手で歌わせながら、バッハやモーツァルトのような古典的な拍節感はしっかり保持する。バッハには器楽的な非常にかっちりしたものがあるわけですが、それでもバッハの音楽は結局コラールであり歌なわけです。バッハが器楽的な規矩にコラールをはめ込む。それと同じ要領で、声のメロドラマ的表情を扱ってみせる。メロドラマを左手の作る規矩の上でほとばしらせる。ショパンの課題でしょう。それからバッハの音楽ではアルマンドとかクーラントとか、舞曲のリズムが規矩を作る。ショパンはそれに倣ってポーランドだからポロネーズやマズルカだと。その意味でも、ショパンのモデルは実はやっぱりバッハですね。

〝ふるさとは遠きにありて思うもの〟

で、そういうショパンはロマン主義音楽のひとつの典型とされているわけですが、いったいショパンの何がロマン主義なのか。ロマン主義にはいろいろな定義があると思いますが、たとえば、日本浪曼派という文学運動を起こした保田與重郎は、ロマン主義とは〝遠距離思慕〟だと言っている。遠くにあってそれを手にすることはできないものを諦めずに恋い慕い続けるのがロマン主義だというのです。そばに行けないと思うことが創造の原動力になるということですね。〝ふるさとは遠きにありて思うもの〟ですよ。〝そして悲しく歌うもの〟ですよ。ついさっきまで保田の文庫本の解説を書いていたので思いだしてしまったのですが。

ショパンはポーランド、ポーランドと言うけれども、帰らない。政治的な理由などいろいろあったと思いますが、とにかく帰らない。戻らないことによって初めて芸術的な生産力が出てくる。保田の場合、『万葉集』が好きなんですよ。それを恋い慕う。万葉の時代にひとつの理想を見いだす。保田は奈良の桜井の生まれですよ。空間的にはズバリ万葉の里です。けれど、いくら『万葉集』に恋い焦がれても、空間はともかく時間的には隔絶している。タイムマシンでもないと理想の世界には行けないんですね。だったら諦めてやる気がなくなるのかというと、そうではない。時間的な〝遠距離思慕〟から創造力が湧出してくるわけです。絶対に辿り着かないと思うことが生産力の源泉になる。これがロマン主義ですね。

ショパンの場合も典型的な〝遠距離思慕〟でしょう。「ポーランドがいい」と思いつつ、パリにいたり、地中海に行ってみたりして、どうも風土が違うというなかで、マズルカとかポロネーズとか、ポーランド的な要素を入れたバラードとかを創る。祖国を恋い焦がれつつ離れてゆく。これが〝遠距離思慕〟でなくてなんでしょう。ピアノで声というのも〝遠距離思慕〟かもしれませんね。ピアノで声を表すというのは、天才ショパンが工夫しても無茶と言えば無茶ですよ。幾らペダルが発達しても、声と打鍵する楽器はやっぱり対極にあるのですからね。ピアノで声には辿り着けない。わかりきったことにこだわりぬく。執着する。無理筋に挑む。〝遠距離思慕〟ですよ。パリに行き、マヨルカ島に行って、ポーランドを思いながら、ポーランドに帰らない〝遠距離思慕〟。いちばん歌から遠いピアノという楽器によって、歌に恋い焦がれるという〝遠距離思慕〟。狂っていると言えば狂っていますね。でも、そこからこそロマン主義的情熱があらわれるのです。

ピアノでいくら歌おうとしても、弦楽器と較べたら歌うことに関しては負けるはずです。常識のある人なら誰でも分かる。無理に歌わなくてもいい楽器ではありませんか、ピアノは。叩く楽器なんですから。それでも歌おうというのですよ。ロマン主義者の発想です。不可能を自らに課すことが、クリエイティヴな力を生み出す。出来ようはずのないことを言い続け、不可能な試みを続けるのが生き甲斐になる。ショパンはこの二重の〝遠距離思慕〟に生き、自分を追い詰めることで、創作力を爆発させた。ロマン主義者はみな〝遠距離思慕〟者でしょうが、二重は珍しいでしょう。シューマンに「諸君、脱帽したまえ、ここに天才がいる！」と言わしめたのも、もっともでしょうね。

5 ワーグナー　フォルクからの世界統合

◉リヒャルト・ワーグナー
ドイツ　ライプツィヒ生まれ。1813－1883
後期ロマン派の作曲家、指揮者。楽劇の創始者。
オペラに『さまよえるオランダ人』『タンホイザー』『ローエングリン』『トリスタンとイゾルデ』『ニュルンベルクのマイスタージンガー』『ニーベルングの指環』『パルジファル』が、管弦楽曲に『ジークフリート牧歌』『交響曲ハ長調』、歌曲に『ヴェーゼンドンク歌曲集』などがある。

戦争ごっことワーグナー

ワーグナーですか。出会いというとドイツの話から始めなくてはいけないでしょうね。私の幼稚園の頃というと『コンバット』が人気でした。あと『ラット・パトロール』とか。第二次世界大戦のヨーロッパ戦線や北アフリカ戦線を扱ったアメリカのテレビ映画ですね。で、幼稚園の遊びはコンバットごっこなんですよ。チャンバラではない。怪獣ごっこもありましたが、怪獣のまねは動き方が難しい。戦争ごっこの方が簡単です。毎日やっていました。ドイツ軍とアメリカ軍に分かれて、ドラマのまねごとをする。で、私は決まってドイツ軍なんです。それで必ず負ける（笑）。ハナから勝敗は決まっていて、やられ方だけが問題という、ひどい遊びですね。私はドイツ軍の将校や兵隊の軍装が好きでしたから、友達との力関係で負ける側を演じさせられることもあったと思うけれど、自らの意思でドイツ軍に回っていた面もあった。そうそう、テレビ・ドラマだけではなくて戦争映画もよく映画館に観に行っていました。『空軍大戦略』とか『パットン大戦車軍団』とか。あるいは日米合作の『トラ！ トラ！ トラ！』、旧ユーゴスラヴィアが作った『ネレトバの戦い』。あと、ソ連の映画で『ヨーロッパの解放』という、独ソ攻防戦を描いた超大作なんかもありまして。ドイツ軍の出てくる映画が多いんですね。ほとんど負けるんですけれども、恰好はとてもいい。そういう映画で、ドイツの将軍を演ずることの多かったクルト・ユルゲンスという俳優にもたいへん憧れた。当時、映画館で買ったプログラムなんかをずっとそのまま持っておりますので、いま取り出して開いてみますと、キャストの表のところにドイツ側には丸や二重丸が付けてありまして、連合国側には罰点がしてあるんですよ。反英米主義で徹底しておりましたね（笑）。

そうこうしているうちに字が読めるようになってくる。やはり第二次世界大戦のドイツ軍にすごく興味が湧いて、戦車や飛行機の名前、将軍や提督の名前を覚えたり、当時「第二次世界大戦ブックス」というリデル・ハート監修のシリーズ本をサンケイ新聞出版局が翻訳して、毎月二冊ずつ五百円で発売していたのを愛読したりしました。

そんな「第二次世界大戦マニア」としての体験が、私のドイツへの興味の明らかな原点で、ワーグナーの記憶もそれとつながっている。ナチス絡みのBGMはドキュメンタリーなんかでもヒトラーの愛したワーグナーであることが多いでしょう。ワーグナーはナチス時代の映像とセットになっていて、しかもナチ党の歌とかドイツ軍の軍歌と一緒になって、小学生の頃には刷り込まれてしまった。その効果はやっぱり大きい。だからワーグナーというとドイツ軍でありナチスだと。特に《ニュルンベルクのマイスタージンガー》の前奏曲ですね。幼稚園の頃だと、ただドイツ軍が恰好いいくらいなんだけれども、小学生になるとアウシュヴィッツの写真とかも見ているわけです。そういえば私は小学生の低学年のうちでしょうか、K先生という、もとは私立小学校の受験指導をしていた人、つまり幼稚園児の行く進学塾なんですけれど、その人に個人的に師事していました。正確に言うと、私が幼稚園のときに進学塾に行っていてそのとき知り合ったK先生に小学校に入ってからも習っていたんです。独特なやり方でして車で家に迎えに来るんですよ。そうやって、三、四人の子供を集めて、その子供の誰かの家で、授業をする。でも中身はフリー・ディカッションみたいなもので、学校の勉強にちょくせつ役立つようなことは何もない。しかし今は役に立っているような気はする。そういうものでしたね。

そのK先生の車に、私はよく助手席に乗せられていたのだけれども、ある日、夜遅くですよ、小平か府中か、東京の多摩の路上で車を止めてですね。K先生がカー・ステレオでワーグナーを聴かせながら、ユダヤ人の死体の山の写真を見せるんですね。それでね、「君はドイツ軍が恰好いいとか言っているけれども、ヒトラーが何をしたかよく考えないといけない」とね、小学生相手に説教するんですよ。その先生の愛車がフォルクスワーゲンときたもんだ。で、先生はベレー帽にサングラスでね。なんだかマンガみたいですね。でも本当なんだからしようがない。だからワーグナーをただの音楽として聴くことは長く困難でしたね。今も実は困難かもしれない。聴いていればどうしても戦争とナチスとドイツとユダヤのことが視覚的に出てくる。これはもう如何ともしがたい。人間の経験はリセットできないので。

モンスター・ワーグナー

と、なんだか子供の分際で大げさな話で、いきなりすみません。小学生のうちはワーグナーなんて別にそんなに聴いたわけではないですよ。知ってるものも、オペラの中の有名な管弦楽曲程度でしょう。ワーグナーのオペラを全曲聴くような機会はなかったですね。中学校の初めの頃も似たようなもので、オペラの管弦楽曲集のLPを聴く程度でした。前奏曲や序曲に、もちろん〈ワルキューレの騎行〉とか。クリュイタンス指揮の廉価盤をいちばんよく聴いたのではないでしょうか。名盤ですよね。

その時期の私は日本のオペラを中心に近現代のオペラは聴いたり観たりするようになっているんです。近現代音楽趣味にのめりこんでいましたから。でもワーグナーをはじめとして十九世紀の名作オペラには熱心ではなかった。現代音楽ファンとしてロマン派は嫌いというスタンスでしたから。ナチスやヒトラーへの興味からワグネリアンになる道筋もありえたような気もしましたが、そうはならなかった。K先生がフォルクスワーゲンの中で絶滅収容所の写真なんかワーグナーの音楽付きで見せるのがよくなかった(笑)。トラウマになりますよ。で、ロマン派はむしろいかんと。ワーグナーよりもドイツ・オペラとなるとリヒャルト・シュトラウスを優先して聴いていましたね。シュトラウスは第二次世界大戦後まで生きて創作していた現代の作曲家でもありますから。時代としてそっちは聴かないと二十世紀音楽ファンとして問題があるけれども、ワーグナーは遠ざけている。シェーンベルクやベルク、それからカール・オルフのオペラ。そういうのは喜んで聴いていました。

中学から高校くらいになると、そろそろワーグナーのオペラもいちおう聴いておかないと、という気になってくるんですが、オペラの全曲盤を買うのはたいへんですよ。LP時代ですから値段が高い。私は現代オペラのレコードを買うのでお小遣いは尽きてしまいますから(笑)。だからワーグナーのオペラを聴こうと思うと、NHKのFM

が年末に放送するバイロイト音楽祭のライヴにかなり頼っていました。これが一幕ずつでも長いから、百二十分のカセット・テープ、片面六十分では入らないでしょう。それで困ってレコーダーを二台使ったり、早業でひっくり返したりして。ワーグナーのオペラ全曲についてはエア・チェック頼みでしたね。

そこからいろいろ聴くようになって、オペラの舞台にも内外で生で接するようになって、今日に至るのですけれども、意中の作曲家になって、ワグネリアンになって、夢中で夢中で、ということは、今日に至るまでありません。しかし、かなり興味のある作曲家のひとりにはなりました。とにかくワーグナーはとんでもなく大きい芸術家ですよ。文学と思想と演劇と音楽をひとりで総合しようとして、ほんとうにかなりのレヴェルでやってしまったのですからね。これぞ十九世紀的なるものの真打ちですね。ワーグナーよりも前の時代でわれわれが大作曲家と思っている人たちは、やはり基本的にはベートーヴェンまでは〝音楽の職人〟でしょう。それから後のロマン派の時代になって、シューマンみたいな人が一つの典型と思いますが、子供の頃から文学にも親しんで、音楽と文学が切り離せない人が出てくる。シューベルトにもメンデルスゾーンにも、ある程度言えるけれど、とくにシューマンは完全に文学と音楽、たまたま音楽に比重がかかってきますが、全体として捉えないと、という意識の持ち主ですわね。でもシューマンは文学に興味があったけれど、文学者としてどうこうということとではなかった。やっぱり音楽家ですね。シューマンの文学趣味は音楽作品に反映されたし、また音楽批評家としての文業にもあらわれた。それでもシューマンはやっぱり文学も愛好する作曲家であって、シューマンが文学者や思想家かというとそうではないでしょう。ましてや演劇人ということはない。

しかしワーグナーはそういう全部なんです。十九世紀のロマン派は人間の意識を宇宙的に肥大させる。革命によって神が死ぬ。それでみんな卑俗になるかというとそうは思えない。人間が神に成り代わる。全人的な、全体的な存在になる。神が宇宙を創造したように芸術家は芸術作品を創造する。それで全的ヴィジョンを示す。そのための芸術はもはや音楽とか文学とか演劇とか美術とか、個々の分野にはとどまれない。だって全的でないといけないんだから。

視聴覚の全総合、五感の結合を一芸術家がヴィジョンにおいてもテクニックにおいても全的に表出してこそ、ロマン派の誇大妄想の夢は達成されるわけですよ。そういうことをシューマンは思ったでしょう。ベルリオーズやリストも思ったでしょう。けれどもやっぱり一個人ではきつい。やりきれない。そういう人が夢見られる時代なんだけれど、実際には無茶だ。ところが無茶をただひとり通してかたちにしてみせた人がいた。他にはどうしたってていない。十九世紀に類例を見いだせない。それがワーグナーですよ。

ワーグナーはシェイクスピアとベートーヴェンを並べて尊敬した。シェイクスピアは文学と演劇では圧倒的なタレントだ。でも音楽家ではなかった。ベートーヴェンは音楽、特に言葉を伴わない器楽の作曲家としては凄まじい。前人未踏の領域に足を踏み込んで、有機的な音楽の極み、劇性の極致に至った。でもベートーヴェンに文学や演劇は欠落していた。ワーグナーはこのふたりをひとりでやれないかと真面目に本気で夢見た。それでみずから台本を書いた。ワーグナーのオペラは物語や詞章においてまずはワーグナーの文学である。しかも演劇としての演出のヴィジョンも自分で持っている。理想の劇場というものまで考える。その意味でワーグナーの演劇というものも存在する。

さらにワーグナーのオペラは単なる文学ではない。物語ではない。哲学である。世界観の表現である。ワーグナーは思想家でもある。ワーグナーのオペラには人間とは何か、風土とは何か、伝統とは何か、愛とは何か、家族とは何か、宗教とは何か、等々、世界への問いと答えがあります。それなりに。それから政治や経済への洞察がある。「反ユダヤ主義」もある。ワーグナーの「反ユダヤ主義」は反資本主義、反市場主義、反金融資本主義みたいな考え方とトートロジーですね。

で、作曲家としては、ベートーヴェンが交響曲や弦楽四重奏曲やソナタで実現した、限られた主題・動機群の徹底的な展開という有機的手法を駆使して、オペラにまとまりをつける。そうやって、音楽と文学と演技・舞踊＝身体動作を合わせた、まさに「総合芸術」としか言いようのない、視覚的でもあり聴覚的でもあり演劇的でもあり、哲学思想でもあり、で、音楽でもあって、それらが全部、ライトモティーフという名で呼ばれる限られた音楽的素材によって有機的に結びつけられて、切れ目なしにずっと音楽もドラマも続いていって、世界が常に切れ目なく全体として担保され現出する。そういう世界をひとりで作ってしまった。シェイクスピアとベートーヴェンをひとりで兼ねるわけです。ヘーゲルやショーペンハウアーもおまけにいますみたいなかたち。モンスターですね。

ワーグナーの前にそんな総合芸術家は決していなかった。ワーグナーの後にも決していない。もう出てきようがない。ワーグナー流の総合は十九世紀にはかろうじて可能であったけれども、二十世紀にはもう不可能ですから。二十世紀には哲学も文学も音楽も複雑化し、多様化し、枝分かれが過ぎ、分裂し、断絶して、総合のしようのない支離滅裂な状態になってゆく。ワーグナー的存在は十九世紀にはアクロバティックにかろうじてありえたし、本当にワーグナーという人が出たけれども、二十世紀にはどんなサーカスの芸としてもありえない。絶対に渡れない綱を渡ろうとする綱渡り芸人のように死と崩壊しか待っていない。でもワーグナーのときにはまだかろうじて可能だった。その、かろうじてできたことを本当にした。

確かに総合は十九世紀の要求にはちがいないと思うけれども、本当にできる人がいるかどうかは別問題で、ワーグナーはやっぱり十九世紀の奇跡でしょう。マーラーくらいからあとは全体性を表現しようとすると分裂と崩壊ですよ。そのあとは部分に賭けるしかなくなってくる。断片化ですね。だからワーグナーを好きな人があれだけいるっていうのは当然だろうと思います。完全とか総合というものに、人間は憧れますからね、永遠に。

パリでの挫折と虚妄

そういうワーグナーがいかにして登場したのか。一八四八年の革命はもちろん大きな意味をもちますが、その前にやっぱり遡らないと。ワーグナーの生まれる前。一七八九年のフランス革命。フランス革命というのは、そのときまでなかった人類的な理想を初めて現実化するかのような幻影を抱かせて、自由・平等・友愛という、フランス人とかドイツ人とかは関係ない、全人類的な理想を実現するみたいなヴィジョンを掲げた。フランス革命という名前ですけれど、その理想の適用範囲はあくまで全世界であって、それをフランスから始めるというのがフランス革命の建前ですね。だからよそにも攻めていったわけで。その夢にベートーヴェンもいっときは浮かされたわけだし、そのベートーヴェンがフランス革命に似た人類愛のヴィジョンを表現した《第九》にワーグナーも惹かれた。

フランス革命の実際の進展は当初の理想とはかなり違ってきまして、ブルジョワ的なフランス・ナショナリズムが幅を利かせていきますが、それでもやっぱり自由・平等・友愛を三色旗で表現する国、普遍的な価値を体現する国という看板はそれなりに保つ。何しろ世界的先進文明国でもあるし、ドイツのようになかなか国家の統一もできずにナショナリズムで無理やりに国をまとめて「頑張らなくちゃ！」みたいなこととはずいぶん違う。ユニヴァースというかインターナショナルというか、そういう意識の育つ場所としてフランスがあった。フランスにドイツ並みの偏狭な近代ナショナリズムが出てくるのは、普仏戦争に負けたときですよね。その前の時代は、ローマ帝国的な感覚というか、つまりヨーロッパ文明が世界の文明であって、その中心がフランス革命の精神である。フランスの首都パリは世界の首都である。世界中から人々が集まって、自由・平等・友愛の精神のもとで、人類的な意識を育ててゆく。そのトポスがパリである。そういうイメージですね。

ワーグナーも最初はそのノリでした。世界都市パリで成功したいと願う。パリの人気者マイアベーアを理想の作曲家と考えて、マイアベーアにあやかってマイアベーアみたいなオペラを書こうと、《リエンツィ》を書く。辺境からパリに出てきて頑張る。パリでイタリア的なオペラとフランス的なオペラとドイツ的なオペラを総合して、真にヨーロッパ的で世界的なオペラを作ろうとする。それを先がけてやっているのがマイアベーアで、自分はその後追いの路線で成功しなくてはいけない。是が非でもそうするんだ。それが若きワーグナーですね。けれど、パリではうまくゆかなかった。挫折した。その後のワーグナーを考えると、パリでの挫折がやはり決定的だったのでしょう。ワーグナーはパリが体現しているユニヴァーサルでインターナショナルなものが素晴らしいとは思わなくなった。極端に言うと、パリ的な意味でのユニヴァーサルやインターナショナルなものは虚妄であると確信した。そこからワーグナーらしさが始まる。

その頃のパリの実際というのは人種と民族の坩堝みたいになって、マルクスが資本主義は滅亡すると確信するような経済的混乱が繰り広げられていた。十九世紀前半からのパリやロンドンは投機の町ですよ。株がジェットコースターで上がったり下がったりして、きのうの貧乏人が今日は大金持ちになり、今日の大金持ちは明日貧乏人になる。そういう激しい資本主義を支えているのは、まさに行動の自由と機会の平等が保障された、誰もが身分に縛られず自分の才覚でいろんなことをやれる革命的社会です。考えようによっては素晴らしいかもしれないけれど、ワーグナーはそうは思えなくなってしまった。

オペラを観に来るのは無教養な成金ばかりだし、マイアベーアがイタリアとフランスとドイツの総合と称しているオペラも、実は飽きっぽい無教養なお客さんをびっくりさせてオペラ座の座席に縛りつけておくために、手を代え品を代え、目くらましでいろんなネタを並列しているにすぎない。つまり本当の総合なんかできていない。そんなマイアベーアを真似てパリでの名声を目指しても意味がない。実際に名声を得られなかったワーグナーの恨み言といえばそれまでだけれども、とにかくワーグナーはパリの建前と本音のギャップを骨の髄まで感じてしまった。自由・平等・友愛のもとで全人類が一緒になるなんていうのはまやかしで、現実のパリは刹那主義というか、感覚主義というか、大衆社会の先触れみたいな、結局、教養の低い人とか金儲けで手いっぱいな人とかが氾濫しているばかりだと。だからパリで人気のある音楽というのは、刺激的でとりあえず面白ければ中身はどうでもいいものなんだと。

こういう世界からは真の総合はうまれない。じっくり考えて味わって深めるということがない。ただ世界中から根なし草が集まってきて、短い周期で興亡を繰り返す。そういう人たちがオペラに来ても深遠な哲学的な物語や手の込んだ音楽をしっかり鑑賞できるはずもない。要するに刹那的な刺激や見てくれの新奇性を求めるだけのパリの大衆には人類の未来をゆだねられない。それがワーグナーのパリでの結論だったのでしょう。

ウェーバーとフォルクの精神

そこでワーグナーは転向した。何から何へ転向したかというと、パリの大衆からドイツの民衆へということになる。お手本もマイアベーアからウェーバーへ変わった。マイアベーアはもともとドイツのベルリンの作曲家だけれども、イタリアで成功し、さらにパリで決定的名声を勝ち得た無国籍的自由人の面影がある。ユダヤ人ですしね。そのマイアベーアとウェーバーは共にベルリンで机を並べて勉強した間柄で、マイアベーアはパリで「国際様式」で成功して、ウェーバーもロンドンでそれを目指したけれど、結局、ウェーバーの代表作となったのは「国際様式」よりも「一国様式」というかナショナルなスタイルだった。《魔弾の射手》ですね。これはもう、ドイツの国民主義というか、グリム兄弟の童話の世界みたいなもの。ドイツの森を舞台にしてドイツの民族性に訴えるオペラです。パリの大衆や群衆向きのものではないわけですよ。ドイツの民衆、フォルク、フォルクスワーゲンのフォルク、英語で言えばフォークにこそ訴えるオペラとして《魔弾の射手》は出現し大ヒットした。

フォルクというのは、柳田國男の常民みたいなイメージですね。伝統感覚というものを身体に宿していて、刹那的ではなくてじっくり考えてくれる腰の据わった人たちのイメージです。どこからともなく集まっては雲散霧消する得体の知れない刹那的なパリの大衆・群衆とは対極にイメージされる人々のことです。大都市化、工業化、中央集権化、近代化が遅れていたドイツには、ワーグナーがフォルクと考える人たちは本当にまだまだいたわけですよ。

ウェーバーの《魔弾の射手》は、ドイツの森でドイツ人が出て来て、ホルンを吹いて、もじゃもじゃしたオーケストレーションでドイツの自然を表して、というオペラですね。いろんな意味でワーグナー的なものの先触れになっている。民衆の肌身にしみこみやすい物語と響きが渾然一体となっている。音楽の作りでもマイアベーアとウェーバーとはちがう。マイアベーアは並列的である。相異なる音楽要素が継ぎ足されてゆく。どんどん使い捨てられる。対してウェーバーは、この人物、この情景には、このテーマというように、のちのワーグナーのライトモティーフを思わせる作り方の萌芽がある。というか、ワーグナーがウェーバーから学んで発展させて、人物や事物や抽象観念に特定のメロディを対応させてオペラを有機的に作り込んでゆくライトモティーフによる作曲法を鍛えたんですね。

とにかくウェーバー対マイアベーアという選択肢があった。パリみたいな民族の坩堝、グローバリズムの先駆けみたいな場所で、新しい刺激をあたえ続けるために、片っ端からとっかえひっかえして、イタリアもドイツもフランスもという具合にやるか。それとも何か特定のところに依拠して、地に足を着けるか。ワーグナーは後進国ドイツ、まだすれていないドイツの民衆に依拠する道を選んだ。

ワーグナーの総合芸術は音楽と演劇と文学と哲学を総合する意味での総合芸術ではあるけれども、マイアベーアのようなドイツとフランスとイタリアを総合するという意味での総合芸術ではない。寄せ集めや根無し草を嫌って、あくまでドイツ的なるものに依拠しようとした。刹那的な、ただ快楽的な刺激を求めるだけになった人間を、まだドイツには大勢いる、素朴で地に足の着いた人間によって糺そうということですね。フランス革命のように王様の首を落として教会の財産を没収して、すべてをニュートラルにして、一回伝統を断ち切ってしまうと、伝統といいますか歴史といいますか、縦軸の時間的な支えがなくなって地に足の着いた積み重ねの感覚が消失してしまいますから、あとは刹那主義しか残らなくなってしまう。

そこでワーグナーはウェーバーにも倣いつつ、ドイツの歴史的・神話的・伝説的時間を意識させるようなオペラを書く。「ニーベルンゲンの歌」など、ゲルマン民族の伝説みたいなものにこだわって、そこに現代の問題を寓意的に入れていって、じっくり味わうオペラをつくる。その発想が行き着くところまで行くとバイロイトになるんですね。長くじっくり考えるにはパリみたいな都会でなく、ドイツの田舎のバイロイトなんてなんにもない所にオペラ劇場を建てて、ここまで来る人だけ観に来いみたいにしちゃう。長いから飽きたというときには、パリだったら外へ出れば他に楽しいことがいくらもある。でもバイロイトだとワーグナーのオペラ以外には何もない（笑）。

理想郷バイロイト

ワーグナーは思想家でもあると申しているわけですが、彼の思想というのは、近代世界とは、パリに象徴される刹那的で投機的な世界、大衆が主役の世界ではなくて、フォルクの世界、伝統に支えられ友愛の情を忘れない民衆の世界、まあ、共同体主義や社会主義が入ったかたちでないとダメなんだということに帰結すると思うのです。そういう思想を伝える仕掛けとしてワーグナーのオペラもあると。そんな割り切りをしては元も子もないところがありますが、かと言ってワーグナーの壮大な楽劇の世界を、ただの音楽と物語によるファンタジーで現実世界とは特に関係ありません、ということにしてはつまらないでしょう。ワーグナーは世界を変える思想を自らのオペラによって仕掛けた。それで現実を導こうとした。そういうオペラをじっくり味わえる場所は静かな田舎でないとダメなわけです。その意味でワーグナーのオペラは教養を身につけるために、あるいは娯楽としてオペラを観て聴きましょうということでは、やっぱり済まない。危険な代物なんですよ。

ワーグナーはパリで幻滅した。グローバリズムに、資本主義に、刹那主義に、刺激を求める大衆に幻滅した。根なし草的人間を呪詛した。自由にあっちこっち行ってよろしくやって楽しい生活をしているみたいな、まさにキリギリス的なものに対する憎悪。それが根無し草、さまよえる民の象徴としてのユダヤ人憎悪にも結びつく。ユダヤ人そのものを憎んでいるというよりも、ユダヤ的な価値、つまり祖国がなく離散して住んでいるとか、金融業とかやって自分で汗をかかないとか、そういうイメージを憎んでいる。まさにヴェニスの商人のシャイロックであり、もちろん、《ニーベルングの指環》で指環を作って、愛とか人間の精神を忘れてしまった小人とか。結局、お金儲け、利殖、商業、移動、都市文化、刹那主義を否定する。その刹那的なものを否定する強さは、あのワーグナーのオペラの長大さそのもの自体に宿っていると思います。一体であって切り離せない、三時間なら三時間、四時間なら四時間のオペラ。途中で出て行きようのないバイロイトという空間で切り離せない長時間オペラを供する。ここにワーグナーの理想がある。

それでは、ワーグナーは具体的には何を実現したかったのか。やっぱりユダヤ的なものが現代文明のひとつの流れを作っているとすれば、それとは逆の文明がある。つまり額に汗して、昔ながらのマイスタージンガー＝職人みたいな、直接的な労働をして対価を得るという、共産主義というよりも、ある種の共同体的ななかで物を分かち合うという考え。現在、イスラムのなかの極端な人たちが、アメリカに象徴される西側に対して、「いやだ！」と言っている対象は、やはりワーグナーがユダヤ的なものを見いだしたのと似ていると言えるのではないですか。まだ充分に近代化していないドイツが、イギリスとかフランスの近代の悪しきかたちを反面教師にして、別の文明を構築しようとする。そのための啓蒙の役目を果たし、未来を導くための総合芸術としてワーグナーのオペラがある。額に汗せず株式相場で儲ける人や、金貸しみたいな人間を否定するような文化が、ワーグナーのオペラを通じて生まれてほしい。ワーグナーを社会思想家としてとらえた場合には、やっぱりそういうことになるのではないですか。一種の反近代主義者ですね。

で、ワーグナーの音楽の、音楽そのものの作りについてなんですけれども、結局、刹那主義に対抗するために、有機的に結びつけることを考える。ワーグナーはベートーヴェンを尊敬しているわけですけれど、その尊敬の仕方は何よりもまず完全な職人としてでしょう。限られた主題をコツコツいじって大きく立派なゆるがせにできないものを仕立ててゆく。マイスタージンガーの職人みたいなイメージで捉えているわけです。もちろん完全な有機的な仕事をしぬくための意志の強さも不可分ですね。とにかく、限られたものを有機的に最大限利用する、清貧の美学のようなところがあるわけです。

ベルリオーズとワーグナー、ベルリオーズとベートーヴェンの対比で、フランスの評論家がよく言うのは、ベルリオーズはどんどん奔放に、ひとつのものにとらわれずに、関係ない主題を次から次へと繰り出すことでオペラも作る。まさに自由だ。対してベートーヴェンやワーグナーは、特定の主題や動機に固執して飛び出さない。つまり自由じゃない。長い時間、人を縛り付ける。人間の自由な精神を退化させる。ベルリオーズの自由とか多様さに学ばないで、ベートーヴェンやワーグナーがいいと言っている人間がいる限り、人間は不自由から脱せない。そこまで言ったフランスの評論家もいました。

この種の自由がワーグナーにとってはくせものであるわけです。そういう自由は刹那主義や感覚主義と結び付くばかりだと。そのときそのときの刺激を求めて、飽きたら次というのがマイアベーアであり、ベルリオーズであり、パリでもてはやされる音楽の特徴だと。ついにはラプソディやポプリみたいなものにもなる。それから脱するには、特定の主題・動機にこだわって変容させていく作り方に基礎を置かなければならない。ベートーヴェンはそれをやったけれど、総合芸術には至らなかった。交響曲やソナタに本領は限られがちだった。

一方、ワーグナーはあくまで総合芸術を考えた。それはワーグナーが単に総合が好きだったとかいうようなことではなく、ヨーロッパの文化の根本に総合芸術があったのにそれが壊れているから再現しなくてはいけないという認識ですね。ギリシャ悲劇とかの世界ですよ。芸術というのは音楽・演劇・文学・舞踊の総合でなくてはならない。古代ギリシャにおいてはそうであった。しかるにそのあと、芸術は切り刻まれてしまった。「芸術の正しい姿を復活させるのは、わたくしことワーグナーである」と。

必勝の最終勝利者（？）ワーグナー

そうやって、物語も音楽も言葉も蔦の絡まるように鬱蒼と茂っていって切り離しようのない、ワーグナーの総合芸術が出現した。フランスの指揮者で作曲家のブーレーズは、ワーグナーを素晴らしいというのだけれども、何がいいのかというと、ワーグナーの限られた主題・動機による長時間の統一が凄いのだという。限られた材料で全編にわたって有機的につながってゆくのが素晴らしいのだという。ブーレーズはフランス人だけれどもシェーンベルクの十二音技法に魅せられた人ですね。ブーレーズはフランス人だけれどもパリジャンではなくて田舎者ですね。パリを憎んでパリを乗っ取る激しい気性のあった人ですよ。少なくとも壮年期までは、ですね。そのブーレーズの愛した十二音技法というのは、限られた十二音列を徹底的に運用して全体を賄う仕方です。シェーンベルクの好きな人がワーグナーを好きになる。要するに、たくさんのものを並べて何かに拘泥せず多様な豊かさをあれもこれもと味わうか、限られたものを煎じ詰めいじり続けることに喜びを見いだすかの価値観の分裂ですね。目先をどんどん変えられる方がいいのか。限られたものをとことん使い尽くせる方がいいのか。どっちが人間の能力をより発揮させることになるのか。これは好みというか思想の問題です。

ワーグナーは、限られたものでいかに長く時間を保たせるかを、ベートーヴェンのソナタ形式やウェーバーのオペラにヒントを貰いつつ極めた。そういうやり方にこだわってこそ人間はでたらめな刹那的な存在に堕さないで済むんだという思想です。しっかりつながっていてちゃらんぽらんじゃない。有機的と聞くと嬉しくて堪らない人たちはいつの世の中にもいる。ちゃんとつながっていて散漫じゃなくて、つながりが保証されていることで、充足感が得られる。窮屈な人もいるだろうけれど、そのほうが嬉しい人もいるんです。ワーグナーに惹かれる人はそういう性向があるでしょう。惹かれない人は、つながりすぎは窮屈だという人ですね。クラシック音楽ファンというのはそっちの方がおそらく多い人種なんですよ。

あと、ワーグナーの後世への影響についてですけれども、総合芸術の実現は、分野がどんどん枝分かれするような現代にあっては、困難になる一方だと思います。けれども総合したいという欲求は常に人間の理想として多くの人にあって、だからたとえばいろいろな作曲家が相変わらず最後にオペラを書こうとしたりする。「オペラは死んだ、オペラ座を爆破せよ」でしたか、そういう台詞で有名なあのブーレーズでさえ、年を取ればバレンボイムに頼まれて、スカラ座のためにオペラを書くと言っている。

できるかどうかは分かりませんけれども〔結局、残せずに亡くなった〕。総合したいという人間の欲求が失われない限り、その最高の実現者として近代に現れたのがワーグナーなのだから、ワーグナーは不滅です。総合したいという人は本人が意識するしないにかかわらず、ワーグナーの夢を追いかけることになる。そういう意味で、いろいろなジャンルでワーグナーの影響はほとんど永遠に拭えない。

それからもうひとつ、音楽史的に言えば、有機的に組織したがるのがいいというベートーヴェンの流れと、そうでないベルリオーズの流れがあるとすれば、ベートーヴェン的な流れが、十二音技法まで含めて勝ってきている。つまり、現代音楽にしても、散漫で有機的に組織されていない音楽は馬鹿にされやすい。そういう意味で、無調だろうが表現が変わっていても、その音楽の中身は、精緻に有機的に限られた材料を組み立てながら、いかに濃密にやっているかというところに、クラシック音楽としての価値が認められる。ベルリオーズ的なちゃらんぽらんな作品を作ったら、少なくともクラシック音楽の畑では素晴らしいとはなかなか言われない。これは私個人の意見ではなくて、客観的な歴史論であり情勢論です。

ベルリオーズの《トロイ人》とワーグナーの《トリスタンとイゾルデ》のどちらがオペラとして素晴らしいかと訊かれたとき、《トリスタンとイゾルデ》の方が素敵、と答える人の方が多いだろうし、CDとかも売れるだろうし、世界中の公演数を累計しても差がつくだろうという話をしているのです。ワグネリアンほどにはベルリオジストかベルリオジアンというのはいない。ベルリオーズの作品は今でもたくさん演奏され聴かれているけれど、ワーグナーほどではないということです。となると、作品を有機的に組織し抜いて、なおかつベートーヴェンよりもはるかに異分野統合の総合芸術に挑んで成果を出している。一番偉くて、最終的に勝つ。それはやっぱり誰がなんと言ってもワーグナーということになる。だから、人間が総合という観念に惹かれているかぎり、ワーグナーは必勝者である。そういうことになると思います。

6 マーラー　童謡・音響・カオス

◉ グスタフ・マーラー
チェコ　イフラヴァ生まれ。1860－1911
オーストリア、ドイツで活躍した作曲家、指揮者。ウィーン・フィル、ハンブルク市立歌劇場、ニューヨーク・フィルなどで活躍。
主な作品に、十一の交響曲の他、カンタータ『嘆きの歌』、『若き日の歌』『さすらう若人の歌』『少年の魔法の角笛』『亡き子をしのぶ歌』などの歌曲集がある。

記憶を呼び覚ますもの

マーラーとの出会いは、交響曲第六番だったでしょうか。カラヤンとベルリン・フィルのレコードが出たんです。私が小学六年生の年ですかね。しかし買ったわけではなかった。お小遣いは現代音楽のレコードを買うのに手いっぱいで。FMでかかっていたのを聴いたのです。でもそんなに夢中になったわけではない。聴く耳がまだなかったんですよ。ロマン派の交響曲などくだらないと当時は確信していましたから。ストラヴィンスキー以降じゃないと受けつけない。三和音がだめだった。いちおう音楽史的興味でFMでかかるものは後期ロマン派からはチェックしようとはしていた。それでマーラーも聴いた。マーラーの他のシンフォニーや管弦楽伴奏歌曲もいろいろ聴きました。しかし今思うと、背伸びばかりの不毛な鑑賞だったかもしれませんね。名曲と呼ばれるものをいちおう知っておこうという義務的鑑賞。マーラーの交響曲なんて子供がそんなにすぐ分かるものではありません。交響曲第六番の冒頭の軍楽マーチのリズムには、子供でもたいへん惹かれましたけれどもね。

そういえばベリオの《シンフォニア》という現代音楽がありまして、中学になってから初めて接したのですが、あの曲にはマーラーの交響曲第二番《復活》の引用があります。しかしどれが《復活》だか最初はよく分からなかったなあ。私の場合はベリオの方をマーラーより先に一所懸命聴いた。そのくらい順番がひっくり返っていたし、マーラーを聴いてもたいして耳に残っていなかったのです。お恥ずかしい仕儀ですが。もっと出会いらしい出会いとなると、中学二年生のときでしょうか。クラブの一学年先輩にクラシック音楽の大ファンがいたのですよ。バルトークを尊敬していて、部室に入るとバルトークの肖像にみんなで礼拝していたこともありました。いや、音楽のクラブではなくて歴史研究部だったのですけれどね。で、先輩はピアノ伴奏付きの歌曲を作ったりしていた。私も小学生までずっと楽器を習っていて、クラシックには多少詳しいことになっていたから、先輩に負けてはいられないというので、突然チェロ協奏曲を書こうとした。飛躍してますね。でも、ピアノ伴奏の歌曲のピアノ・パートをそれらしく書くよりも、ハーモニーとリズムだけでオーケストラのスコアの段を埋める方が、とりあえず簡単なんですよ。五線譜を買ってきて、第一楽章アレグロの第一主題を決めて、オーケストラの不協和音で始まる序奏だけ作って、チェロのパートも少し書きました。その先はあっさり挫折しましたが。主題を展開する能力なんかあるわけない。まあ、子供の考えることなんてそんなものです。

いや、それはどうでもよい話で、先輩の家に遊びに行ったのです。ある会社経営者のご子息で、家はものすごく大きい。というか普通の家ではない。都心の町中のビルに住んでいる。自社ビル兼住宅ですね。数階建ての。会社と住居が一緒になっている。エレベーターがありまして。ビルだから当たり前ですが。共有空間ではなくて私有空間にエレベーターがあるのですから、なるほど、こういう暮らしをしている人もいるのかと驚きました。ものすごいオーディオ装置もありまして。金額を聞いて目を回しました。しかも町中のビルの中だから大音量。遠慮する近所がありません。うらやましいかぎりでした。

で、先輩が「ウチの装置でなくては、この曲の良さはわからない」と聴かせてくれたのが、マーラーの交響曲第八番《千人の交響曲》。私も《千人の交響曲》はカセットテープに録音していました。近所や家族を意識しつつ音量をしぼって聴いて、どんな曲だかは知っていたつもりだったのです。しかしその日、夏でしたけれども、私は何も知らなかったと悟りました。フル・ヴォリュームの《千人の交響曲》はあまりに衝撃的でした。天地がひっくりかえるくらいやかましかった。確か先輩のお母さんが慌ててやってきて音量を下げさせられた。ビル中に鳴り響いていたのではないか。フランス人の先生の住む麴町あたりのアパートに行った記憶と混同しているのかもしれませんが、そのとき夕立になって、雷が鳴って、でも雷鳴が届かないくらいマーラーがうるさい。

そのとき初めてマーラーが分かったような気がしました。錯覚かもしれませんが、これまで知っているつもりのマーラーとはまるで違う経験だったのです。マーラーはアコースティックな広大な空間での大音量を要求している。曲にもよりますけれど《千人》なんかは曲名通り百人千人入るような空間で轟然と鳴り響いて初めて分かる音楽らしい。量と質は別のものだとよく言いますが、量が質を決定することもある。マーラーはそういう音楽らしい。調性と無調とか、そういう音楽の区別の仕方とは別の尺度で感じるべき音楽なんだなあと。そう悟ったわけです。あの日のことは三十五年近く経っても今も鮮明です。それから何年かして実演を聴く機会にも恵まれましたけれども。

要するにマーラーとは大パノラマですよ。大スクリーンで観ないと真価の感じられない大スペクタクル映画みたいなものです。一般に大編成のオーケストラ音楽というのは、マーラーに限らず大音量で聴かないことには、細かいところまでわからない。それはストラヴィンスキーでもブルックナーでも同じといえば同じです。でもそういう一般論とは違うんです。柴田南雄の弟子の作曲家、水野修孝（みずのしゅうこう）が書いていますけれども、マーラーはLPレコードが登場して以降に人気が出た作曲家だと。あるいは、録音媒体がLPレコードに進化してステレオ録音になり、家庭が家具調ステレオを持つようになって、近所との兼ね合いもありますが、とにかく大音量再生への道が開ける。そこまで行って初めて理解されるようになった作曲家だと。

ここで突然、音量の話から時間の話にそれますが、SPレコードの片面は三分から五分くらいでしょう。マーラーにかぎらずモーツァルトやベートーヴェンのソナタや交響曲でも、ひとつの楽章はそれでは収まらない。本来つながっている音楽をいちいちひっくり返して時間的にぶつぎりに鑑賞することになる。でもモーツァルトやベートーヴェンだと、提示部とか展開部とかテーマのかたちとかが見えやすいですから、時間的に切れても頭でつないで鑑賞しやすい。脳内補正が容易である。でもマーラーは混沌とした壮大なパノラマでしょう。大河的なうねりですよ。ぶつぎりになるとつかまえにくくなる。楽章の途中で裏返さなければならないようだとマーラーは分からないんですね。LPレコードは片面の収録時間が長い。半時間は楽に入る。これでようやくマーラーがＯＫになってくる。受容可能になる。

で、話が音量に戻ります。バッハもベートーヴェンも、小さい音量で聴いていても、耳で情報を処理して、大音量だったらきっとこんな感じだと、規模を類推しやすいと思うんですね。楽器編成の問題からいっても想像しやすい。ところが、マーラーの交響曲は、ワーグナーのオペラやブルックナーの交響曲に比べても、構成要素がとびきり多い。情報量が多い。単に大編成だから大音量ということだけではなく、音色の多様さやダイナミック・レンジが重要だ。だから大きな音で「解像度の高い」状態で聴かないとわからない。ベートーヴェンとかは小音量でも想像力で補うとそんなに間違えない。ストラヴィンスキーの《春の祭典》やバルトークの《中国の不思議な役人》でも私はヘッドフォンで大きめの音でよく聴きましたが、それでいちおう曲の印象はしっかりできて、そのあとでもっといいオーディオ環境や生演奏で聴いても衝撃はなかった。たとえばベートーヴェンの第五交響曲《運命》だったら、あの冒頭の有名な旋律を、テーマとしてしっかり認識さえすれば、その後の展開も容易に耳に入ってくる。あたまのいわゆる「ジャジャジャジャーン」と擬声化されるテーマの音量のイメージができれば、あとはどんどん脳内補正できる。実際は小さい音で聴いていても脳内は盛り上がるんですよ。

しかしマーラーの場合は認識すべきものがたくさんありすぎる。少しの材料できている音楽ではない。建物を考えてもいいかもしれない。建材が木だけとか石だけとかなら見通しやすい。でも石も泥も木も金属もガラスもみんな使ってパッチワークになっている。そんな音楽ですよ。童謡、軍楽隊、讃美歌や聖歌、民族舞曲、ワルツなどなど、あらゆる要素が次から次へと出てくる。同時に重なっても出てくる。楽器の種類も普通のオーケストラでは使わないものまでたくさん用いている。映像だとしたら、モノクロ画面では認識しきれないし、大画面じゃないと分からない。絵画だとしたら、色彩が豊かな絵や大きな絵は、小さな印刷物で見てもその素晴らしさは分からないでしょう。

そういうマーラーの過剰さは、少なくとも高度経済成長以降になって広く認識され得たわけです。「貧弱な再生機器、四畳半の部屋、ラジオ放送」といった環境では、理解されない。録音の良いLP、大きな部屋と高品質な再生機器、大音量といった環境が整って、ようやく認識された。その最典型がマーラーだと思うのです。

あと、もうひとつ昔話をしていいですか。いろんな要素がマーラーに入っている。その魅力が個人的記憶に結びついて化学反応してマーラーを印象づけられたことがあります。中学三年生になったばかりの春でした。渡邉暁雄（わたなべあけお）が日本フィルの定期演奏会で交響曲第一番《巨人》を指揮したのです（一九七八年四月八日、東京文化会館）。なぜ出かけたのかというと、マーラー目当てではなかったんですよ。一曲目がニールセンの《序曲「ヘリオス」》で、二曲目が間宮芳生のチェロ協奏曲だったからです。特に間宮芳生はレコード化されていませんし、確か日本初演だった。特に間宮が聴きたかった。マーラーはたまたまだったんです。

で、《巨人》の第三楽章の、頭にコントラバスで弾かれる旋律は、ドイツでは「マルティン君、おきなさい」、フランスでは「フレール・ジャック」として知られている、わらべうたといいますか民謡といいますか、その引用です。これは私に、一種の強迫観念になって、せまってくるメロディなんです。ところが実は恥ずかしながら十四歳のときの私はそのメロディが第三楽章に出てくると分かっていなかった。ホーレンシュタインやアンチェルの指揮したレコードを既に所持していたというのに。ラジオで放送した二、三のライヴ演奏も録音していたというのに。第三楽章をよく聴いていなかったのですね。どんなテーマかも分かっていなかった。とばしていたか、聴き流していたかですね。だから東京文化会館で、一階の前の方にいて、第三楽章が始まったとき、たまげてしまいました。こんな楽章だったのか。今まで何を聴いていたんだろうと。さすがにそのときは気合いを入れて聞き耳をたてておりましたので（笑）。

なぜ、そのメロディが私にとっての強迫観念なのか。これまたどうでもいいことかもしれませんが、私はフランス語教育をしている暁星の小学校に通っていました。低学年のときはフランス人教師に出来が悪いと耳を引っ張られたり膝を叩かれたり、体罰つきでフランス語の授業を受けていましたよ。その頃、授業でフランス人に「フレール・ジャック」を習っている。だから懐かしい。体罰の記憶を思い出して怖くもある。いろんな記憶が蘇ってくる旋律です。それで異常に興奮した。東京文化会館で手に汗した。鮮烈な思い出です。

これは私的体験に基づくほんの一例ですね。私はたまたま日本にいながら幼い日々にフランス人に「フレール・ジャック」を習うことがあったから、特定箇所に過剰反応してしまったわけですけれども、少なくとも欧米人の記憶を刺激するマーチや民謡や童謡そのもの、あるいはその類似品みたいなものがちりばめられて、聴く人の個人的体験によって様々に反応し発火するのがマーラーなんですね。

日本人では欧米人ほどではないかもしれないけれど、西洋文明化した日本で幼少から育っていれば、耳に入ってくるいろんな音楽がマーラーの持ってくる素材と何か共振しないはずはない。誰にとっても、何が飛び出すか分からない、忘れていた思い出を発見させるおもちゃ箱かがらくた箱みたいなものなんです、マーラーの交響曲は。何でもかんでも入っていれば、誰にでもその人なりに気になる要素が出てきますよ。それがマーラーの尽きせぬ魅力につながるわけですね。音楽というのはそのものずばり、音として素晴らしいということもありましょうが、決してそれだけではない。子供のときの記憶とどれだけ結びつくかというのはとても大きいと思うのです。

マーラーの音楽は高解像度で大音量でないと、ということがひとつの決め手だけれど、もうひとつの決め手は通俗的な旋律がこれでもかと出てくるところですよね。その旋律のどれかが聴き手の何かしらの記憶を呼び覚まし、揺り動かす確率がとても高いということ。ここらへんが、現代人に対するマーラーの魔力の根源でしょうか。

マーラーそのものが世界である

ということで、マーラーの人気の理由みたいなことにだいぶん話が及びましたね。もう少し突っ込みますと、マーラーの現代性といいますか、そういうもののポイントは、まず音楽の成分の種類が多いということです。聖も俗も、庶民的なものも高貴なものも、子供の無邪気さもインテリの苦悩も何でもある。聖というのはコラール風のメロディとそれに見合った敬虔な響きということ。俗というのは童謡のメロディとか軍楽太鼓のリズムとか。東欧的なもの、中欧的なもの、西欧的なもの、スラヴ的なもの、東洋的なもの、ユダヤ的なもの。風土地理のヴァラエティも豊富ですよ。そういうふうに聴こえる旋律やリズムがたくさんあるということですね。しかもそれらが交響曲という器に入っていながら、形式にあんまりとらわれていないこと。きちんとした秩序に整理されなくてカオスだということ。尻切れとんぼで終わる旋律、壊される予定調和、分裂的な表情。激烈にこれでもかと叫び続けたり、逆さに振っても鼻血も出ません、というくらいに消尽した状態が続いたり。

交響曲というのはハイドン、ベートーヴェン以来、秩序の表象でしょう。それなのにマーラーは交響曲を名のりながら無秩序。おまけに馬鹿に長い。ゆえに前時代では「異端的」だとか「病的」といわれました。ところがマーラーが世を去ったあと、現代人の精神はどんどんまとまりがなくなって秩序や規範を喪失していった。宗教も伝統的倫理も機能しなくなっていった。アノミーというやつですね。中心を失って、あらゆる方向に関心が広がって、まとまらない。見通せない。価値観が多様化する。ひとりの人間の中でも分裂している。二十世紀後半にはそういう人間像が当たり前になってくる。マーラーとぴたっと合ってくるわけですよ。おかしい奴だったマーラーが普通になってしまった。それでみんなが聴くようになった。しつこいようですが、そういうマーラーの特徴はやっぱり高解像度での鑑賞を伴ってはじめて理解される。精神的には規範喪失、経済的には豊かさ、テクノロジー的には録音再生技術の進歩。これらが組み合わさってマーラーが現代的だということになった。あと、長いから暇もないといけない。余暇の増大もマーラー受容には必要です。

六〇年代までのマーラーは、モーツァルト、ベートーヴェン、ブラームス、ワーグナー、リヒャルト・シュトラウスまで聴いて「ほかにもう聴くものはないの?」というときに「マーラーもありますよ」といった位置にあったと思うのです。しかし、私の中学時代以降、七〇年代からは、レコードもどんどん増えた。それまでは少なくとも国内盤ではバーンスタインの全集でも揃えないと全部の交響曲を一通り聴こうとすることすら困難だったのに！　オーケストラも、マーラーを上演すればお客さんが来るようになった。「分裂した現代人」というのが決して異常ではなく、当たり前になった。「秩序立った教養人」という現代人のイメージが崩壊した時代に、マーラーも圧倒的人気を得た。ポスト・モダンという言葉が流行ったのと完全にシンクロしています。

もちろん、マーラー以降の現代音楽の方がもっと過激に現代人のカオスや分裂を表現していると思うのです。けれど、それは聴く人間を選ぶ音楽になってしまう。無調や不協和音がずうっと続いてゆく音楽というのは、それがいくら多様で分裂しているといっても、その多様さを聴き分けることが難しいんですよ。人間の耳は文化的に調性や協和音の微妙な変化を聴き分けられるように訓練されている。でも無調で不協和音でというとただのノイズとしてしか受け入れられない。そういう人が多い。

ノイズの多様さを聴き分けるには別の耳がいる。訓練がいる。文化的尺度がいる。それは普通にクラシックやポピュラーを聴いているだけでは決して身につきません。だから、とてもアイデアを凝らしているつもりの、少なくとも作曲家や限られた聴衆にはマーラーよりもはるかに多様性と分裂性の感じられる現代音楽が、大半の聴衆にはただ単調にしか受け取れない。でもマーラーなら大丈夫。ロマン派のスタイルの延長線上で無秩序や分裂を表現していますから。調性もかなりあるし、不協和音が出てくるにしてもたかがしれているし、カオスの中身を聴き分けられる。要するにクラシック音楽の範疇で、ポスト・モダン的な壊れた現代人の精神と対応する最大公約数的な「落ち着きどころ」がマーラーなのではないでしょうか。家族とリビング・ルームで聴いても「お父さん、おかしくなっちゃったの?」とまでは思われないで済む(笑)。シェーンベルクやシュトックハウゼンではそうはゆかないでしょう。

ブルックナーとマーラー

マーラーとブルックナーを比較するとどうなるか、ですか。どちらもハプスブルク帝国の版図内から出た後期ロマン派で、巨大な交響曲をたくさん書いて、LP時代以降に人気が出たという点で、まったく重なりますよね。しかしそこから先が違う。たとえば、マーラーを好んで振る指揮者で、ブルックナーも得意という人はとても少ないわけです。逆もまた真です。極端にロマンティックで表現主義的でカラフルで、喜劇から悲劇まで、軽演劇からシェイクスピアまで、ころころと表情を変えていく、何がなんだか分からないカオスを表現できる指揮者、多様さをどんどん振り分けられる指揮者が、上手にマーラーを振れる。

それに対してブルックナーを指揮するには、集中して集中して、精神的な持続を達成することを求められる。いわゆる「宗教的」ということです。ブルックナーのそうした宗教的表現の根本には、ワーグナーの《トリスタンとイゾルデ》のような世界観があるわけでしょう。ひとつの陶酔的境地が延々と続く。陶酔というのは、宗教的陶酔でも官能的陶酔でも同じことです。彼はオルガン奏者でもあって、ミサ曲なども作っているわけですが、もちろんブルックナー・ファンは何か具体的な宗教に酔っているわけではないでしょう。官能的な事柄でも何でも構わない。とにかく転調をおりまぜながら音型を執拗にくり返して集中して陶酔して高まっていく。マーラーとは正反対です。雑多な要素がふんだんに盛り込まれて、目先がどんどん変わっていくマーラーとは対極的です。一点集中ではなくてパノラミックに広がっていくのがマーラーです。マーラーを得意とする指揮者は、多芸多才、百面相の名人のようなタレントでしょう。

ではブルックナーに現代性はないのか。そうではないんですね。繰り返しを多用しての陶酔は、麻薬的な陶酔にシンクロします。ドラッグやヒッピーの文化と相性がいい。ブルックナーと現代音楽のミニマル・ミュージックとの共通性も、よく指摘されるところです。ミニマル・ミュージックはドラッグやヒッピーの時代から生まれてきたものですよね。六〇年代ですよ。ミニマル・ミュージックの代表的作曲家、フィリップ・グラスの作品を得意として多くの初演をしている指揮者のデニス・ラッセル・

デイヴィス（一九四四―）は、ブルックナーを得意として交響曲全集を録音しています。彼なんかは典型的な六〇年代のヒッピー世代ですね。

ドラッグやヒッピーは現代的といってもシステム化され合理化された現代社会に叛旗を翻すカウンターカルチャーの系統でしょうが、ブルックナーはそれだけではなくてメインのカルチャーともよく合うのですよ。ブルックナーの音楽のキイワードになる「繰り返しとコピー」はシステム化された現代文明ともつながる。それはミニマル・ミュージックも結局そうなのですが。工場の大量生産、学校や会社にくり返し行っては決まったタイム・テーブルで行動すること。現代文明はあらゆる面で規格化されて反復に覆われている。

たとえばギュンター・ヴァント（一九一二―二〇〇二）の指揮するブルックナーは、繰り返しによる陶酔、トリップというよりは、石工が石をこつこつと積み上げていくような演奏でシステムを構築していくような、高度な産業文明を音に転写したような感じですね。このようにブルックナーはトリップと機能化された社会という正反対の二つのイメージの両方に結びつく。マーラーは分裂して中心的まとまりを失った現代人の精神と結びつく。この二人をセットにすると、現代人、現代精神、現代文明のほとんどすべてが表象されてしまう気がするのです。

また、マーラーとブルックナーを、ユダヤとゲルマンの音楽性の違いと関連づけるとすれば、マーラーはまさにユダヤ的。「根なし草的」といいますか、汎世界的に拡がり、自由にさまよってゆく。それに対してブルックナーはタテに深化していく定住者の音楽ですね。深く深く掘ってゆく。あるいは上へ上へと延びてゆく。ニーチェに倣うなら、反復によって強化される永遠回帰の世界でしょうか。

究極の選択でどちらを選ぶか。私の好みでいけば、やはりマーラーですね（笑）。ブルックナーは一定の世界に没入するばかりだもの。くたびれるところがありますよ。いい演奏なら、はまりますけれども。目先の変わるマーラーのほうが楽しいでしょう。私は「分裂しながら、雑多なものを抱え込んだ」ほうがいい、という派ですかね。

さっき、ブルックナーは後世に下がるとミニマル・ミュージックにつながり、ミニマルの背景にはヒッピーとかドラッグとかがあるんだと申しましたが、逆に遡ればシューベルトにも関係してきます。シューベルトもしつこくて長いですよ。ピアノソナタや交響曲や弦楽四重奏曲を思い出してください。マーラーの場合も、歌曲の交響曲化という言わば「歌ごころ戦略」では、シューベルトと重なるところはありますが、ブルックナーは、シューベルトの交響曲《ザ・グレート》とかの天国的な長さと通底しています。シューベルト―ブルックナー―ミニマル・ミュージックという系譜がありますね。フィリップ・グラスなんかは自分の音楽とブルックナーの類似性を意識している。スティーヴ・ライヒやテリー・ライリーはブルックナーと似ているなどと言われたら心外かもしれませんが。それから、アルヴォ・ペルトや、彼以降の、繰り返しによる宗教的な響きを持つ陶酔、精神の癒しを求めるような潮流も、ブルックナーと関連づけられるでしょう。

マーラーの現代音楽への影響は、ブルックナーよりもはるかに、これまでも広く語られてきたことです。多元的で分裂的な二十世紀の芸術のありようと重なります。そこでよく言われるのはマーラーから「新ウィーン楽派」への流れですね。「新ウィーン楽派」は一般にシェーンベルクとベルクとヴェーベルンの三人を指し、特にシェーンベルクとベルクを論ずるときにはマーラーとの関係を強調されがちでしょう。確かにマーラーとベルクはどちらも壊れたカオスみたいな作風ですからつながりやすい。だけれどもシェーンベルクはマーラーとそんなにつなげなくても、と思います。シェーンベルクは理詰めで統一された秩序を作ろうと作曲するタイプでして、マーラーよりもバッハやブラームス、あるいはリヒャルト・シュトラウスとつなげたいところですね。もっともそこから外れた曲がシェーンベルクのほんとうに面白い曲なんですけれどもね。

ドビュッシーとマーラー

ドビュッシーとマーラーですか。うーん、ふたりは同時代人ですが、この両者に似ているところがあるとすれば「自然へのこだわり」でしょうか。マーラーには鳥が鳴くのを楽器で真似するとか自然憧憬があって、それが多様な混沌としたマーラーの世界の重要な一要素になっている。音楽史ではドビュッシーは海とか水とか風とかにインスパイアされている。ドビュッシーは印象派で、マーラーはロマン派に分類され、違ったカテゴリーに括られるだけあって中身もだいぶん違うのですが、そんな自然へのこだわりは似ているところがあります。「新ウィーン楽派」の作曲家になってくると、ドビュッシーとマーラー、あるいは、もっと広くフランス近代とマーラー、両方の影響を受けた作曲家がいるんですよ。例えばエゴン・ヴェレス（一八八五—一九七四）なんかそうでしょう。彼は新ウィーン楽派の「第四の男」といわれた人で、マーラーのサークルに出入りして、ドビュッシーやラヴェルの影響も受けた。あとはイタリアのカゼッラ（一八八三－一九四七）なんかも両方の影響を受けている。ヴェレスにもカゼッラにも、マーラーやベルクの音のジェスチャーとドビュッシーのそれを混淆したような曲があります。一九一〇年代の作品ですね。

そうそう、ドビュッシーとマーラーをつなげて考えるときには、ストラヴィンスキーの原始主義も思い出してみるといいかもしれません。ドビュッシーとマーラーに共通している自然へのこだわりと、ストラヴィンスキーの描く根源的な、文明以前の世界が重なります。ハウプトマンは、音楽で言えばマーラーの延長線上に来るベルクなんかの表現主義とストラヴィンスキーの原始主義に同じ要素を見いだしました。「文明からの解放」といいましょうか「生命主義」といいましょうか。「文明を超えたところで世界を感じる」のは、ドビュッシーにもマーラーにもストラヴィンスキーにもある。マーラーには世俗的な要素も強いですが、宇宙だとか、《巨人》に出てくる例の「四度音程のカッコーの鳴き声」があるわけです。そういう視点に立つと、またドビュッシーとマーラーの見え方も変わってくると思います。

マーラーとショスタコーヴィチ

そういえばひところ、「ポスト・マーラーはショスタコーヴィチである」「ショスタコーヴィチはマーラーの延長上にある」といった言説がさかんに流布していた時期がありましたね。それが少し落ち着いて、ショスタコーヴィチはショスタコーヴィチとして、マーラー抜きでも魅力を語りやすくなった、という経緯があるのではないでしょうか。あるところまではマーラーを引き合いに出して、ソヴィエト時代の体制に迎合したショスタコーヴィチというイメージを払拭しようとしたのでしょう。その後、ショスタコーヴィチのどの作品も作曲家の引き裂かれた苦悩のあらわれ、とか本音は別にあるみたいな語られ方をしたのは、ちょっと行き過ぎだとは思うのですが。素直にプロパガンダ音楽と理解すればいい、というのはいいすぎとしても、そのまんまで聴けばいい作品も多いと思いますよ。

とはいえ、たとえばショスタコーヴィチの交響曲第四番には、マーラーからの影響はやっぱり強いでしょう。あの雑多性、めちゃくちゃさは、マーラーと似ています。ですが、マーラーが、自身の内なる精神の混沌を自己暴露する型の音楽なのに対し、ショスタコーヴィチの音楽の特に交響曲第五番以降の特徴は外からの圧迫に対して自己隠蔽して守ろうとしているところにあるんじゃないですか。そこは決定的に違うところです。私はショスタコーヴィチの音楽語法にはマーラーもだけれど、バッハやベートーヴェン、そしてヒンデミットとの近しさを強く感じます。マーラー―ブルックナー―ショスタコーヴィチ―長い交響曲―ＬＰからＣＤへ―高音質・大音量へ、という音楽受容の流れは確かにあるでしょう。

マーラーを聴くなら――山田一雄、アブラヴァネル、マデルナ

私がライヴで一番たくさん聴いたのは、山田一雄です。彼はまさに即興型、その場のテンペラメントで実に豊かに表情が変わってゆく。瞬発力も凄い。瞬間的に爆発する。マーラーの演奏にあったいい気性をたくさん心底から持っていた。大好きな指揮者です。朝比奈隆とは正反対、でしょうか。朝比奈隆は、阪急電車に勤めたという経歴にやはり象徴的意味がありますけれども、「さすが時間通り！」という指揮者ぶりで、そこはマーラーよりもブルックナーに向いている。山田一雄はタイム・テーブルにはまらない。いつ何が起きるかわからない。ブルックナーは一定の時間を保ったうえで、積み上げていかなくてはなりませんから。まさにミニマル・ミュージック的で、時計が必要です。しかし、山田一雄の時計は壊れているというか、自由ですから、マーラー向きなんですね。山田一雄のブルックナーも聴きましたが、これはつらいところがありましたよ。

山田一雄のマーラー好きというのは、音楽家としての個性の問題から自ずとそうなっただけではないんですよ。彼は東京音楽学校（現・東京藝術大学音楽学部）時代にクラウス・プリングスハイムに師事している。プリングスハイムはマーラーの弟子ですから、山田一雄はマーラーの孫弟子なのです。

プリングスハイムはウィーンでマーラーのアシスタントをして、第一次世界大戦後はマーラーの曲をレパートリーにし、ベルリン・フィルでマーラーの交響曲を連続演奏もした。作曲家としても評論家としてもいい仕事をしている。かなりの大物です。妹はトーマス・マンの妻です。二卵性双生児なんですよ。で、妹のカーチャはトーマス・マンと結婚した。トーマス・マンの方がずっと年上ですけれども、クラウス・プリングスハイムはマンの義兄ということになる。トーマス・マンとプリングスハイムは実際、仲もよかったんですよ。

そんな音楽家が上野の音楽学校の教師として来日しました。弟子たちからは「マーラーの孫弟子」という意識を強く持った作曲家が輩出しました。山田一雄も元は作曲家です。あと高田三郎や安部幸明ですね。プリングスハイムは東京音楽学校のオーケストラを使ってマーラーをたくさん指揮した。山田一雄も、それから柴田南雄も、プリングスハイムのマーラーを聴いて、マーラーに開眼したわけです。柴田はプリングスハイムの弟子ではありませんが、マーラーを常なる参照項にした作曲家ですね。

プリングスハイムに師事した山田一雄は、理論と作曲を彼から学んで、マーラーを神と崇めるようになる。自分はマーラーの生まれ変わりだと確信するに至る。マーラーの亡くなった翌年に山田一雄が生まれている。それで絶対生まれ変わりだと。ちょっといっちゃっていますかね（笑）。でも芸術家はそのくらいの自意識がないと持ちませんよ。

とにかく日本におけるマーラー受容の歴史に燦然と輝いているのがプリングスハイムで、その渦のなかから、重要な人たちが多数出てきた。そのなかに、柴田南雄がいて、山田一雄がいた。柴田南雄は作曲家としてマーラーを真似た。マーラーが持つ全世界的な雑多な要素を、ロマンティックにではなく、ポスト・モダン的にコラージュして並べるような音楽を作ろうとした。一九七〇年代以降の柴田南雄はまさに、主体消滅後のポスト・モダンの典型でありつつ、マーラー的な混沌を引きうけている。交響曲《ゆく河の流れは絶えずして》(一九七五年)など、まさにあらゆる要素のコラージュです。日本の伝統芸能から宝塚からバロックから何から何まで繰り出される。柴田南雄は感情のないマーラーといったところでしょうか。山田一雄はというと多情多感に分裂してゆくマーラーですね。柴田南雄と山田一雄の両極をもってして、日本におけるマーラー受容を語れると思います。

山田一雄のマーラーは、本当に素晴らしかったんですよ。マーラーの曲の雑多性に合わせるように、指揮も激変していきますから。豹変する、というよりも、前の自分を覚えていない、という感じです。

だから、組織としてきちんとした、機能的に整備され合理的なスタイルを身につけたオーケストラほど、山田一雄の棒とは合わない。突然の変化に対応できない。山田一雄が非合理に即興的にやればやるほど、オーケストラが醒めて指揮者と乖離して、指揮の動きと実際の響きがまるで一致しないことになってしまう。逆に、技術的には荒っぽいところがあっても情念のあるオーケストラですね、あるいは個々の技術はうまくてもたまにしか一緒にやらないような、つまりしきたりが充分にできていない混成旅団的オーケストラですね、そういうオケだとうまくゆく。山田一雄のやりたい通りになって、とてつもない名演が生まれることがありました。プロにかぎらず、アマチュア・オケでも、いや、かえってアマチュアの方が山田一雄と一緒にやって凄いことが起きた。新交響楽団とか。どこまでも、マーラーの迷路を旅して山田一雄に熱烈につきしたがってゆく。羅針盤なき航海のような、向こう見ずな旅ですよ。プロだと、こんな向こう見ずなことでいいのかと、醒めることがある。毎日の仕事ですしね。でもアマチュアだと、向こう見ずなのが当たり前なのかと思って、よく知らないぶん錯覚して、とことん付き合ってしまうことが多い。そういう演奏をライヴで聴く喜びは何ものにもかえがたい。一回性の快感、「すごいドラマが起きているんだ!」という衝撃が、山田一雄のマーラーにはしばしば起こっていました。山田一雄の芸術性は、マーラーにおいて最大限に表現されたと思います。

実は山田一雄自身が、作曲家としてマーラー的な楽曲を作っているんです。《小交響楽詩「若者のうたへる歌」》(一九三八年)というのは、曲名からしてマーラーの《さすらう若人の歌》を意識していますよね。十二、三分の曲なのですが、マーラーの一楽章をその短い時間に煎じ詰めたような、次から次へといろいろな要素が出てくるうちに、なんのまとまりもなく終わる、そんな曲です。しかもとてつもない巨大編成のオーケストラに向けて書かれた曲なんです。

次が《おほむたから》(一九四五年初演)。マーラーの交響曲第五番の第一楽章「葬送行進曲」の本歌どりをして、あの楽章の構成からリズムから音型から楽器法からいろんなものを引用して変型して、そこに日本風のメロディをのせてゆく。そのメロディは仏教声明なんです。いわゆるお経です。一九四五年の一月にマーラーの葬送行進曲にお経を載せて変造した音楽が初演されたわけです。それはもう一億玉砕を覚悟した日本民族のお葬式、敗戦音楽、絶滅音楽ですよ。クライマックスは大カタストロフ。めちゃくちゃになったところで、ホラ貝を模した金管群が響き渡る。凄絶ですよ。自分と日本へ捧げるレクイエムですね。再評価されるべき歴史的傑作だと思っています。

外国の指揮者ですか。そうですね。私はモーリス・アブラヴァネルの指揮するユタ交響楽団の昔懐かしい全集にかつてはずいぶん親しみましたね。今でもときおり聴きますよ。ヴァンガードというマイナー・レーベルから出たものです。ユタ交響楽団は、モルモン教の聖地、ユタ州ソルトレイク・シティのオーケストラでして、アブラヴァネルは長いこと常任指揮者でした。ドイツからナチスを避けてアメリカに亡命したユダヤ人で、クルト・ヴァイルと密接な関係にあった。マーラーの精神をよく分かっていました。といっても、マーラーの音楽のような激しく分裂する狂気をはらんだ指揮者ではまったくないんです。「ちゃらんぽらん」というとなんですが、ある種のノンシャランな明るさ、そう、クルト・ヴァイルのライトな感覚をもって、マーラーを指揮する。人によっては「オケもヘボい」などといわれてしまうのですが、まあ実際そうかもしれないけれど、私にとっては非常に親しみやすいマーラーです。マーラーのユダヤ的漂泊性を、能天気に表現している。「苦悩」とかをバーンスタインみたいに色濃く表現しない。これでもかとやらない。そういうテンペラメントを持っていない。そこはさっぱりとしているのですが、かといって、客観的な立場に立ってしまってもいない。明るさと虚無が入り交じったようなところがあります。マーラーは強烈にやらなくても、普通になぞって演奏しただけでもメッセージ性が強いので、バーンスタインみたいに濃厚に執拗に演奏されると、おなかいっぱいになりすぎてしまう。

山田一雄はバーンスタインとは違うんですよ。前後の文脈がとんでしまうほど豹変していきますから。瞬間瞬間は強烈でも、くどくありません。さっき申したように山田一雄の時計は壊れている。けれど、バーンスタインは時計があるんです。しかもブルックナー向きの職人時計ではなくてバーンスタインのは言わば情熱時計ですね。粘り気のある時計。若いときは必ずしもそうではないですけれどもね。ともかくバーンスタインみたいに「俺が俺が」と叫び続けてこれでもかとくどくどやられると、マーラーの場合、音楽そのものがくどいというか過多なのですから、結果はいよいよしつこいんだなあ。とても良いのですけれども、ほんのたまにしか聴きたいとは思いません（笑）。精も根も尽き果ててしまいますよ。アブラヴァネルくらい「抜いて」おいてくれると、尽き果てない（笑）。

それから、ミヒャエル・ギーレン（一九二七―二〇一九）のマーラーもいいですよ。

彼は、マーラーの混沌を、ロマンティックにはならず、客観的に、厳格に、カミソリのように「贅肉を削ぎ落としたマーラー」といった感じでやってくれる。聴きやすいんです。からだにやさしい煮物のようなマーラーがアブラヴァネルとしたら、カリカリに焼いた肉みたいなマーラーがギーレン。

マーラーの演奏は、音楽自体が壊れたカオスなのですから、脈絡をつけて一所懸命に持続させようとしてはくたびれる。響きとしてしつこいんだからそれに輪をかけるようなのもくどくてくたびれる。ゆるいかカリカリか脈絡がないか。そんなところがいいですねえ。

あとクレンペラーのマーラーも好きですが。交響曲第七番ですね。このスケールの大きさは別格ですね。響きはカリカリ。しかし極めて遅い。スローモーションのカリカリですよ。

あっ、そうそう、大切な人を忘れていました。ブルーノ・マデルナ（一九二〇—一九七三）です。アル中気味で、やはり「壊れて」いるんですよ。本番前に呑んでいた。現代音楽の作曲家として、作品の分析能力もきわめて高いのですが、アルコールの呑み過ぎのせいで気力や知力がもたない。この話はヘルマン・シェルヘンの弟子のフランシス・トラヴィスからちょくせつ聞いた話なので、本当と思っているのですが。本番前に強い酒を呑むというのですよ。そうでないとやっていられなかったらしい。「そんなに呑んで大丈夫なのか」とトラヴィスが訊ねると、「とにかく呑まなかったら振れないんだ」と言っていたそうで。ストレスで呑んでますます調子が悪くなる悪循環ですね。ちゃらんぽらんで、何をやるかわからなくなって、やけを起こしたりする。「壊れたブーレーズ」がマデルナなんです(笑)。マデルナは素晴らしい音楽家でしたから、長生きしてくれればよかったのですが、壊れていったのが演奏に魅力を生んだ面もあるでしょう。マデルナのマーラーはライヴ盤が四、五曲はあると思います。マデルナのマーラーは壊れた、いや隠れた名盤ですね。

マーラーも作曲家で指揮者で人生としては壊れていった。マデルナもそうだった。どちらも五十代の頭で逝った。マデルナとマーラーはやはり並べてみたくなるところがあります。そういえばマデルナの弟子で、やっぱり作曲と指揮の両方をやって、五十代半ばで死んでしまった人にシノーポリがいました。マデルナの死後、師の名を冠したマデルナ・アンサンブルを率いて、のちにはマーラーの交響曲を振って有名になりましたよね。シノーポリといえば音楽だけではなくて心理学を学んでいて、精神分析の話をしたがる音楽家でしたよね。壊れた人を相手にするのがシノーポリでした。マーラー―マデルナ―シノーポリという壊れたラインも面白いですね。

ともかく、現代人が収拾不能な存在であるかぎり、精神医学を発達させるような人種であるかぎり、壊れているかぎり、そしてたくさんの思い出を抱えているかぎり、マーラーというのは聴かれ続けるのでしょう。

7 トスカニーニ　朽ちざる偶像

◉アルトゥーロ・トスカニーニ
イタリア　パルマ生まれ。1867-1957
指揮者。一八八六年、巡業歌劇団のリオデジャネイロ公演で急きょ『アイーダ』を指揮することとなり、鮮烈のデビュー。プッチーニ『ラ・ボエーム』世界初演の後、メトロポリタン歌劇場の首席指揮者に。第一次大戦後、ニューヨーク・フィルの常任指揮者、NBC交響楽団の首席指揮者に。膨大なレパートリーを誇り、多くの後進に多大な影響を与えた。

トスカニーニの血は小澤征爾に及ぶ

トスカニーニといえば、やはり何と言ってもオペラ指揮者で、しかもヴェルディ指揮者ですよね。ヴェルディが得意というよりも、ヴェルディの作曲のスタイルがトスカニーニの指揮のスタイルに伝染して、極端に言うとトスカニーニは何を振ってもヴェルディみたいなところがある。そこで問題なのはヴェルディみたいということの意味なんですが、そこを飛ばしていきなり結論を先取りしますと、何でもヴェルディみたいに振るトスカニーニを、ある時代以後、後進の音楽家たちは「ヴェルディみたいに振る」ではなく「新即物主義的に振る」と思いこんだのですね。「トスカニーニ教」は「ヴェルディ教」ではなく「新即物主義教」として成立し、後に続く世代の指揮者たちに絶大な影響を発揮しました。

トスカニーニ級の同時代の巨匠と言えば、年齢はトスカニーニよりずいぶん下のフルトヴェングラーがいますが、彼は一世一代みたいな人ですね。ヨッフムとかずっと下ってバレンボイムとか、フルトヴェングラーを尊敬している人たちの系譜はありますが、フルトヴェングラーの音楽作りは流儀として一般化・マニュアル化できないというか、極めてパーソナルな芸でして。瞬間芸の連続みたいな、不条理なテンションのかかり方が続いてゆくようなもので。まねをしたらお笑いになってしまう。ところがトスカニーニは真面目にまねして様になる。汎用性のある芸なんですね。流儀として、メソードとして、明快につかまえられるところがある。元も子もない単純な言い方をすると、正確な機械のように、しかも力強く、拍子をはっきり振ってぶれない。その基本をしっかりさせたうえで、色をつけてゆく。フルトヴェングラーだと、拍子を数えられない、数えにくい、ぶれる、伸縮する、拍節感がなくなる、脈絡無くテンションが急に炸裂する、といったあたりに彼の音楽の神秘と感動の源泉があると思いますが、トスカニーニはくっきりはっきりしていて、一定のテンションを持続させながらグイグイ引っ張るのです。それはトスカニーニのテンポ感とリズムと力加減というか押し寄せ方というか、そういうものを学ぶと、スタイルとして身につくのですね。フルトヴェングラーは孤立的芸風ですが、トスカニーニは言わば家元なのです。

　たとえばカラヤンですよ。あの人は、フルトヴェングラーの解釈が主観的にすぎると思って、トスカニーニを模範として芸風を築きました。トスカニーニが、リズムを立てていって、バン、バン、バン、バンと行くとすると、カラヤンは、バー、バー、バーと、アイロンをかけるように伸(の)してゆく。そうやって、トスカニーニをまねたうえに、自分の一工夫を入れると、「カラヤン流」が誕生するわけですよ。日本舞踊なら坂東流があって、その手を学んだところから、花柳流とか、まさに華やがせる振りを加えて、分かれて誕生するわけではないですか。洋の東西を問わず、演奏や演技はまずはまねですから。まねしやすいものからは枝分かれもするけれど、フルトヴェングラーみたいなまねできないものは一代限りで子供ができない。そういうわけです。

　それから日本のクラシック音楽演奏の世界にも、トスカニーニの孫や曾孫として勘定できる人がたくさんいます。何しろ齋藤秀雄という「トスカニーニ教」の日本総司教みたいな人が圧倒的な重みで長年存在しておりましたので。現役の指揮者なら、小澤征爾、飯守泰次郎、秋山和慶、井上道義、尾高忠明。彼らはみな、齋藤門下ですね。久山恵子という歴史的に見てもとても大切な女性指揮者もおられる。それから、齋藤の系譜を考えるときには森正や山本直純も重要ですし、すこし習ったということだと、岩城宏之や若杉弘なども齋藤の弟子に数えられます。齋藤秀雄は元はチェリストですから、チェロの堤剛をはじめ弦楽器のプレイヤーの門下生もたいへん多いですね。齋藤秀雄は戦後、音楽の早期教育に力を入れて、桐朋学園に音楽科を作ってもらって、そこの指導者になって、小澤征爾をはじめとするタレントもその仕掛けの中から登場していったのだけれども、その桐朋学園の売りは弦楽オーケストラで、齋藤の指導宜しく新即物主義的な演奏スタイルを徹底させて、一九六〇年代にアメリカ演奏旅行なども成功させました。その頃の人たちが一九八〇年代にサイトウ・キネン・オーケストラが始まるときのコアなメンバーになるのですね。

齋藤秀雄は新交響楽団、今のNHK交響楽団のチェロ奏者でしたけれども、そのオーケストラが設立以来の指導者であった近衛秀磨と訣別して、次なる指揮者としてベルリンからヨゼフ・ローゼンシュトックを迎えました。昭和一〇年代の頭のことです。ローゼンシュトックというとドイツ風の姓ですけれども、ポーランドのユダヤ人なんですね。だから戦後は英語風の発音にしてジョゼフ・ローゼンストックになって、ニューヨークのメトロポリタン歌劇場で振ったり、長く活躍しましたけれども、とにかくベルリンでオペラ指揮者として名声を築きつつあった彼が、ナチスを避けて、東京に仕事の場を求め、新交響楽団に迎えられた。そのローゼンシュトックが「トスカニーニ教徒」だったのです。厳格なテンポ。押し出しの強く明瞭なリズム感。当時の東京ではカミソリと呼ばれました。シャープで鋭いのです。これがヨーロッパの一九二〇年代以降の演奏スタイルなのかと。大正時代にヨーロッパで学んできた近衛秀麿や、ローゼンシュトックの前に来日していたマーラーの弟子のクラウス・プリングスハイムや、ローゼンシュトックのあとに来日するのだけれども世代的には上で後期ロマン派の匂いの強いグルリットに比べると、ローゼンシュトックはずっとモダンで近代的でスピーディでビジネスライクに感じられたのです。

齋藤秀雄はドイツに長く留学して日本で地位を築いていたチェロ奏者であって、作曲も指揮もしていたのですが、ローゼンシュトックのスタイルに驚いてしまった。それで彼の流儀を身につけてチェロから指揮に本格的に転じる。つまり「ローゼンシュトック教徒」になったのですが、ローゼンシュトックはトスカニーニに憧れて、実際トスカニーニに目をかけてもらって、欧州で仕事を広げていたのですから、齋藤秀雄がローゼンシュトックに見た指揮は、要するにトスカニーニ流であった。ということで、トスカニーニ→ローゼンシュトック→齋藤秀雄→小澤征爾をはじめとする齋藤の門下生たち、というひと筋の流れができました。齋藤はローゼンシュトックの演奏スタイルに影響されて「齋藤メソード」という、ものすごく乱暴な言い方をすれば「誰もがローゼンシュトックみたいに、くっきりはっきりして、強くリズムを際だたせた音楽ができるよマニュアル」を作りましたが、それはつまり「トスカニーニ教の虎の巻」みたいなものになるわけです。小澤征爾といえば、齋藤のあとカラヤンとミュンシュとバーンスタインに私淑して齋藤秀雄のきつい指揮のスタイルをなぞるところから脱却して、もっと違ったタイプのやり方を取り入れて、うまくブレンドして大成していったという言い方ができるかと思いますが、このうちカラヤンは先ほど申したように「トスカニーニ教徒」から出発して、プラス・アルファを入れて、分派を果たした指揮者と言える。そうやって考えてゆくと「トスカニーニの系譜学」はいろんな筋道で、ずっと現代まで、日本の音楽界にも影響を及ぼしているという見方も可能であると思います。

さて、そのトスカニーニ流とは何かということをもうすこし詰めてゆかなくてはいけませんね。彼のスタイルは、第一次世界大戦後、新即物主義・新古典主義的音楽観が一世を風靡してゆくとき、大きな模範になりました。そこに連なる名として、カラヤンやローゼンシュトックや齋藤秀雄の名を挙げましたが、シェルヘン、ロスバウト、ジョージ・セル、クレンペラー、ミトロプーロス、ベーム、フリッツ・ライナー、ムラヴィンスキー、アンチェルといった人たちは広い意味で、この流派に属してくると思います。トスカニーニの流れで説明できる指揮者たちということですね。

第一次世界大戦と新古典主義

新即物主義とか新古典主義とか言っていますが、両者はほぼ同じものと考えていいと思います。新バロック主義という言い方もあるのですが、これも意味合いとしてはそんなに違わないでしょう。どの言葉も、作曲の世界と演奏の世界の両方に使います。作曲では、ロマン派風の情念過多・情緒過多を取り払い、ハーモニーや音色も分厚くするのは避けて薄くクリアに行きましょう、古典派やバロックの時代のスリムな音楽を思い出しましょうという流れが新即物主義か新古典主義。演奏の流儀としては、綿々と歌い上げたり、恣意的に歌い崩したり、情念や情緒を前面におしだして自由にゆらしたりデフォルメする行き方を嫌って、厚ぼったい響きの音楽でも解像度をよくして、テンポも楽譜の指定を守って、リズムもはっきり刻んで、なるべくクリアに合理的にビジネスライクにというのが、演奏の新即物主義であり新古典主義ですね。

作曲家で新古典主義を標榜したのは、まずストラヴィンスキーです。ストラヴィンスキーは第一次世界大戦前には「火の鳥」でも「ペトルーシュカ」でも大管弦楽から厚く豊かな、とてもゴージャスなサウンドを引き出す方向で作っていたのです。「春の祭典」もそうですね。どぎつく生々しく原始的なリズムがそれまでとは違いますが、巨大なオーケストレーションで、ひじょうに複雑なテクスチュアで書く。それが第一次世界大戦のさなかから、なるべく小さな編成で、音符の数を減らしてすっきりやりましょうと。そのときバッハに帰れとか、ハイドンへ戻れとか、古典派、バロック音楽をお手本にして、音楽から余計なものを洗い流しましょうということになる。ストラヴィンスキーがその路線をはっきり打ち出して、ヒンデミットやミヨーなど、多くの作曲家が模範にし出すのが「兵士の物語」ですね。数人のアンサンブルで済む、細い線と露骨なリズムが前に立った、痩せぎすと言えば痩せぎすな音楽で、一九一八年、第一次世界大戦の終わる年の作品です。そのときストラヴィンスキーはスイスにいたのですが、同じロシアの作曲家で後輩のプロコフィエフは大戦下のペテルブルグにとどまっていて、その前年の一九一七年、つまり秋にロシア革命の起きる年、「古典交響曲」と名付けた交響曲第一番を発表しました。これはハイドンのスタイルでつくったもの。ワーグナーからリヒャルト・シュトラウスへの流れ、あるいはスクリャービンみたいな分厚い響きは、もういい加減やめましょうということですね。別にプロコフィエフとストラヴィンスキーは示し合わせたわけではないでしょう。このふたりは仲も悪いですし。同時多発的な現象でしょう。

フランスでもドビュッシーが同時期に似た動きをしています。ワグネリアンとして出発し、ワーグナーとは違った、大気や霧や雲や風のような、しかし基本的には複雑なテクスチュアで精密に響きを織り上げてゆく、その意味では厚い作りの、印象派的とも象徴主義的とも呼ばれますが、柔らかく輪郭のはっきりしないような音楽を目指していて、それが「海」とか「遊戯」とか、ピアノのための「前奏曲集」とかになるのだけど、そのドビュッシーが第一次世界大戦中になると、「チェロ・ソナタ」とか「ヴァイオリン・ソナタ」とか「フルートとハープとヴィオラのためのソナタ」とかの、一連のソナタのシリーズを書いて、それらはけっこう古典的なすっきりした方向なのです。新古典主義的と言えます。シェーンベルクが十二音音楽を着想していったのも第一次世界大戦終了後のことであることも思い出されるべきでしょう。十二音音楽とは、簡単に言うとアナーキーな無調音楽を、十二音列を用いて秩序正しくビジネスライクに作れるようにしたものだからです。第一次世界大戦中にそういう美意識の転換があった。そう考えてよいでしょう。

これはなぜかというと、いつの時代にもありがちなことですが、経済的な事情が大きいですね。戦争になるとドイツもオーストリアもフランスも、あるいはイギリスもイタリアもロシアも、第一次世界大戦は一九一四年から一九一八年まで総力戦ですから、人的・物的資源は戦争に集中されて、銃後は貧しくなってゆきます。お金のかかることはできなくなる。大編成のオーケストラとか出演者の多いオペラとか大合唱とか、人もお金も足りないですから、かりに作曲家がそういう編成のものを作っても、演奏もたいへんなら、誰も作曲料を払ってくれません。台所事情からもミニマムなほうにいかざるをえない。経済的に、エコノミカルに済ませないといけない。貧しさに適応しないと音楽も生き残れない。それで新古典主義的なスリムな方に流れていく。もちろんお金の問題だけでもありません。第一次世界大戦があまりにも非人間的で過酷な戦争だったので、その経験によって、それまでの絢爛豪華できらびやかな人間愛とか、情念とかを朗々と歌い上げるような音楽がばかばかしくて信じられなくなっていたということもあります。物質的にも精神的にもロマン主義を成り立たしめる条件が第一次世界大戦によって無くなってしまった。

戦後は当然ながら平和が戻るけれども、戦前のゴージャスな文化を支えていた貴族やオールド・タイプの資本家・資産家などがだいぶんいなくなってしまうし、都市も交通機関からオフィス空間まで鉄とガラスと機械のモダニズムに侵蝕されて、アメリカからジャズも入ってくるし、サラリーマンとかビジネス文明の時代へと欧州は急激に転換します。戦争での経済的疲弊は敗戦国のみならず戦勝国も痛めつけて、戦後のフランスもイギリスもなかなか厳しい状態が続きますから、華やかさはもう戻らない。チャップリンの『モダン・タイムス』みたいな世界になるわけです。ビジネスライクで厚みのないのが当世になるのです。作曲のことばかり喋ってしまいましたが、演奏もこれに準ずるということです。しかし、スリムだからといって、演奏も作曲も、痩せぎすで栄養が足りなくて、ということではないんですよ。「古典交響曲」も「兵士の物語」もいきいきとキビキビしていないとしようがない。軽量化がスピード、運動性、機動性をもたらす。筋肉質でバネの利いたような表現も歓迎される。バロックや古典派の感覚の復権とはそういうことです。巨大化して動けなくなった恐竜か巨象にかわって、虎とか狼とか犬とか猫とかの時代になるとも言えるでしょうか。そういう方向へと、オール・ジャンルで意識革命が起きた。ロシアでは共産主義革命まで起きた。そういう時代精神の反映がクラシック音楽における新古典主義や新即物主義と考えればよい。

そこにピッタリ合ったのがトスカニーニです。第一次世界大戦が終わった一九一八年には彼はもう充分に年配でした。五十代に入っている。一八六七年生まれですから、日本で言えば慶應三年、翌年が明治維新ですよ。トスカニーニはもちろん既に自分の演奏スタイルを第一次世界大戦と関係なくすでに作りあげていた。そのトスカニーニ流が新時代の象徴になった。

フルトヴェングラーの方が反時代的なのです。

ではトスカニーニ本人は、未来的な指揮者で、第一次世界大戦によるロマン主義の終焉とその後の機械文明・ビジネス文明の到来を予見し、それに合った音楽のスタイルを、ストラヴィンスキーやプロコフィエフやヒンデミットみたいな作曲家たちに先駆けて、演奏家として準備していたのかというと、そんなことはまるでないでしょう。

やってきたことが自分のつもりとは別のかたちで、第一次世界大戦以後の世界の芸術の、あるいは人間の感性に合ってしまった。トスカニーニ本人のつもりは、モダニズム、ビジネスライク、機械主義とか、そういうのとは全然違うと思うのです。

ヴェルディ流オペラ指揮法

では、トスカニーニの第一次世界大戦後の世界によくはまりモダンと同時代的に理解された芸風はどこから生まれたのか。ここでヴェルディなのです。トスカニーニがヴェルディを得意とするオペラ指揮者として自らの芸を磨いて徹底したことが第一次世界大戦後の新しい時代と共振する不思議なことが起きたのです。オペラ指揮者である。そのうえヴェルディ指揮者である。そういう存在として妥協なく自らを鍛えたら、トスカニーニは自ずと未来の二十世紀を予見していたかのような音楽性を身につけてしまったのです。

まず基本を確認しましょう。ヴェルディに限らず、オペラ指揮者というのは、基本的に歌手を歌わせなくては話になりません。そのためにどうするか。フルトヴェングラーはオペラを振りましたが、劇場指揮者よりはコンサート指揮者ですよね。つまり縦の線がはっきりしない指揮者はだいたいオペラ向きではないのです。シャルル・ミュンシュとかね。コンサート指揮者としてはうまくいくかもしれないけど、オケピットに入ってやり出すと崩壊しちゃうわけですよ。なぜかというと、カラオケを思い出していただくとよいかもしれません。カラオケがいつ始まるか分からなかったら、あるいは途中で思っているのとテンポがずれたら歌えないでしょう、伴奏に乗って歌い出すのですから。伴奏のかたちがはっきりしてくれないと、テンポを保ってくれないと、拍子を分かりやすく立ててくれないと、歌えない。カラオケをやる素人も、劇場の舞台に乗るオペラ歌手も、同じことです。オペラ歌手がゆっくり歌いたかったら伴奏のほうがあらかじめ察知して先にテンポをゆるめていく。はやく歌いたかったら先にテンポをはやめてゆく。声に合わせて待っていてはだめなんです。オペラ指揮者が拍を1・2・3・4とまず振って、歌手の方がそれに乗って歌っていくということなのです。

　リート、歌曲ですね、それでも同じですけど、歌曲の伴奏をするピアニストは歌い手の歌を待っていては崩壊します。基本的に阿吽の呼吸で、自分がまず音を出す。それに乗って歌手が歌い始める。だからぴったり合うよりも、だいたい伴奏の方が先に出るのです。ほんの少し、聴き分けられるか、られないかくらいのことですけれども。伴奏が出たなと思うと歌手が歌う。そのテンポで歌って、ピアニストがちょっと遅めだから、あるいは速めだからと、自分はちょっと息を伸ばしたり詰めたりする。オペラ指揮も基本的にはカラオケみたいにテンポを決めて、歌手がより速く、より遅くということであれば、途中で上手に加減すればよい。いずれにせよ伴奏がきちんと牽引してレールを敷かないと、リートだろうがオペラだろうが歌い手は歌えないのです。テンポをきめて拍をきちんと振るということです。これがオーケストラだけだったら、フルトヴェングラーみたいに曖昧なアインザッツでウゥゥゥ～とかで始めてもいいのだけど、オーケストラが混乱している上にさらに歌手がつまずいたら混乱の累乗でしょう。オーケストラが合わなければ、その上に乗る歌手も合わなくなって、ぶれ幅が拡大して事故になります。オペラの体裁を成しませんね。フルトヴェングラーはモーツァルトやワーグナーなどのオペラも振りましたけど、ああいう過度にロマンティックな、過度にロマンティックでかたちからはみだしてしまうのを表現主義と言うとしたら、ほとんど表現主義的な指揮者であるフルトヴェングラーがコンサートのときと同じように線を崩してリズムを曖昧にオペラを振れば、オーケストラだけならギリギリ通じるところを突破してしまいますので、歌手が出どころとか歌いおさめとか分からなくなって、歌手の息も足りなくなったり、これはもう劇場指揮者としてはクビですね。だからフルトヴェングラーといえどもオペラ指揮のときは流儀を多少変えないといけない。それに対してオペラ指揮者はコンサートに出張ってきても、そんなにやり方は変えなくても振れないことはない。トスカニーニはその最たる実例でしょうか。

つまり十九世紀以後の指揮芸術というのは、テンポをはっきりさせてリズムを明確に刻むオペラ指揮者的傾向と、縦の線を崩して流動させて歌わせるようなコンサート指揮者的傾向の両極に分化しながら発展して、その二方向が極端化したり、ブレンドされたりして歴史を重ねてきた。いや、オペラだってリズムをはきはき刻んでゆくようなモーツァルトみたいなのもあれば、ワーグナーのようにべったり歌っているものもあるので、ワーグナーならフルトヴェングラーのように纏綿と歌うのも良いではないかというご意見もあるかもしれません。それはもうその通りで、実際、フルトヴェングラーのワーグナーのオペラは素晴らしく酔えるものですが、フルトヴェングラーがフルトヴェングラー流を貫こうとすれば、そうとうな練習と準備がないとできないものであるのはまた確かです。

指揮者がきちんと拍さえ取れれば、ワーグナーでも手っ取り早くできるのですよ。ワーグナーみたいなややこしい音楽を微妙に振り出すと情報量が肥大化しちゃって、「一体、いまどこやってるんだ?」と大混乱してしまう。フルトヴェングラー・スタイルだと、そこを切り抜けるのはたいへんなのです。トスカニーニならワーグナーでもてきぱきとできる。鳴り響く音楽としてどちらがよいかというのは好みの問題ですが。

逆に言うと、モーツァルトとかロッシーニ、あるいはヴェルディくらいまではオペラの作曲が、ジャン・ジャン・ジャンとかジャカ・ジャカ・ジャカ・ジャカとか、オーケストラにリズムの刻みがとっても多いでしょう。ヴィヴァルディまで遡ってもいいですが。そうすると、かりに指揮者の棒が分かりにくくとも、オーケストラさえきちんと刻んでくれれば、歌手はその刻みを数えて、きっかけを見いだし、テンポもリズムも刻みが教えてくれるから歌えるのですね。ところがワーグナーやリヒャルト・シュトラウスやプッチーニになると、オーケストラの伴奏が纏綿となったり、混沌としたり、音としてはリズムが分かりやすく聴こえてこないから、これはもう指揮棒頼みですよ。ステージの上にいる歌手としてはですね。

そうなると指揮者はしっかり刻んで振ってあげないといけない。ワーグナーやシュトラウス、あるいはもっと近現代の音楽になるとますますはっきり振る必要があるわけですよ。アルバン・ベルクの「ヴォツェック」や「ルル」になったらたいへんです。ベルクはロマン派の極限でもあり、音楽もモジャモジャと錯綜していますが、指揮者もモジャモジャしていたらたいへんなことになる。モジャモジャしているほどはっきり振る技が役に立つ。すると結局、トスカニーニ流の明確に押し強く振ってガチガチに刻んでゆく流儀が、後期ロマン派以降にも効果的な振り方になる。オペラに限りません。ややこしいシンフォニーでもそうです。フルトヴェングラーは自身で作曲もしたし、シェーンベルクもヒンデミットもブラッハーもフォルトナーも振りましたけど、うまくないですよ。シェーンベルクのような複雑なものの交通整理の能力に欠けているところがあれば、ブラッハーのような新古典主義のテンポを保ってキビキビと機械仕掛けのようなバネをきかせて前進させていけばいい音楽でも、テンポを揺らし、リズムを曖昧にしてしまうので、ビジネスライクに機能的にならない。

その点、トスカニーニ流は、音楽表現としての聴く側の好き嫌いをとりあえず置いておいて議論しますと、より汎用性がある。幅広いレパートリーに対応する。拍子を明確にする行き方は、モーツァルトやロッシーニやヴェルディの比較的リズムの立った音楽の押し出しをいちだんとよくするし、ワーグナー以降のややこしいものでもオーケストラも歌手も分かりやすく効率的に演奏できるし、新古典主義の音楽にはピッタリである。ヴェルディを得意とするオペラ指揮者であるトスカニーニが第一次世界大戦後にこそ偉大な偶像と化したこと、トスカニーニが年を取れば取るほど偉くなっていったことには、やはり道理がありました。トスカニーニみたいに振れば、古典も新古典もシンフォニック・ジャズもリズミックなものはますます栄える。後期ロマン派からシェーンベルク以降のややこしくなっていく音楽についてはリズムを常にはっきりさせる指揮法がもとめられる。トスカニーニみたいに明晰に振らないとややこしいものは、うまいオーケストラでさえ本番でどこをやっているか分からなくなる危険があります。二〇世紀にあってはどんな音楽にあってもトスカニーニ流がよいのです。それだから「トスカニーニ→ローゼンシュトック流」に齋藤秀雄も感激したし、この明晰なやり方ならいろんなものが間違いなく振れると思ったし、美意識的としてこの押しの強い機能的な指揮法こそモダニズムであり近代的と思った。そういうことでしょう。トスカニーニが徹底して表現した、きっちり今が何拍目かを示すようなやり方、齋藤秀雄のメソードだと「叩き」と呼ばれるわけですが、テンポを正確にしてリズムの区切りを明晰に叩き、そこに加速減速を微妙に加減して「齋藤メソード」ができあがる。合理的で、そのマニュアルを学べば、誰でも指揮者として一定水準は超えられるというのが「齋藤メソード」でしょうね。指揮はフルトヴェングラーのようなカリスマ的個性のパーソナルな表現に還元されてはいけないということです。その方法を機能的に、なおかつ現代人の感性に響く美意識に支えられたかたちで示したのがトスカニーニだと。トスカニーニなくして音楽の近代なし、というくらいのものです。

では、トスカニーニはなぜきついリズムを身上としたか。それが彼の指揮の流儀として身についてしまったのか。今までの話は、オペラ指揮者の一般論から導けることでして、確かにオペラ指揮者はリズム・リズム・リズム、テンポ・テンポ・テンポなんだけれども、そのリズムはゴリゴリしていなくても別にいいのです。打点が明確であれば、その打ち方はキツキツの押せ押せでなくても、優しく柔らかく角が取れていてもよい。実際、すぐれたオペラ指揮者にはそういう人がたくさんいます。するとトスカニーニが特別に豪腕のイメージがあるのはどうしてか。そこでヴェルディですね。特にヴェルトスカニーニはもともとオペラ座のオーケストラのチェロ奏者でしょう。特にヴェルディの音楽はすごくリズムを強く刻むのが多い。そこに特徴があり、個性がある。《レクイエム》でも《運命の力》でも《アイーダ》でも《オテロ》でも、猛烈に張りのある刻みでゴシゴシと押す力強さがヴェルディですよ。だいたい代表作の題名が「運命の力」なんですから。

そういう音楽の書き方にはヴェルディの個性もあれば、客観的合理性もある。グランド・オペラの大規模性がますます高まって、大空間で大舞台で大がかりな装置があって大合唱までいて、歌手が沢山いて、舞台の奥やはしっこにもいて、それでオーケストラがピットにいる。そんな状況で、歌手や合唱が、今どこをやっているかよく分かるには、今のロックでもそうでしょうけれど、リズミックでノリがよくて拍子を刻んでいて、その響きがビンビン来て、ビンビン来るからどこにいても数えられて、数えていればどこだか分かるのが一番いいのです。そういう方向性がひとつの極限に行ったのがヴェルディでしょう。

ヴェルディのきついリズムを演奏するときの、トスカニーニにまつわる有名なエピソードがありますね。その真相には諸説があって、あちこちに面白おかしく書いてありますから、真相はどうだったのかは難しいけれど、とりあえず面白い言い方をしますと、青年トスカニーニがヴェルディのオペラを歌劇場のオーケストラのチェロ奏者として弾いていたときに、ヴェルディがやって来て「君はなぜそこをそんな小さな音で弾いているんだ」と聞いた。トスカニーニは「だって楽譜に弱音と書いてありますよ」と答えた。そうしたらヴェルディは、「いや、これはオペラの中では確かに静かなところだけれども、オケ・ピットに入っているオーケストラは、たとえ楽譜が弱くと書いてあっても君みたいに軟弱にしてはだめだ。弱いなりに静かなりに、もっと音を立てて、リズムのキレをよくしないと、歌手がちゃんと歌えないだろう」と言った。弱いときは弱いときなりにはっきりと、強いときはもちろん猛烈に強くはっきりと、いつもリズムが立っていることが音楽の基本だ。そういう悟りをそのときトスカニーニはヴェルディから得たというのですね。トスカニーニのスタイルはヴェルディのこの一言によって誕生した。そう思いたくなるエピソードなのです。

常勝将軍トスカニーニ

こうして指揮者トスカニーニはできあがりました。トスカニーニはヴェルディに言われたことを、ヴェルディのみならず、プッチーニにもベートーヴェンにもワーグナーにもリヒャルト・シュトラウスにもレスピーギにもガーシュウィンにもショスタコーヴィチにもひたすら適用した。何を振ってもヴェルディということです。いつも律儀なまでにリズムを立てて振るからややこしい音楽でもどこをやっているかが分かるし、音が強く出るところは強烈に出るし、柔らかいところでもぶれないし、フルトヴエングラーみたいに流動体の中でわけが分からなくなることもない。

トスカニーニはやっぱり叩きの美学であり、イタリア・オペラの歌ごころはむろんあるけれども、やはり根幹は直線の美学、突貫の美学なんですね。この「ひたすらヴェルディ」が実用的な指揮にもなり、第一次世界大戦後は都会の近代的風景に通じる直線的な美にぴったりだということにもなった。トスカニーニ本人は近代文明云々でなく、頑固一徹にヴェルディ的であったのでしょうが、時代と波調が、きっとヴェルディもトスカニーニも思ってもみなかったかたちで、合ってしまった。ヴェルディはリズムを立たせれば立たせるほどヴェルディらしくなる。ヴェルディと同時代のワーグナーや、後期ロマン派、印象派だと、音楽としてはリズムがキチキチだとおかしなことになりかねないけれど、楽譜がややこしいから指揮者はリズムを明快にしないとアンサンブルもみえてこないから、それはそれで別のかたちでトスカニーニ流が生きる。そうやってどんな音楽にもトスカニーニ流はよく使えるから、それがグローバル・スタンダードになってくる。もともと縦の線がはっきりしている明快な音楽の縦の線をトスカニーニ流にさらにグリグリと強調するとやりすぎに聴こえることもあるかもしれませんが、ややこしい音楽をクリアにまとめるとなると、グリグリやるのはとてもいい。それが後期ロマン派以降の曲になるとただでさえ音楽そのものがややこしいので、縦を強調すると見通しがよくなり、ひじょうに効果的です。トスカニーニ必勝論みたいな話ですが、彼に倣えば、面倒な音楽も指揮者としては振り抜ける率が格段に上がるし、近代的でシャープでモダンな表現にも到達しやすくなる。こうして、ヴェルディに軸足を置きながら、ややこしいものに対してもきっちりやり、古典的・新古典的音楽のリズムを立たせるものに対しては徹底的にやって見せます、というトスカニーニ流が覇権を握る時代になりました。トスカニーニは偉くなった。今も模範だ。

こうした筋書きでヴェルディ仕込みのオペラ指揮者のトスカニーニはモダニズムの体現者であるかのようになってしまったのでしょう。トスカニーニは時流に乗ろうとしたのでも何でもない。ただヴェルディから受けた教えにすこぶる忠実であろうとした。妥協を知らなかった。偏屈な音楽家というだけになりかねないところもあったのに、そうはならなかった。時代の綾のなせるわざとしか申しようがありません。

そのトスカニーニは結局、アメリカに迎え入れられたわけですね。合理主義と産業文明とビジネス社会の本場のアメリカ。ジャズやロックの本場でもあるアメリカ。リズムの立った、ビートの利いた、ガンガンと来る音楽の好きなアメリカ。そこで英雄になったトスカニーニ。なんだか物語ができているではないですか。トスカニーニからカラヤンが派生して、フルトヴェングラーのスタイルをついに前時代の遺物とする。そして話が飛躍するかもしれませんが、古楽の演奏でもリズムを立たせるものが、ウケがいいでしょう。ヴィヴァルディもヘンデルもロックみたいに、いや、ヴェルディみたいに、猛烈にゴリゴリと刻むような演奏が当たり前になっているでしょう。トスカニーニの死した後も、トスカニーニ魂というのは不滅の輝きを持って、「齋藤メソード」からロックのビートまでと通じて、現代人の音楽性をかなり支配しているのではないでしょうか。

もちろん、ロックはトスカニーニの影響で始まったものではないですよ。ただ、リズムをきつきつに立てると喜ぶ現代人の音楽性を考えるときに、トスカニーニは偉大なマイル・ストーンとして今も生きているように思うのです。新古典主義・新即物主義の演奏家には冷血漢的というか殺伐とした機械のようなキチキチさの人もたくさんいたけれど、トスカニーニの場合は、リズムの明晰性が、常に生き生きとした押し出し、ヴェルディのオペラが繰り返し描いたテンション高く熱い人間の精神エネルギーと結び付いている。その結果、「トスカニーニ流」は「ヴェルディ流」に端を発し、「新古典流」を乗り越えて、ロック魂やプログレ魂や古楽魂みたいなものと結び付いて、時を超えてギラギラしている気がするのです。熱血新古典主義なんですね。いつもたぎってます、みたいな。そこはヴェルディ直伝ですから。フルトヴェングラー流やカラヤン流よりもトスカニーニ流の方が、命が長い気がしてきました。リズムを立たせてテンション高くテンポをきっちりするトスカニーニはやはり侮(あなど)れません。「トスカニーニは永久に不滅です」と長嶋茂雄の昔のセリフのまねをして、終わらせていただきます。

8 フルトヴェングラー　ディオニュソスの加速と減速

◉ヴィルヘルム・フルトヴェングラー
ドイツ　ベルリン生まれ。1886-1954
ドイツ、オーストリアの指揮者、作曲家。ベルリン・フィル、ウィーン・フィルなどの首席指揮者を長く務めた。ベートーヴェン、ブラームス、ワーグナーなどのドイツ古典派、ロマン派音楽の指揮に本領を発揮した。
作曲作品には、三つの交響曲、二つのヴァイオリン・ソナタ、ピアノ五重奏曲、ピアノと管弦楽のための交響的協奏曲などがある。

カイロのブルックナー

私は幼稚園の頃からヴァイオリンを習ったせいでかえって正統派クラシック嫌いになってしまいました。少なくとも子供の頃はそうです。けっきょく聴くようになったのはクラシックには違いないけれど近現代。そこらへん一辺倒。だからフルトヴェングラーの中心的なレパートリーには、積極的に興味を持つことはなかった。ベートーヴェンやワーグナーの名演奏を聴きたければ、フルトヴェングラーは避けて通れない。でもこっちの趣味嗜好では避けて通って構わなかったわけです。加えて、彼の人気は衰え知らずですから「廉価盤におちている」ということもない。つねにレコード店のいい場所にあるんですね。値段はそれなりに高い。しかしいくらクラシックは近現代に限るという趣味でも、ベートーヴェンを聴かないわけではない。知らないと歴史がつながりませんから。でもクリュイタンス指揮ベルリン・フィルのベートーヴェン交響曲全集なんかが格安で手に入った。レイボヴィッツ指揮ロイヤル・フィルの全集は昔から家にあったし。それらでもうおなか一杯。そんな子供の限られた小遣いのなかではフルトヴェングラーは「ファースト・チョイス」にも「セカンド・チョイス」にもならなかったわけです（笑）。

そういう感じの中学生でおりましたとき、その頃たまたまフルトヴェングラー指揮のブルックナー交響曲第七番のレコードを買ってしまった。いや、違いますね。自分で選んで買ったのではなかった。父親の大阪出張のおみやげでしたよ。確かそうだった。ベルリン・フィルのカイロでの演奏会（一九五一年）のライヴ録音でしょう。父はクラシックにはそんなに詳しくはない。アンディ・ウィリアムスを一生懸命歌っていたような人で。ほんの教養程度ですね。学生時代はショスタコーヴィチとか聴いていたようですけれども。昭和三〇年頃ですから、《森の歌》とか流行りなんですよ。で、息子がへんなクラシックというか現代音楽ばかり聴いていて気が変になっているようだから、少しまともなレパートリーを聴かせようと思ったのでしょう。それで、フルトヴェングラーですよ。カラヤンではなかった。しかもブルックナーだったんですね。グラモフォン盤でした。なんでよりによってこんなおみやげなのかと驚きましたよ。だって東京に住んでるのですから。大阪みやげにLPレコードということは普通はないでしょう。東京でも売っていますよ。しかしおみやげなのだからありがたく頂いてすぐ聴きました。

そうそう、そのときのおみやげはそれだけではなかった。ハチャトゥリアンのピアノ・ソナタの輸入楽譜も一緒にくれた。なぜ親が急にあんなものを買ってきたのか。誰かが薦めたのでしょうね。たいへんな大作でなおかつ珍曲でしてね。当時はレコーディングもなかったのではないかなあ。第一楽章をゆっくり弾いてみて、なかなかいい曲らしいぞと。

いや、ハチャトゥリアンではなくてブルックナーですね。何しろ録音場所がカイロだという。「エジプトでブルックナー！」と愕（おどろ）きまして。そんなことがあるのかと妙に感心した。今思えば、東京や大阪でブルックナーという方がカイロより不思議な気もしますが。カイロはヨーロッパの目と鼻の先ではないですか。ヴェルディのオペラ『アイーダ』の世界初演地でもある。それなのに中学生の私の考えることといったら、「砂漠でもブルックナーをやるんだ、変わってるなあ、しかもフルトヴェングラーだよ、面白いなあ」。その程度ですよ。でも当時、まじめに思い詰めていたこともいろいろあったはずなのに、そういう他愛のない話の方が、ずっとよく記憶にとどまるものなのですね。音楽を聴くというのはそういう子供っぽい神経と一番よくつながっているのではないでしょうか。

それはともかく演奏の印象です。その頃はブルックナーなんて何か聴いたことがあるかないかという程度。大したイメージを持っていたわけではない。フルトヴェングラーが有名すぎる存在とはよく知っていたけれど、何しろきちんと聴いたことがない。だからなんとも当てにならない感想なのですが、やっぱり第一印象はなんだか落ち着かないなあというところに尽きました。

テンポが定まらないといいますか。ぎくしゃくするのですね。へぼい指揮者ですと、テンポを定めているつもりでも狂っていってしまってそこを補正しようとしてそれでも元に戻らず、流れがこわれて林家三平みたいに「どうもすみません」ということがありますけれど、もちろん巨匠フルトヴェングラーはそういうレベルとは違いますよ。わざとうねって強引に動かしてゆく。結局、フルトヴェングラーの音楽性、本質の問題につながっていくと思うんです。フルトヴェングラーという、ポテンシャルのもの凄い、しかし馬力のどうも不安定なエンジンが作曲家のスコアにつながっている。それでなんだかどうもしょっちゅう勝手で予測不可能な事が音楽のあちこちで起きてくる。そしてその不安定なところに個性がある。そういうことですかね。ベートーヴェンだとそれが「ハマる」こともあるのでしょうが。ブルックナーの音楽が本来要求しているように思われる一定でポーカーフェイスな時間的秩序の感覚と、フルトヴェングラーのエンジンのかかり具合は別物なんですね。ブルックナーの長い音楽を聴いていると、ブルックナーの音楽に備わっている安定出力の第一エンジンとフルトヴェングラーの指揮という白熱したり停電したりするような不安定な出力の第二エンジンとが嚙み合わない感じがして、どうも落ち着いて聴いていられない。正直に言ってしまうと、いい演奏とは思わなかった。それがフルトヴェングラーとの出会いでした。

その後、高校から大学にかけてフルトヴェングラーのディスクが少しずつ増えました。主にドイツの近現代の作品の録音ですね。カール・ヘラーのチェロ協奏曲とか、ヴォルフガング・フォルトナーのヴァイオリン協奏曲とか、ボリス・ブラッハーの《協奏的音楽》とか。ちょっと経ってからエルンスト・ペッピングの交響曲第二番の録音も新発見ということでFM放送で流れたりディスク化されたりしまして。それらの曲はフルトヴェングラーの指揮でしか聴けなかったんですよ。他には録音がないか、あっても入手困難か。まことにこれまた失礼な話ですけれど、フルトヴェングラーに惹かれて買い集めたのではなかった。曲を聴こうというとき他の選択肢がない。マイナーな曲を聴きたいときに指揮者の選り好みなんてできません。もしもベームが録音していたらベームで、シューリヒトが録音していたらシューリヒトで買ったでしょう。

実際にはフルトヴェングラーしかなかったのです。しかもフルトヴェングラー協会の私家盤とかですね。ああいうのを捜しました。一九八〇年代前半の話でしょうか。あの頃は都心のマンションの一室でやっているような小さな輸入盤屋さんが東京には幾つもあって、そういう店を訪ね歩いてゆかないと、マイナーレーベルやプライヴェート盤は手に入れにくかったですよ。

それらの演奏についてですけれどもね。これも正直に言わせてもらいますと、期待にそぐわなかったなあ。ペッピングもヘラーもフォルトナーもブラッハーも、広い意味では新古典主義者です。前二者はヒンデミットより穏当な保守、後二者はヒンデミットよりも先鋭だけれども、まあとにかく新古典主義。その種の音楽は一般的には、メトロノームのような正確さで、かっちり演奏することによって、ドライでモダンな良さが出るわけです。ところが、フルトヴェングラーが振ると、ブラッハーでもフォルトナーでも、やっぱり揺れる。溜めたり、前のめりになったり、ぶれたりする。即物的に、正確に拍を刻むようにできている新古典的音楽に向いていない。そう言わざるをえない。

フルトヴェングラーとしては同時代のドイツの作曲家たちを擁護しようと一所懸命やっていたのに違いない。しかし、彼が一所懸命やればやるほど、幾何学的に精密な新古典的音楽のデッサンが歪んで狂っていってしまう。新古典的音楽というのは、指揮者でいえばセルとか、ロスバウトとか、あるいは考えようによってはシューリヒトのある面とか、それから壮年期までのクレンペラーなどの音楽性とパラレルな美意識に裏打ちされた、カリッとした「機械仕掛けの音楽」ですよね。一九二〇年代から四〇年代の作曲の主流だった。それがフルトヴェングラーの手にかかるとしごく情念的に化けてしまう。フルトヴェングラーのブルックナーやワーグナーやベートーヴェンと同じなんですよ。作品のスタイルに合わせてアプローチが変わるということがフルトヴェングラーにはない。いつもフルトヴェングラーはフルトヴェングラー。「それで文句あるか」という指揮者なのだと分かってきました。畏れ入りましたという感じでございます。

アポロとディオニュソス

そういうフルトヴェングラーには「作品に忠実に奉仕する」という発想はないのではあるまいか。そう思うようになりましたね。「ない」がもしも言い過ぎなら「少ない」でもいいですが。

指揮を含めて演奏はよく「再現芸術」と呼ばれますね。楽譜をリアライズすることは作曲家が脳内に思い描いた響きを再現することに他ならないから「再現芸術」なわけでしょう。しかし「再現」といっても作曲家と演奏家は同一人物でない場合が多い。

しかも楽譜は記号としての限界がありますから、作曲家の思考や想念の全部を書ききれるものではない。テンポとか強弱とか楽器のバランスとかリズムの取り方とか。演奏家がいくら作曲家の音楽を「再現」しようと試みたとしても、まったき「再現」はありえない。演奏家が補い膨らませ、あるいは作曲家の意図を誤解して「創造」してしまう分が必ずある。フルトヴェングラーに限らず誰にもある。

ただ、フルトヴェングラーは「創造」の割合を大きめに考えている。作品の忠実な僕（しもべ）になるよりも、作品を媒介にして自己を表現するのが演奏家の本分だとも信じている。新古典主義的な音楽作品が「ドライに、機械のように」という表現を求めているとフルトヴェングラーが理解していたとしても、もしもドライで機械のような音楽演奏がフルトヴェングラーの自己を表現することにつながらないとすれば、そこで捻転が起きる。フルトヴェングラーのブラッハーやフォルトナーの演奏は明らかにその捻転を起こしている。フルトヴェングラーはたいへんな教養人ですから深く考えずに新古典主義の何たるかも慮（おもんぱか）らずに天然でそういう演奏をするなんてありえない。かなり自覚的なのだと思います。新古典的音楽ですら揺らして振ることによって、自己が屹立するという強い確信がある。ですから、ヒンデミットであれ、ブラッハーであれ、まず「フルトヴェングラーありき」なわけです。作曲家に合わせて演奏スタイルを変え、おのれの本来の音楽性をまげることはまずありえない。

では、「フルトヴェングラーありき」というときの彼の音楽とは何か。演奏家の「創造」の領域を限りなく広くとろうとするのがフルトヴェングラーなのだと言いました。すると「創造」とさっきからの揺れるとかぶれるとかプロポーションを狂わすということがどうつながるのか。

そこでヒントとなるのは、フルトヴェングラーがしばしばふれた「音楽にはアポロとディオニュソスがいる」という話でしょう。乱暴に言うと、アポロは静態的・合理的秩序で、ディオニュソスは動態的・非合理的無秩序のシンボルですね。純粋にアポロ的秩序だけで自律している音楽もありうれば、純粋にディオニュソス的奔放さでできあがっている音楽もありうるでしょう。でも現実には、両方がひとつの音楽の中に案分されたり絡み合ったりしているのが普通でしょう。そして、ちょっと次元の違う話にもなりますが、西洋クラシック音楽は、高度に記譜法の発達した五線譜という楽譜に、建前としては全部の情報を書き込んで記号として表現し尽くす、そういう音楽なわけですよね。記号は秩序に直結する。その意味で西洋クラシック音楽はアポロ的性格を強く帯びているとも言える。「作品に忠実に奉仕する」という台詞を屈託なく口にできる演奏家は西洋クラシック音楽の記号性、アポロ性を素直に信じているのでしょう。

ところがフルトヴェングラーはアポロ重視ではない。楽譜に記号化されて眠らされているもの、アポロに収まらないものを目覚めさせるのが演奏家の「創造」だと思っている。作曲家は、ディオニュソスなくしては決して成り立たない音楽というものを、いったん楽譜という記号化された秩序の世界に預ける。そして、すぐれた演奏家があらわれ、アポロに手なずけられたディオニュソスを解放してくれるのを待つ。それが作曲家の役目である。演奏家は楽譜からディオニュソスを目覚めさせる。演奏行為の創造性は多かれ少なかれこういう筋書きと関係づけて解せられるけれども、フルトヴェングラーはディオニュソスへの意識が過剰である。極端である。音楽から、情念や野獣性やときに悪魔性と呼んでもいいようなものまでを引き出したくて、常にうずうずしている。そんなベクトルが具体的な演奏スタイルとしてはうねりやずれやうなりにあらわれる。ユークリッド的楽譜情報から非ユークリッド的爆発を引き出そうとする。そうやってフルトヴェングラーは音楽作品からアポロ的みてくれをひきはがし、はらわたの中にまで手をつっこみ、かたちにならない血肉をつかみとろうといつも奮闘する。それで様になる音楽がフルトヴェングラーの十八番になる。それはやっぱりベートーヴェンでしょう。それからワーグナーだ。けれどもヒンデミットやフォルトナーやブラッハーには向いていない。アポロをプロポーションよく屹立させていちばん美しくみえる種類の音楽なのですから。フルトヴェングラーはかなり広いレパートリーを振りましたけれど、向き不向きがはっきりしすぎるんですね。

いや、これでは説明が観念的にすぎるかもしれません。フルトヴェングラーの著作集『音と言葉』に「ベートーヴェンと私たち」という文章が入っています。一九八一年に新潮文庫に入りまして、そのとき読んだんですけれども。高校生でしたねえ。で、その文章では、ベートーヴェンの《運命》についてだいぶん触れられています。例のあの有名な出だしのテーマというかモットーというか「♪ジャジャジャジャーン」ですね。あれは「ジャジャジャ」が一小節目で「ジャーン」が二小節目。合わせて二小節です。「ジャーン」にはフェルマータがついている。音符の通常の長さよりも音をのばして演奏せよという記号がフェルマータですね。そして次にまた「♪ジャジャジャジャーン」が一回目より音程を下げてくり返されるのですが、そのときは一回目より一小節長くなって全部が三小節になる。のばす「ジャーン」が二小節にまたがるようにされて、そのうえやっぱりフェルマータもついている。同じ旋律の繰り返しなのだから「二小節×二」で行くのが定法でしょう。それこそが西洋クラシック音楽のプロポーションというものですよ。

ところがわざわざバランスを崩して「二小節+三小節」にしている。その意味するところは何か。曲の冒頭のもっとも大切な全曲のモットーですから、それが五小節というところに多くの指揮者や研究者は、アポロ的な秩序を見いだそうとしました。たとえばワインガルトナー（一八六三－一九四二）という指揮者は「二+三」の五小節の単位で数えるとかたちをつかまえやすくなるフレーズが《運命》の全体のあちこちにみつかると主張しました。五小節がひとつのセット。それをベートーヴェンは冒頭で示しているのだという解釈です。

ところがフルトヴェングラーはそうは考えない。やっぱり「二小節×二」の四小節がこの交響曲のアポロ的な秩序の面では基本単位だろう。でも「♪ジャジャジャジャーン」というのは、アポロ的に幾何学的にメトロノーム的に勘定して演奏されては困る性質の楽案なのだ。不定形にうねりながら強烈に聴き手の耳にたたき込まれるべき楽案なのだ。その猛烈さ、強さを、楽譜に何としても書き留めたい。それを指揮者に読み取らせたい。だから破格の小節数を頭に持ってきた。合理的に勘定されるだけでは見えない、アポロでは収まらないディオニュソスのメッセージを感じ取らせようとしているのだ。つまりひきのばされた五小節目は、いちおう四小節を単位にできているこの交響曲を、演奏の際には普通に勘定できない不条理で非合理でディオニュソス的な時間感覚でぶちこわしてくれというベートーヴェンの信号である。そんなところがフルトヴェングラーの理解でしょう。それを五小節で割り切れるような音楽だとアポロ的理屈で絡め取ろうとするなど愚の骨頂。フルトヴェングラーはワインガルトナーを嘲笑するのです。

例えばこのようにしてフルトヴェングラーはさまざまな作曲家の譜面の中に破調や

乱調、それを示唆する信号を見つけて、そこをぐいぐいと強調してみせます。合理を超えた非合理を発見しては、そこに虫眼鏡をあてて増幅してうねりを作り出す。彼が思いつきで恣意的に「崩してみせる」のではなく、作曲家が「そう望んでいる箇所」を深読みして、掘り起こしてしまう。掘り起こさなければ、収まりよく演奏できるものを、デモーニッシュに、ディオニュソス的に、フルトヴェングラーでなければ味わえない表現にしてしまうんですね。

作品を深く読み込み、楽譜の微に入り細を穿って、普通のプロポーションに収めてほしくないと作曲家が望んでいるに違いない乱れを発見して、最大限強烈にディオニュソス的にアピールする。そのためには、演奏には理屈を超えたエモーションやテンションも不可欠です。予定調和的に「ここはこうしましょうか」とオケと打ち合わせや練習を重ねてできるものではない。完璧に練習して予定通りに再現するというのではそこにディオニュソスはいなくなってしまう。たとえディオニュソスっぽい表現があっても、それは予定通り、台本通りだからアポロの仮装にすぎない。ニセのディオニュソスだ。フルトヴェングラーの瞬間的なテンペラメントに、オケが反応する。その時に「できてしまう」のがいい。そのときだけのライヴの力、つまり即興力に賭けるということですね。

フルトヴェングラーとハイマート

そう考えていくと、彼がオペラの指揮者として現場の歌手たちにはあまり評判がよくなかったことも理解できます。彼がオペラを指揮するうえで「歌い手に柔軟に合わせる」ことなど念頭にないでしょう。フルトヴェングラーが読み込んだそのオペラの中のディオニュソスの要求に合わせること。それしか念頭にないのですからね。歌手のその日の調子だとかには合わせられないでしょう。歌う方からするとつらいですよ。

また、彼の演奏スタイルは気心の知れたオーケストラとしかうまくいかないでしょう。指揮棒の情報だけでは音楽にならない。ディオニュソス的な部分を身振りというか全身で伝えようとする。フルトヴェングラーがどういう人でこういう動作や表情をするときは何をしたいのか。それを分かっていないとただの「フルトメンクラウ」になってしまう。フルトヴェングラーの指揮が揺れて見づらく伝わりにくいことから、棒の分かりにくい指揮者は「フルトメンクラウ」と呼ばれた時代が日本の楽壇にあったのです。フルトヴェングラーは振っても面食らわない以心伝心のオーケストラでなくては実力を発揮できなかった。だから、ウィーン・フィルやベルリン・フィルといった特定のオケにこだわった。亡命してアメリカに行って、ニューヨーク・フィルなんかと即、自分の音楽ができるとは思っていなかった。

ナチスとの確執や攻防があれほどありながら、フルトヴェングラーがなかなかドイツから逃げなかった（結局は離れてしまったのですが）のは、ドイツ・オーストリアの風土、文化、伝統といったハイマートの「共通言語」があり、なおかつフルトヴェングラーの身振りや表情の意味を長い時間をかけて感得しているオーケストラと（そして聴衆と）でないと、自分の音楽はできないと、彼自身が熟知していたからだと思えます。そういう「移植不能なもの＝郷土の文化、風土」のなかでフルトヴェングラーの才が生きるのであって、先程お話ししたように、新古典主義のドライで、世界中どこでも同じように聴こえるべき、工業製品のような音楽となじまないのは、仕方のないことなのですね。

演奏家は限られた人生の中で一回でも多く自分の音楽をしたいのであって、フルトヴェングラーがナチス・ドイツになぜとどまったのかと問うことは、あまり生産的ではないと思うのですよ。ナチスだろうがワイマール共和国だろうがなんだろうが、フルトヴェングラーはドイツでないと通じにくい音楽のスタイルを持っていたから、自分を満たすためにはドイツを離れられないのですよ。政治イデオロギーのために生きているのではない。それから芸術家はどこに行っても生きられるものではない。それが基本ですよ。

ところで、フルトヴェングラーの本格的なキャリアは第一次世界大戦中から始まっているわけですが、とっても「遅れてきた男」なのだと思います。生まれ故郷の風土、伝統のなかでしか呼吸できないわけですから。新古典主義の音楽には「移植不能ななにか」など見当たらないというのに。演奏家もそれにともなって、どこの国の人間であろうが、同じように聴こえる演奏を求められるようになる。「楽譜に奉仕して忠実に」していれば、それが可能なわけです。そんな「機械、工業、モダニズム、ビジネスライク、グローバル・スタンダード」という時代のなかで、まったく前時代的な存在として出現してしまったのがフルトヴェングラーなのでしょう。彼は一八八六年生まれですから、例えば山田耕筰と同い年ですよ。ストラヴィンスキーより四つ若い。それなのに、フルトヴェングラー家の教養や教育の問題だと思うのですが、中身が非常に古い。その古さが今もって愛されているのでしょう。

フルトヴェングラーの父親は考古学者で美術史家のアドルフ・フルトヴェングラーです。オリンピアの遺跡発掘にも参加したような、ギリシャ・ローマ時代の専門家です。父親から「時代を超越した美」への信念について教えられていたようですね。この父親は「どの時代にも、その時代特有の美があって……」というような歴史主義的、相対主義的な見方はとらなかった。ロマン主義にはロマン主義、新古典主義には新古典主義のよさがあるからそれぞれに適応して使い分けてという価値観は、この父親のもとでは生まれてこない。父親は「ヨーロッパにおける美術は、ギリシャ・ローマ時代が唯一絶対」というような考え方だった。

この父親からフルトヴェングラーはひとつの態度に徹し抜く姿勢を受け継いだようにも思われます。アポロ的なものにどれだけディオニュソス的息吹を吹き込めるか。音楽作品が内から欲するディオニュソス的要素を演奏家が最大限に表しえたとき、芸術が完成する。この美学がフルトヴェングラーの唯一絶対なのです。相対主義のつけいる余地はない。たとえベートーヴェンの作品でさえ、それが本領を示すためにはフルトヴェングラーによるかなりの「創造」が付け加わらねばならない。演奏家は「再現芸術家」として卑屈に振る舞うのではなく圧倒的に「創造芸術家」なのだ。そんな力強い存在感ゆえに、彼は今も聴き手を魅了しているのではないでしょうか。

フルトヴェングラーと作曲家たち

アポロとディオニュソスという概念に近いものに、シューマンの提唱した「フロレスタンとオイゼビウス」という陰陽のせめぎ合いがありますが、フルトヴェングラーはシューマンをあまり演奏していません。交響曲第四番くらいでしょうか。「フロレスタンとオイゼビウス」ではまだ物足りなかったのでしょう。フルトヴェングラーはもともと作曲家を目指していた人ですし、交響曲の第二番や未完の第三番、それからピアノのコンチェルトは、なかなかいい曲だと思うんですが。そういう作曲家である自分の目から見て眼鏡に適うものしか演奏したくなかったのではないでしょうか。同時代の音楽は擁護しなければいけないということでヒンデミットもフォルトナーも振りましたが。

とにかく極端な言い方をすれば、ベートーヴェンとワーグナー以外は、どうでもよかったのでしょう。このふたりの巨匠はだいぶん違いますが、楽想を周到に有機的発展させて全曲を組み上げるということは共通しています。しかも理だけでは「完成」しない、バッハは「理で完成」しているけれども。ベートーヴェンとワーグナーは猛烈なテンションやエモーションやうねり、フルトヴェングラー言うところのディオニュソスをたっぷり加味してやらなくてはできあがらない。フルトヴェングラーのレパートリーはこのふたりに尽きると思います。

それは、「正反合」の形をもつヘーゲリアンの演奏とも呼べるでしょうかね。譜面のアポロの理を汲みつくす正があって、しかしそれだけでは絶対的に足りないのでそこからディオニュソス＝反が飛び出して、ついに合となるということですね。アポロとディオニュソスが合わさってこその音楽だというのが、フルトヴェングラーの根本ですものね。

ブラームスですか。フルトヴェングラーにとってのアイドルではないですよね。譜面にあまり裂け目を読み込まず演奏しても、ブラームスはブラームスたり得るわけです。フルトヴェングラーがディオニュソス的息吹を吹き込む必要がない。そういう意味では、先にお話ししたブルックナーと同じでしょうか。

ブルックナーに付け加えて言えば、ワーグナーとの親近性を以て、フルトヴェングラーはアプローチしようとしていた。ワーグナーがオペラで作り上げた世界を、シンフォニーで作ろうとしていたのがブルックナーだ、と。ワーグナーのオペラを振るように、ブルックナーを振れるはずだというのが、フルトヴェングラーのブルックナー理解かと思います。それは正鵠を射ているところがありますが、わたくしの好みの問題としては、ブルックナーにはディオニュソスがうるさくない方がよいですよ。

あとリヒャルト・シュトラウスですか。彼の音楽は「譜面にすべて書いてある」。充実期のオペラや管弦楽曲に関して言えば、演奏する側が飽和しきるくらいまで、同時代において可能な極限的技巧を最大限に使って書き込んでありますから「ディオニュソス的に」などと指揮者が上乗せする余裕が少なすぎる。楽譜を音にするだけで、指揮者もオケもいっぱいいっぱい。演奏家が解釈して補う余地をあまり残さない。演奏家は芸術家である必要がない。技術者や工場労働者でいい。そういうわけですから、フルトヴェングラーと相性がいいはずがありません。演奏家の領分まで、作曲家がはみ出して来ているように、感じたのではないでしょうか。「ディオニュソス的なもの」まで書き込んであって何もさせない。血も涙もない労務管理者みたいなところがありますよ。
ストラヴィンスキーについても同じです。やっぱり「新古典主義」ですからね。『春の祭典』なんかは、ディオニュソス的音楽に聴こえますが、譜面に書かれた拍をきちんと追っていけばそれでもう充分「過剰に溢れた暴発的音楽」に聴こえるわけですから。フルトヴェングラーが考える「ディオニュソス的」とは違います。作曲家が計算しつくしていて、機械のように演奏すれば結果が出る音楽。演奏家がプラスαして生命力を与える余地が少ないと言えるでしょう。フルトヴェングラーの本領発揮とは行きにくいレパートリーですね。

フルトヴェングラーと演奏家たち

フルトヴェングラーの場合は、彼個人が「作曲家と向き合っているという関係」のみが絶対なのであって、フルトヴェングラー対ソリスト、フルトヴェングラー対オーケストラという関係は、「自分の求める音が出せるか否か」の一点のみだったと思います。コンチェルトの指揮者としてフルトヴェングラーは歴史的名盤を残していますが、彼がソリストたちと共鳴し合って、お互いの個性を認め合って、それでフルトヴェングラーの表現が普段と変わってくるなんてことは起きなかったのではないですか。ユーディ・メニューインなんかは、フルトヴェングラーの期待に応えて、うまくいったと思いますよ。ただ、フルトヴェングラーという指揮者がメニューインという奏者に出会って相互に影響し合う、ということはなかった。

トスカニーニは、フルトヴェングラーよりかなり年上ですけれど、演奏のスタイルは新古典主義だったし、新しい音楽にもフルトヴェングラーよりずっと積極的でしたね。

一九三七年にアメリカに亡命してからは、アメリカの現代音楽もだいぶん振っています。レスピーギの『ローマ三部作』なんか、彼が振らなかったらこんなに知られることもなかったでしょうしね。

ところがフルトヴェングラーが新たに広めて世界的にした作曲家や作品はひとりもひとつもないと思いますよ。強いて言えば自作でしょうか。

音は悪くてかまわない

マーラーを語った章で、七〇年代以降、マーラーの人気を押し上げた要因に、音響機器の発展があずかって大きいという話をしました。しかし、フルトヴェングラーの演奏となると、そのこととは無縁のように思うんです。ＳＡＣＤも、ぞくぞくとリリースされていますが、フルトヴェングラーは、解像度が低い音の方が、魅力的に聴こえる。フルトヴェングラーの音楽性からいって、「音がだんごになって」聴こえることとが重要なんです。解析可能な音ではなくて、分離不能な、有機的な音とでも申しましょうか。オーケストラのすべての楽器の音が溶け合って、ひとつの音の塊となって聴こえる、ドイツの森のような鬱蒼としたサウンドこそが、フルトヴェングラーの求めていたサウンドだと思うんです。もちろん、CDの音質が上がっても、そう聴こえるのでしょうが、SP時代の音質が、フルトヴェングラーには合っているように思うんです。音質の芳しくない盤しかなかった時代に「どうしてそんな音盤でフルトヴェングラーを高く評価するんだ?」みたいな話がよく出ていましたが、むしろ、そういう音質だったからこそ「フルトヴェングラー」だったのではないかと思いますね。

また、アインザッツ（演奏開始の棒）が揺れる、下から持ち上げるへたくそな指揮という評価も、フルトヴェングラーにはありますが、これも正鵠を射ていません。

フルトヴェングラーがつねに重視してきたのは、いかに楽譜からこぼれたものを盛り込むか。それこそ、アポロ的なものをどうゆり動かし、壊し、ディオニュソス的なものに変えていくか、です。たとえばベートーヴェンやワーグナーのようにいちおう「アポロ的に完成」している作品を、だんごのような混沌にしてみせる。そのためには、わかりにくい指揮、へたくそに見える指揮が必要なのです。わざと作ったフルトヴェングラーならではの「仕掛け」ですね。演奏される一回性の場＝ライヴの、アクシデント的なもの……、完全な事故になってしまうと困るんですが（笑）、ベートーヴェンやワーグナーで、コンマ何拍ぶれる、ずれることは、作品の本質を引き出すことになるわけです。揺れる指揮棒、見えない指揮棒が必要なんですね。メトロノーム的指揮棒ではだめなんです。ドイツ的非合理を堂々と、オケや聴衆、理解者たちに向けて押し通し続けたのが、フルトヴェングラーの人生なのでしょう。ディオニュソスの寄り切りです。

9

カラヤン

サウンドの覇権主義

◉ヘルベルト・フォン・カラヤン
オーストリア　ザルツブルク生まれ。1908－1989
オーストリア、ドイツの指揮者。ベルリン・フィルの終身指揮者・芸術監督の他、ウィーン国立歌劇場、ザルツブルク音楽祭の芸術監督も務めた。「帝王」とも称される。ダイナミックで華麗な音響を誇り、ドイツ・オーストリア音楽にとどまらず、多彩なジャンルに真価を発揮し、また小品も得意とした。

アンチ・カラヤン

カラヤンとの出会いですか。実は出会いというほどのこともないのですよ。想い出すのは一九七七年の十一月のことです。カラヤンとベルリン・フィルが来日していました。私は中学二年ですね。もう学校ではクラシック音楽ファンで通っていました。それで友達のお母さんがうちに電話をくれたんです。平日の夕方。都心の学校から杉並区の自宅に帰ってきてまもなくの時間帯ですね。何事かと思ったら「きょう普門館でカラヤンのコンサートがある。チケットが余っている。誰か行く人はいないかと思ったら、息子が〝片山君だったら行くんじゃないか〟と言っている」。そういうありがたいお話だったのですよ。普門館は杉並区ですし。といってもうちからはだいぶん遠かった。ですが、その時間から動けば、余裕で間に合う。電話をくれた友人のご一家も近所なんです。区内で隣の駅ですから。チケットを受け取って普門館に出かければ聴くことができた。そういう計算をしてわざわざ電話を下さっていた。何しろプレミア・チケットですから。

ところがそのとき、私は友達のお母さんになんと答えたか。「僕はカラヤンなんて聴きません!」。そう言って、電話を切ってしまった。ひどいですねえ。可愛げがありませんねえ。まったくろくでもない。私はクラシック・ファンといっても、現代音楽中心でしたから。マイナーなところに没頭していて。ベートーヴェンなんて聴きたくないやと。そのときの来日公演はベートーヴェンの交響曲の連続演奏会だった。しかもカラヤンですよ。クラシック音楽界のメジャーな権威の象徴ですから、「カラヤンなんて」と、嫌っておりました。アンチ・カラヤンというやつですね。それで今思えばせっかくの機会もふいにした。

結局、私はカラヤンのライヴを聴いたことがないんです、八〇年代にも何度も来ていたのに。周りの友人知人は喜んで行っておりましたのに。ヨーロッパで聴こうと思えば聴く機会もあった。せめて一度くらい生でカラヤンを体験しておけばねえ。あの時代に生きていた人間として経験すべきことを経験しなかった気がして悔いが残りますね。

アンチ・カラヤンといっても、若い方には分かりにくいかもしれませんが、カラヤンは古いたとえで申しますなら「巨人・大鵬・玉子焼き」みたいなものだったのですよ。古いたとえではますます分かりにくいかもしれませんが。とにかく「カラヤン聴いてます」と言っておけば大衆教養主義の最大公約数というか、一番話が合いやすいというか、間違いが少ないというか。あとレーベルの問題もある。クラシックのLPレコードはどのレーベルを揃えれば教養ある人間とみなされるか。七〇年代には、クラシック音楽の作品を一番いい演奏と録音で聴けるのが、黄色いマークのドイツ・グラモフォンのレコードだ、という信仰が完全に確立しきっていました。デッカとかEMIとかフィリップスとかほかにもいろいろあるんだけれど、やっぱりドイツ・グラモフォン。で、そこの大スターがカラヤンですよ。人の家でLP棚を見て黄色が目立つと王道だなと。黄色が少ないクラシック・ファンはひねくれ者だと。

私のような少数派を気取っているものは「黄色にはあまりお世話になっていません」と言いたかった。もっとも当時はシュトックハウゼンの作品をほぼ独占的にドイツ・グラモフォンが出していたし、ヘンツェもかなりそうだったので、やっぱり黄色を抜きにはできなかったのですが。とにかくアンチ・カラヤンというのはアンチ巨人と似ておりましたね。

その頃は、ベームとウィーン・フィルも一応スターでしたが、カラヤンとベルリン・フィルと比べると、ローカルというか普通というか。カラヤンとベルリン・フィルが読売ジャイアンツなんですよ。それになびくのは普通の人にとってはある種のステータスで。「カラヤンのベートーヴェンを聴いてます」というと「へぇ、結構ですね」みたいな感じがあった。少数派としてはカラヤンを聴いたら負けだと。そうやってマイノリティの矜持ができていた。こだわりすぎて損をした気もしますけれど。ただでさえ世間全体から見れば少ないクラシック・ファンの中で、またさらにへんな人だと思われるんですからね。少数派の中の少数派では市民権獲得にはほど遠いですよね。

かといって、カラヤンを完全に避けるというのはもちろん無理でした。近現代の音楽を一曲でも多く聴きたい。十代の頃の私はそういう趣味だったのですが、そうするとカラヤンの録音しかない珍しい曲がありましてね。カール・オルフの《時の終わりの劇》という作品です。カラヤンがベルリン・フィルではなく、ケルン放送交響楽団を指揮して初演して、やはりドイツ・グラモフォンからですけれども、LPになっていました。《時の終わりの劇》は、合唱とオーケストラによる一種のオラトリオふうの、かなり異形の音楽です。オルフは有名な《カルミナ・ブラーナ》みたいな親しみやすい土俗的な作風から、戦後にはだいぶん進んで、おかしな作風になっておりまして。カオスのなかで打楽器のリズムが鳴っているだけで、何がどうなるわけでもなく、それで終わりみたいな……。自分の意思で買った最初のカラヤンのＬＰレコードでしょうね。

あと、カラヤンで愛聴したというと、レコードでなくて、エア・チェックしたもので、《ねずみとカエルの戦争》というのもありました。ベルリン・フィルのティンパニ奏者で作曲もしたテーリリヒェンが書いた、打楽器と独唱と管弦楽による一種のオラトリオふうの音楽で。演奏時間もけっこう長い。ドイツの説話みたいなものをテキストにして、その内容を音響的に描写した、やはり一種オルフ的と言えるような音楽ですね。一九七〇年代末の「ベルリン芸術週間」でそれをカラヤンとベルリン・フィルが初演したのがＮＨＫのＦＭで放送されて。これは大喜びしましたね。カラヤンもこういうのをやっているじゃないかと。アンチ・カラヤンというのと矛盾していますけども。まあ、珍しい曲が聴ければ嬉しかったわけで。節操のない話でございます。

それから、発売当初から名盤の誉れが高かった「新ウィーン楽派管弦楽曲集」。シェーンベルク、ベルク、ヴェーベルンの作品を集めている。これは近現代音楽ファンとしては聴かずには済まない。新ウィーン楽派の音楽の録音は今ほどたくさんありませんでしたし。といっても高価な組物のＬＰですから、気軽には買えない。通っていた中学の最寄りだった千代田区立千代田図書館がかなりのクラシックLPを揃えて、貸し出していましたので、そこで借りて、カセット・テープに録音しました。演奏も素晴らしい。明確で華がある。音がはっきりしている。録音のせいばかりではなく演奏の意図としてそうなっているのですね。大スターにへつらってどうするとか、カラヤンの名曲中心主義に抵抗するとか、そんなことも言っていられないなと。私にはカラヤンの演奏の特徴みたいなものを思い知る機会になったレコードです。

演奏の特徴のことは後回しにして、カラヤンは新ウィーン楽派よりもあとの時代の、無調的、前衛的な現代音楽というのはほとんどレコードには録音していないわけですけれども、ベルリン・フィルの演奏会なんかでは、リゲティもペンデレツキもヘンツェもやっているのですよね。カラヤンが一九五四（昭和二九）年に初めて日本に来てN響を指揮したときも、松平頼則の《「越天楽」の主題による主題と変奏》という、一部に十二音技法を使ったピアノとオーケストラのためのコンチェルトを取り上げました。確かオーストリアであった現代音楽祭で既にカラヤンは松平をやっていて、それで日本でも、ということだったかと思います。

カラヤンのディスコグラフィだけ見ると、近現代の音楽は新ウィーン楽派、オルフやストラヴィンスキー、ショスタコーヴィチくらいで、あとは何も関心がなかったと思い込んでしまいそうだけれど、そうではない。積極的とはいえないし、大スターになればなるほどレパートリーを名曲に絞ったということもあるけれども、決していわゆる現代音楽を無視していたのではないんですよ。

カラヤンと現代音楽

ただ、現代音楽のレコードは売れないし、カラヤンのイメージダウンになるから、やめておこうという戦略的な判断は、カラヤンの側にもドイツ・グラモフォンにもあったでしょうね。カラヤンのレコードはクラシックの王道というか規範を作る。世界のファンを導く。市場を制覇する。そういう意識でカラヤン王国というのはできていますよ。だからといって新しい音楽をまったく無視するわけにもゆかなかった。それはなぜか。

カラヤンが活躍してスターになって特権的地位を確立してゆくのは一九五〇年代からですね。その頃、西欧の作曲界では、シュトックハウゼンとかブーレーズなど、第二次世界大戦後の前衛音楽の流れがそれまでの音楽を超克してゆくかに見えた。そのうち誰もが前衛音楽を聴くようになって、オールド・ジェネレーションの価値観がたちまち古びてしまう。オーケストラでベートーヴェンとか聴くなんて時代遅れ。みんな電子音楽のピーピーポーポーいうのを楽しんでますよ。ほんとにすぐにそうなっちゃうんじゃないかと、六〇年前後なんかそう信じて近未来予測する人が事情通ほどいたのです。日本ならその頃の吉田秀和さんなんかそうでしょう。今から考えると「そんな馬鹿な」ということになりますが、戦後の廃墟から人間の文化文明を革新しようとした進歩主義というのはそのくらい強かったのですね。

カラヤンはそういう時代にのしあがっていった大指揮者だから、前衛的な音楽をわからないと言ってしまうと、反時代的だと思われる恐れがあった。カラヤンより年長の、たとえばクレンペラーあたりの世代だと、「おれたちは若い頃、つまり両大戦間期にそのときの現代音楽をさんざんやったから、もういいよ」みたいな意識があったでしょうが、カラヤンは第二次世界大戦後に輝いた人で、フルトヴェングラーのあとを受けたんですから、「戦後の音楽はまったくわかりません」ではすまない。そして戦後前衛音楽の一番モデルになった二十世紀前半までの音楽というと、ストラヴィンスキーでもバルトークでもドビュッシーでもなく、新ウィーン楽派です。シェーンベルクとベルクとヴェーベルンの名盤を作っておけば、「おっ、現代音楽もできるな」ということになるんです。

カラヤンは上手に保険をかけたんですね。新ウィーン楽派の管弦楽曲集は、カラヤンが自らを戦後の文化に適応した芸術家であると、うるさい玄人筋にアピールするために、たいへん大事なディスクでした。ドイツ・グラモフォンとしても、カラヤンのディスコグラフィがそのまま教養ある趣味の良い家庭のコレクションを構成するようにもって行こうとしていたわけですから。その意味で前衛的現代音楽の元祖の新ウィーン楽派がありませんとね。昔の世界文学全集でも、シェイクスピアやゲーテやドストエフスキーだけではうまくないんで、申し訳程度に現代の新しい小説の巻が尻尾に入っていたものではないですか。あのノリですよ。

カラヤンは大したもんだ

この辺でそろそろカラヤンの演奏の特徴についてふれないといけませんね。たとえばオルフとか新ウィーン楽派とか、LP時代にはカラヤンでないと聴きにくいものくらいしか熱心に聴いておらず、アンチ・カラヤンだとか言っていた人間が、カラヤンが亡くなってCD時代になって、なんでもありといいますか、名曲中心主義、名盤厳選主義も崩壊して、いろんなものが歴史の一コマになって、「カラヤンけしからん」みたいなこだわりも融けて、ようやく素直に聴けるようになって、やっぱりカラヤンは大したものだと、最近は言いたくなってしまっているのですが。

どう大したものかというと、またここで昔話になってしまいますけれども、オルフや新ウィーン楽派と同じ頃、愛聴していたカラヤンは思い出してみると、まだいろいろやっぱりある。アンチ・カラヤンを気取りながら実は隠れカラヤンなのかもしれませんね。ストラヴィンスキーの《ミューズの神を率いるアポロ》とか、ショスタコーヴィチの交響曲第一〇番とか。もっとよかったのはメンデルスゾーンの交響曲全集とオネゲルの交響曲第三番《典礼風》ですね。メンデルスゾーンは特に第一番です。目の覚めるような強烈な表現でして。第一楽章の冒頭ですね。ティンパニの踏込みのリズムなんかもの凄い迫力でして。メンデルスゾーンの第一番をいっときとても気に入って、これも録音の少ない曲でしたから、大して聴き比べもできなかったのですが、カラヤンが圧倒的に表現がきつい。

オネゲルの交響曲第三番もそうでして。第二次世界大戦の悲劇に対して神が怒るみたいな音楽で、とりわけ第一楽章は「怒りの日」と題されていて、世界大戦と世の終わりをかけた荒くれた曲なんですよ。で、カラヤン盤ですが、この交響曲の数ある録音の中でも圧力が違う。ブルドーザーでのしてゆくような、むしろ戦車のキャタピラーと言うべきか、しかもその戦車かブルドーザーはとても重いんですよ。そこから酸鼻を極める戦争スペクタクル映画を見ているような情景がいやでも見えてくる。トランペットも弦楽器も本当にきつくみっしり鳴る。黒澤明の映画みたいな押しの強さですね。鋼鉄を圧延している感じ。

ミュンシュとかボドとかのラテン系の指揮者のオネゲル演奏もいいんですよ。でも、カラヤンよりはラフというかアバウトというか、密度が粗いんですね。鋼鉄になりきらないというか、混じり物が入って強度が安定しない。表現には血のにじむ激しさがあるのですが、やはりアンサンブルなんかに飛ぶところがある。リズムとかも崩れてしまう。崩れるというのは言いすぎだけれどもゆるいんですよ。贅肉がある。それがもちろん人間味あふれていて素晴らしいところではある。でもカラヤン＆ベルリン・フィルの演奏は非常に精度が高くて、誤差もない「検品合格！」の工業製品のようであって、しかも高カロリーのきつい凄絶な力を達成している。きちんとしていて猛烈なんですよ。普通はきちんとしているとスマートになるし、暴れるとアバウトになりがちでしょう。ところがカラヤンは両方が均衡している。びっくりするものですね。なんで両立するんだと。

カラヤン・サウンド

カラヤンがまだ若い頃は、セルとかクレンペラーとかロスバウトたちの新即物主義的な表現がひとつの主流でした。新即物主義というのは、スタッカートで音をきちんときちんと切って行くような感じで、なるべく音をひとつひとつクリアーに粒立てたいというのがあって、リズムははっきりしているけれど、きつく押し付けがましく鳴らしきる前に音を切りますよ。切れはいいけれど、音圧には自ずと節度がある。ある種の冷たさやスマートさ、メカニックな感じというのがくっつきます。だから即物主義とも呼ばれたわけでしょう。あと新古典主義とか。クラシックな彫像みたいな具合ですね。

しかしカラヤンの場合は、新即物主義を踏まえていると思いますが、アンサンブルをよく整えながら、スタッカートよりテヌート重視で、音を伸す。近代的な工場のオートメーションみたいな感じで、ムラが出なくて、ピシッピシッと決まって、しかもスタッカートではなくてすごい迫力が出ている。圧延するうえにその馬力がものすごい。彼のレコードを聴くと、スピーカーでフルに再生してもムラが少なく音の比重が高い。めが詰まってるんですね。

カラヤンのこの芸風はトスカニーニに由来しているんだと思うんですよ。新古典主義の大明神みたいな人ですけれども、クレンペラーやロスバウトとは違う。イタリア・オペラで培われたイタリアの巨匠ですから、即物主義の神様なんですが、きちんとスタッカートでメカニックというのとはだいぶん違います。トスカニーニの場合はしごくという感じですね。カラヤンののすとは違いますね。

カラヤンのそういう演奏は、カラヤンひとりの指揮のせいでそうなるわけではむろんありません。相手のいることですから。彼の率いるベルリン・フィルに、のすように音を出せる馬力十分のプレイヤーを、管にも弦にも、強い人事権を駆使して揃えていったからですね。フルトヴェングラー時代の人はどんどんやめさせて。コンビはそうやってできる。オーケストラの個性はそうやってできる。

最近の指揮者とオーケストラのコンビが概してつまらなくなっているのは、民主主義が進行して、カラヤンとベルリン・フィルの関係がほとんどありえなくなったからでしょう。フルトヴェングラーとベルリン・フィル、トスカニーニとNBC響、セルとクリーヴランド管、バーンスタインとニューヨーク・フィル、その他。みんな同様ですね。メンバーを交替させたり、演奏のひとつの流儀を徹底させていったりするというのは、民主主義が進むと難しい。オーケストラは軍隊によく比定されてきましたが、そのこころは指揮官への絶対服従ですよ。戦場ではいのちがかかっていますから。オーケストラは指揮者に従わなくても死にはしない。けれど演奏芸術にいのちがけになるということだったんですね。その演奏芸術とは指揮者の作りたい演奏芸術であると。そういう理屈がかつては今よりずっと通っていた。

とにかく、カラヤンはそういう手兵を操って、ほころびが少なく、乱暴さも少なく、圧力がみなぎりかえる響きを作り出した。それでロマンティックな曲をやると、きれいで音がのびてしかもボルテージの高い「カラヤン・サウンド」になるのです。音のボルテージが高いだけなら、さっき名前を出したミュンシュとかね、高いですよ。でも念を押しますが、音が不揃いなんです。ボルテージが高いが不揃いなロマンティックな指揮者と、ボルテージはそれほどでもないがきちんとしている新即物的な指揮者と、二通りに割れているところに、カラヤンが第三の道を作ってしまった。ボルテージが高くて揃ってのされている演奏ですね。ボルテージが高くて揃ってしごいてギチギチに行くトスカニーニという、カラヤンと一面似て、一面似ていない先例は確かにありますけれどもね。

そういうカラヤンが近現代の音楽でそれをやれば、さっきのオネゲルみたいなことが起きる。こわもてになります。厚くのしながら非常に機械的に音を揃えるスタイルで、強烈で暴力的でモダンな音楽をやれば、これはこわいですよ。圧力でのして覆ってゆく。圧力をかける力と面積が大きい。シェーンベルクをやろうがヴェーベルンをやろうが、カラヤンだと全部それになる。ヴィヴァルディでもバッハでもそうだ。ロマンティックなものとネオザッハリヒカイト＝新即物主義なものとの対立を止揚した演奏になる。それを政治的にいえば、全部を隙なく支配してしまうみたいなことになる。

カラヤンを帝王とかいいますけど、作品もオーケストラも全部のされて生き残れません、みたいな感じがカラヤンらしさなのです。カラヤンは帝国主義とか、権力欲がどうこうとか、目をつむって振ってどうこうとか、いろいろなことをいうひとがいますが、音のイメージとしてはスターリン的というか、誰も逃げられないみたいな……。

ハイソな趣味

カラヤンがそういうスタイルを徹底していったのは、ＳＰからＬＰになって、モノーラルからステレオになる時代です。再生装置とか録音媒体の音質がどんどん良くなっていって、特に西側の資本主義国の先進国と呼ばれたところでは、アメリカが先んじて豊かな暮らしを実現し、西ドイツや日本が続いて、どんどん所得が上がってより良い暮らしになって、余暇とか娯楽レジャーに腐心するのが文化とかいうようになった。

日本の場合だと、応接間に家具調ステレオを置いて、派手で豊かな感じのする音楽を聴きたいというような状況が生まれていった。そんなオーディオ装置の進化に見合って、ＬＰレコードの録音もダイナミック・レンジが広くなるとか、よくなってゆく。また一戸建てとかになると、ヴォリュームを大きくしても大丈夫になってくる。カラヤンの輝かしくて硬くてきつくて迫力のある、要するにゴージャスな響きは、豊かになってゆくおうちの居間に鳴り渡るのにもっともふさわしいものであった。

カラヤンは、資本主義国でいい暮らしをもとめて頑張る人たちに夢を与えたんですよ。クラシック・レコードをほしがるような、ブルジョワ的なものに憧れるような中産階級の人たちをターゲットにして、ドイツ・グラモフォンと組んでとっても上手に、そういう世界を作り上げていったんです。

簡単に整理すれば、理想のブルジョワ家庭の団欒の空間、あるいは個人の楽しみの部屋で、よいステレオ装置で再生したときに、ニューヨーク・フィルやロンドン・フィル、ウィーン・フィルの録音よりも、カラヤン＆ベルリン・フィルのほうが迫力があって、ゴージャスな感じがして、音が途切れなくて、音圧が強い。つまり音が途切れる時間が短くて、圧力が強いというのが詰まっているわけですから、これはもう最強ですよね。それを味わわせるために、録音の効果というか、マジックにもかなり頼って、弦楽器の厚みなども、録音スタッフが上手にカラヤンらしさを演出した面も、もちろんあるでしょうね。あるがままの演奏を録ればいいというのではなく、録音による演出を相当意識して、しかもステレオ録音になって、ヴォリュームのある音で、ベートーヴェンとかロマン派の音楽を聴くときに、いかに豊かな音を味わえるかを、ベルリン・フィルの演奏団体としての性格もありますが、レコード会社のスタッフを含めた「チーム・カラヤン」は、カラヤンらしい音をひたすら探求した。

カラヤンの時代は、資本主義の豊かな、右肩上がりの経済の流れに連れ添っていました。カラヤンが同じ曲を何度も取り直すのは、録音技術の進歩と関係があるわけで、最新のステレオ装置で聴いて一番効果的なものを常にカタログに提供していかなければならない、と考えたわけでしょう。カラヤンの場合、新しいマイクができたし、再生の仕掛けも変わったから、それに合わせてもう一度録音しよう、「前に録ったからもういいよ」にはならない。ベートーヴェンの交響曲全集はつごう四回ですか、スタジオ録音しているでしょう。さらに録音だけではなくて、カラヤンはミュージック・ヴィデオの先駆けみたいに、自分の指揮姿を一生懸命工夫して撮ったりもしました。豊かさに憧れる階層のアイテムのひとつとして、クラシック音楽というハイソな趣味は欠かせない。ではクラシック音楽でどう豊かさを実感させるか。単に上手だとか高料金だとかではなくて、音として、響きとしての豊かさや迫力の極限をカラヤンは追い求め、かなり実現した。晩年までそんなに大きな計算違いをしなかった。すごいと思いますね。

ノスタルジック・アイドル

晩年の「カラヤン王国」には、カラヤン自身の老化とか、ベルリン・フィルが自分のいうことを聞かなくなってきたとか、悩みはあったと思います。が、テクノロジーの進歩によって、ますます自分をカッコよく見せられる時代になりつつある、まだこれからだというつもりもあったでしょう。皆の聴きたがるクラシックの名曲を、そのときその時の最先端の技術によって、ヴォリュームたっぷりな音で記録するというテーゼは、カラヤンのいのちあるうちは、最後まで保たれたのではないでしょうか。

でもその後、誰かがカラヤンの流儀を継いでやろうと思っても無理になった。ソフトが相対的に安価になっていたせいで名曲名盤を厳選するという楽しみ方が壊れていった。また、カラヤンまでの時代が残したソフトで、普通のクラシック・ファンが一生楽しむくらいの分は蓄積されて飽和してしまった感もあります。いま人気のある若手指揮者がいたとしても、ベートーヴェンの交響曲全集を凝った映像のDVDなどで見たいファンはそんなにいないのではないかなあ。そういう意味で、ある種の巨匠というか、巨人というか、全人的というようなクラシック音楽界の幻想は、カラヤン、ベーム、バーンスタイン、それにムラヴィンスキーあたりで――ヴァントまであったという人もいますが――、〝巨匠神話〟の時代は終わってしまった。神々はたそがれてしまった。ブルジョワの夢も語りにくくなった。

クラシック・ファンは、一人の指揮者がオーケストラを完全独裁支配して、完璧な世界を見せてくれることに憧れていますが、それはカラヤンの時代までで、さっき言ったかつてのムラヴィンスキーとレニングラード・フィルのようなコンビは現代では存在しえない。民主的な世界がカラヤンやムラヴィンスキーのような統率された世界を、たとえ音楽の分野でも許容しなくなりましたから。

そういう面でも、カラヤンまでの遺産でもういいやということになる。だから、カラヤンやフルトヴェングラーのような昔の巨匠の演奏を、音を良くしてCDで出し直した方が、新しい指揮者とオーケストラで新録音するより確実に売れるわけです。カラヤンとベルリン・フィルのコンビは、鉄壁のアンサンブルで、完璧な表現で、しかものすような音で、ゴージャスで、時代の最先端のテクノロジーに合った厚い響きを探求して、豊かな生活に憧れる人の耳を満足させた。このモデルをカラヤンが一世一代でやり切ってしまった。次にカラヤンの真似をしようと思っても、もう時代も違って誰もあとを追えない。

カラヤンはあの活動期間があったからこそ、「カラヤン」らしくなれたのですよ。彼の演奏が好きか嫌いかは個人の好みの問題ですが、カラヤンという存在を通じて、二十世紀後半に求められていた高度資本主義とか生活の豊かさが分かるという意味で、彼は「永遠の歴史の証言者」なのかもしれません。第二次世界大戦後の平和のなかで、破局のない、豊かさに憧れた時代の資本主義国の夢みたいなものを、カラヤンがクラシック音楽とオーディオを使って、一番理想的な写し絵を見せつつ、導き手になった。カラヤンの演奏は二十世紀後半のブルジョワの夢を記録しています。「パパはいいステレオ買ったからね、これで黄色いレーベルのＬＰレコードを買って、カラヤン聴いちゃおうかな、ママも一緒に聴こうよ」みたいな、そういう景色が浮かぶ。なんだか泣けてくるんですね。二十世紀の記憶を引きずるわれわれにとっては、永遠のノスタルジック・アイドルです。

10 バーンスタイン 俗なるものの聖化への挑戦と挫折

◉レナード・バーンスタイン
アメリカ合衆国 ローレンス生まれ。1918–1990
指揮者、作曲家、ピアニスト。一九四三年、ブルーノ・ワルターの代役としてR・シュトラウスの『ドン・キホーテ』などを振り（ニューヨーク・フィル）、鮮烈のデビューを飾る。一九五三年、アメリカ生まれの指揮者として初めてニューヨーク・フィルの音楽監督に就任。マーラーを中心に、多彩なレパートリーを誇る。著書に、『音楽のよろこび』など。作曲作品には、ミュージカル『ウェスト・サイド・ストーリー』、交響曲第二番『不安の時代』、第三番『カディッシュ』、オペラ『クワイエット・プレイス』などがある。

聖と俗の混交

は て、何の話からいたしましょうか。なるほど、バーンスタインの位置づけですか。二十世紀後半を代表する作曲家であり、指揮者、教育家、啓蒙家。バーンスタインという人は、たくさんのことをやりましたからね。幾らでも切り口がある。でも驚くべき分量、既に論じられてしまっていますから。幾らでもあるはずの切り口もだいたい誰かが切り込んでしまっているわけで、みんな言い尽くされた感もある。それでも何か申さねばならないので、いきなりひとつの結論みたいなことを口にしてしまうと、バーンスタインという人は多様に分裂しても見えるけれど、けっこう単純な筋書きで語れてしまうんじゃないかと。ただ、その筋書きはもしかすると見えにくいのかもしれない。というのは、その筋書きのオチに来るものがあまりに注目されずに忘れられてしまっているので。バーンスタインにとっていちばん重要な作品のはずなのに、あまり聴かれていなくて、そのせいで、これだけバーンスタイン、バーンスタインと言い続けられるわりには、意識されにくくなっているところがある。そこをもっと見て聴くべきなのではないかと思います。

バーンスタイン自身にとっては人生最重要の作品と位置づけられていたはずなのに、世間的にはほとんど相手にされないで、今もバーンスタイン・ファンでもかなりの人が気に留めていないのではないかと思われるオペラがありますでしょう。一九八四年に初演された《クワイエット・プレイス》。日本語題名は《静かな場所》でしょうか。あれはバーンスタインにとって畢生の大作ですよ。何としてもこのオペラで不動の音楽史的名声を築きたかったはずなんです。ウィーン国立歌劇場とかのレパートリーに入って世界の名作オペラの仲間入りをさせたい。それが巨匠の夢だった。彼の伝記にはだいたい書いてあるかと思います。何としてもウィーンで世界初演したくて、バーターでワーグナーのオペラを振ったとか。

するとクワイエット・プレイス》とはどんなオペラかというと、やはりあれがバーンスタインの生涯のテーマの彼本人としてはおそらく最高の表現なんですよ。ところが、面白くないものの代表みたいに思われているでしょう。《ウェスト・サイド・ストーリー》をやって《キャンディード》をやる。そういう指揮者はいても、《クワイエット・プレイス》となるとなかなかね。でも、あれが一番と思われないとバーンスタインの人生は完成しないんですよ。だからバーンスタインは成仏しないで、この世に恨みを残していると思うなあ。バーンスタインが最終的に目指したものがある。そして《クワイエット・プレイス》でこそ、やっぱり規模といい中身といい実現しているものがある。ところがそれを誰もあんまり値打ちがないと思っている。だとしたら、これはバーンスタインの思いは未完のまま、魂は虚空を漂っているということになるんだと思いますね。

その《クワイエット・プレイス》でこそ実現しているだろうものについてなんですが……。バーンスタインといえば指揮者としては何はさておきマーラーですよね。マーラーというと聖俗混交の巨匠でしょう。宗教的なものと世俗的なもの。ユダヤ教やキリスト教の祈りとちまたの流行り歌や軍楽やわらべうた。マーラーはそういう聖と俗の諸要素のごった煮でできている。そのマーラーが十八番ということは、バーンスタインも聖俗二元論みたいな感覚をよく分かる人間だったということですよね。

バーンスタインは、ユダヤ人迫害のきつかったウクライナからアメリカに逃げてきたユダヤ人の子どもですよ。お父さんはユダヤ人としてもかなり熱心な部類のユダヤ教徒でしょう。聖なるものが子供のときから入っている。それでしかもニューヨーカーだと。大衆社会、市民社会、消費社会、都市社会が一番先端的に実現されていた、一九二〇年代のニューヨークで育っているわけです。人間は多かれ少なかれ聖と俗の組み合わせで生きていると思いますが、バーンスタインはその極みの人として生をうけた。そう言えばいいでしょうか。

するとその先の問題は、聖と俗に人としてどう決着をつけるかなんですね。聖なるものを切り捨てて俗なるものに徹する。逆に、俗なるものを排除して聖なるものにのめりこむ。宗教音楽ばかり書くとなると、メシアンや高田三郎みたいな作曲家が二十世紀にだって現にいるわけではないですか。ペンデレツキやグレツキやアルヴォ・ペルトの落ち着きどころもそうかもしれませんね。それから聖と俗のひたすらな混乱状態に身を投げるという行き方ですね。あくまで音楽作品の話ですけれど。その類の代表がバーンスタインの十八番のマーラーというわけですよね。

では作曲家バーンスタインはどうか。マーラーに傾倒しているのだからやはり聖俗混交でずっと行ったか。違うと思うんです。バーンスタインの場合、聖と俗を使い分けるとか、聖と俗のどっちかを選ぶとかいう話にならない。《クワイエット・プレイス》というオペラが表しているのは、俗なるものの聖化といいますか。俗なるものがそのまま聖なるものとして、永遠のものとして額縁に入るような感覚なんですよ。別に宗教的でもなんでもない、普通の平凡な家族のセピア色の集合写真が、なんだかそれ自体として、ものすごく特別に見えるということがありませんか。ニール・サイモンのお芝居みたいな感覚ですね。あれなんですよ。バーンスタインの世界というのはとどのつまり。

この《クワイエット・プレイス》というオペラは、若いときの《タヒチ島の騒動》という小規模なオペラの続編の体裁になっています。《タヒチ島の騒動》というのも、アメリカのごくごく普通の家族の、極端で失礼な言い方をすれば、ほんとにどうでもいいような日常の話ですよ。でもそこにはバーンスタイン家も反映しているでしょう。だからつまり《タヒチ島の騒動》は自画像オペラみたいなところがある。普通の平凡なアメリカ人。移民してきてコツコツやって頑張ったお父さんと父を裏切って勝手をする子供たちみたいな。それから倦怠した夫婦とか。そんなアメリカのテレビ・ドラマでいつもやっているようなあまりに普通の典型的な家庭。それがバーンスタインのファミリーでもあるんですね。

そういう若いときの《タヒチ島の騒動》の続きを、わざわざグランド・オペラにして、《クワイエット・プレイス》にして、ヨーロッパのオペラ芸術の本場のウィーンで世界初演して、それを「不朽の名作」として世界が受け入れてくれるはずだと信じられるのがバーンスタインなんです。《クワイエット・プレイス》のサムという主人公の名前はバーンスタインの父親のニックネームと同じ。妻を失って、子供はホモだったりレズだったりバイセクシャルだったり。バーンスタインや彼の身近な人たちそのままではないかみたいな子供たちもおります。バーンスタインは奥さんを亡くしてから《クワイエット・プレイス》を構想したそうですし。サムが妻を失ったという話はバーンスタインその人の心象でもある。その意味でも自分語りであり、自分の家族のオペラとしかいいようのないものになっている。

しかもこのオペラはやはり当然というべきか、全然ドラマティックではないのです。葬式があって家族が集まって、和解するとか喧嘩するとか、昔はどうこう言っていたとか。ただのホームドラマですよ。劇的なとんでもないことは何もありません。《タヒチ島の騒動》と《クワイエット・プレイス》の連作は、家族にこだわるという点ではワーグナーの《指環》の連作と似ていると思うんですよ、構想においては。でもただの普通のアメリカのファミリーですから、神々の滅亡も救済も何もないんです。そのあまりに平凡で俗な家族の物語にグランド・オペラの額縁をつけて、とてつもなくいとおしく、なおかつ宗教画のような聖なる世界の雰囲気を付加して、見せ続けたいという欲望が、バーンスタインの欲望なんですよ。日常の聖化、俗の聖化というのはそういう意味合いのつもりなんですが。

《クワイエット・プレイス》が生んだ挫折

《クワイエット・プレイス》にはアメリカの普通の俗な家族がいます。バーンスタイン家の投影があります。自分の人生があり、夫婦の愛憎があり、家族の死があり、別れがあります。それから同性愛があります。喧嘩があります。しかも神様というよりも宗教者の俗世界での代用品として精神科医が出て参ります。病んだ心を救う役目ですから、精神科医やカウンセラーというのは聖なる者が俗人に零落しつつ存在しているという表象なのですよ。実際、アメリカの社会ではそういう存在は早くからとてつもなく重要ですよね。昔だったら教会の神父や牧師として出てくるはずの役の代わりとして精神科医はいるのです。聖なる要素が俗に取り込まれるんですね。聖俗混交ではなくて俗だけで世界を成立させて、しかも俗だけの世界が聖なるものにみえてくるんだというアクロバットにはどうしても精神科医がいるんですよ。

それよりも音楽のスタイルですよね。《クワイエット・プレイス》には《ウェスト・サイド・ストーリー》とか《オン・ザ・タウン》みたいな、バーンスタインのミュージカルを思わせる要素もちょっと入っています。が、基本的にはそうじゃない。あくまでもヨーロッパの歌劇場の「不朽のレパートリー」にするつもりで書いているから、ワーグナー、マーラー、シェーンベルクやベルクやバルトーク、それからコープランドなどに学びながら、バーンスタイン独自の〝英語のためのオペラ〟のスタイルを編み出している。バーンスタインは英語に曲を付けるとなると、これはもう天才的ですよね。ある種、演劇的なパフォーマンスの人だから。言葉を生き生きとつかまえられる。生きた抑揚を曲にできる。それをミュージカル調ではなくてクラシックのオペラの朗唱的なところに《クワイエット・プレイス》では落としこんでくる。そこが非常に雰囲気のあるところですよ。

そしてそういう音楽のスタイルが、日常そのものの聖化のためのもっとも大切な仕掛けです。だってクラシック音楽というのは、ポピュラー音楽が俗とすると、相対的には聖なるものの方になるんですから。どうでもよさそうな日常を、いかにも日常的な俗っぽい音楽にしないで、クラシックの格調で満たす。その執拗な作業によって、チェーホフのお芝居に似ているかもしれないけれど、日常の光景が深くいとおしく神々しい光景に変成してしまう。アメリカの普通の家族のどうでもいい物語で、大して盛り上がりもしない二時間半もの舞台が、バーンスタインのそういう音楽によって、ウィーンとかベルリンとか、あるいはメトロポリタンとかの正規のレパーリーになる。互いが互いを傷つけあってボロボロになるような、そこには同性愛者もいますみたいな、アメリカのごく普通の中産階級の暮らしが、バーンスタインがクラシックもセミ・クラシックもポピュラーをやってきたなかで、かなり格調高くクラシック寄りの方でまとめたスタイルによって、グランド・オペラとして大歌劇場に一晩乗っけても大丈夫になる。そしてそれがワーグナーによるヴォータンの一族の物語のように永遠になる。平凡なバーンスタイン家の物語が聖化されて永遠になる。これぞバーンスタインの究極の欲望ですね。

バーンスタインの最後の落としどころはそこだったんです。《ウェスト・サイド・ストーリー》が一番と言われては困る。マーラーの交響曲が得意で、ヨーロッパでも高く評価されたアメリカの大指揮者ということで終わっても困る。かと言って、ミュージカルの大作曲家でも困るし、クラシックの大指揮者でも困る。聖と俗を使い分ければいいのかというとそうではない。じゃあ、聖と俗をマーラーのように混ぜこぜにすればいいのかというと、これまたそうでもない。アメリカの普通の俗なるものを世界としてはそのままに、クラシックの聖なるものにはめこんでしまって、通用するものにする。ウィーンの歌劇場で《トリスタンとイゾルデ》の向こうをはって、でも神話的な話ではなく、アメリカの家庭の話がクラシックのオペラとして、感動的に、二時間半もウィーン・フィルが演奏して——初演のときは、ウィーン国立歌劇場は引越し公演かなんかでいなくて、オーケストラも当然いなくて、オーストリア放送交響楽団が演奏したというのは心外だったのかもしれないけれど。だからできたとも言えるでしょうが——、とにかく、ウィーンでそういうものをやって、ヨーロッパのオペラの伝統のなかに、アメリカのただの市民の物語が、クラシック音楽の格調と最高の均衡点を見いだして、ついに「静かな場所」という場所に落ち着くんだ、俺ならそれができるんだという、とてつもない欲望。そこに向かって燃焼したのがバーンスタインです。

《静かな場所》は、ロマンティックなオペラの尺度で考えれば、なんのお話もないとも言える。そもそもオペラになる題材ではない。さっきチェーホフの名前を出しましたが、そういうただの日常です。それを淡々とやっていく。チェーホフの延長線上に、バーンスタインと仲の良かったリリアン・ヘルマンに『秋の園』という戯曲もありますが、《クワイエット・プレイス》もそういう感じだと思うんです。表向きは大したことはちっとも起きないのですが、ほんの些細なやりとりに人間の喜怒哀楽のすべてを推し量るためのたくさんの含蓄が宿っていて、その意味では世界の全部が実は濃密に入っている。そんなふうに解せる世界ですね。

リヒャルト・シュトラウスの《家庭交響曲》みたいな、普通の家庭の日常をオーケストラでこれだけ誇張して描きますというのとは違う。アメリカのファミリーの話をあくまで淡々とやる。ワーグナーのように大仰な神話的な身振りも持たせない。あくまでチェーホフやリリアン・ヘルマンのようにね。バーンスタインの家はカツラとかパーマの器具とかを売っていたわけでしょう。普通のアメリカの中産階級のファミリーの暮らし。それがそのまま全世界を象徴するような、その細かいひだから全世界が見えてくるようなオペラを作る。中産階級の家族の物語の聖化。それができればバーンスタインの人生も大願成就というか。それで《クワイエット・プレイス》を初演して、「どうだ、参ったか！」と問うたら、誰も参らなかった。分からなかった。うーん、まあ相手にされなかった。大いなる挫折ですね。

アメリカ人ならではの「全人的表現者」を目指す

バーンスタインは、指揮者としては凄まじいほどの名声を得た。でも彼は最後まで自分は作曲家だと思っていた。それなのにバーンスタインの全人生を投影して最後に勝負をかけた作品が評価されなかった。これは致命的ですよ。指揮者としては名声に包まれていたけれど、バーンスタインの中では指揮と作曲は分かれていないでしょう。むしろ作曲家の延長線上で振っているということでしょうね。自分の感情というか感覚の表現として音楽をやる。他人の曲も自分の感覚で解釈してゆく。作曲家の世界を正しく理解して奉仕するとかいうのではなく、自分とシンクロしていくところで解決してゆく。指揮者としてマーラーにこだわったのも自分の世界で解釈できる、一番自分の分かるヨーロッパのクラシック音楽だったからでしょう。ユダヤ人で、まさに宗教的なものと俗っぽいものが全部混じっていて、バーンスタインの氏素性を投影して、自分のまんまでやっていって、フィーリングで音楽をもっていって、そのままはまる。ブルックナーやブラームスではそうはいかないし、ベートーヴェンはそれでいけるところはあるけれど、それだけでは困る。やっぱり一番の得意はマーラーになる。ワーグナーもできるかもしれないけれど、《トリスタンとイゾルデ》のディスクは名演だと思うけれど、ワーグナー的なるものへの興味は、ワーグナーのオペラの現代中産階級版、アメリカ版とも言える《クワイエット・プレイス》にやはり帰結したのではないですか。つまり指揮者バーンスタインを考えるときはマーラーで、作曲家バーンスタインを考えるときはワーグナー。そう並べて対にすると見えやすくなるかもしれません。

いずれにせよバーンスタインという人は、客観的ではなくて主観的ですよね。演奏は演奏、作曲は作曲と区別しないで、バーンスタインという人間そのものの表現を狙っていて、それはつまり聖なるものと俗なるものに切り裂かれている人間というものにどうケリをつけられるかの探求に極まってくる。作曲家としてのそのテーマへのアプローチは、たとえばまずは《ミサ曲》になるわけでしょう。ロック・バンドまで出てくる。クラシック音楽も現代音楽も、黒人霊歌もジャズもロックも全部出てくる。凄まじいゴタ混ぜですね。でもそこでは解決しなかった。聖俗混交というマーラーの真似にはとどまれなかった。最後はもっとクラシック音楽らしい《クワイエット・プレイス》に落ち着いた。日常的なものをそのまま聖なるものにしてしまう。アメリカの俗人の生活をそのまま聖なる額縁に入れてしまう。

そうなると《ミサ曲》から《クワイエット・プレイス》になぜねじれたのかについても、触れておかないといけないですね。《ミサ曲》は《ウェスト・サイド・ストーリー》の続きみたいなところもある。ガーシュウィンの続きと申した方がいいかもしれません。ポピュラーとクラシックを掛け合わせるということですね。それが聖俗混交というマーラーのテーマとも重なってくる。セミ・クラシックが肥大化してポピュラーとクラシックの両方を呑み込んでしまう話にもつながります。アメリカ発で、戦後の日本でも山本直純なんかの存在に典型的に表現された「セミ・クラ幻想」というものがやはりありましたでしょう。ラジオの時代、そしてテレビの時代になって、レコードも普及して、そうすると音楽は大衆の好みに支配されてゆく。というと、クラシックが駆逐されてポピュラーばっかりになるようにも予想されるけれど、そうではないという予見もあった。大衆も余暇が増えてもっとたくさん音楽を聴くようになると、ポピュラー音楽のあまり単純な作りのものには飽きてしまうだろう。かといって、あんまりややこしい、クラシック音楽の中でも高級と目される部分が、大衆の趣味になるとは考えにくい。そうすると、ポピュラーとクラシックが統合されて、セミ・クラシック的な領分のものが残ってゆくという見立てですね。バーンスタインの《ウェスト・サイド・ストーリー》とか《ミサ曲》というのはまさにそれですよ。アメリカの未来が一時期もくろんだ、全ての音楽を大衆のニーズにかなうかたちで統合しようとする企てですね。とりあえずガーシュウィンが始めた流れと呼んでよいでしょう。音楽の「アメリカン・ドリーム」ですね。この流れにしっかり棹さす人として、確かにバーンスタインはいました。

世界大恐慌後のアメリカ音楽の帰結

ここでバーンスタインの世代論を考えますと、彼は一九一八年生まれでしょう。音楽家として育っていくときは、ヨーロッパからたくさん音楽家が来るという面はあるんだけれど、基本的にはヨーロッパをあまり意識しないというか、アメリカだけの世界というか。第二次世界大戦になってゆきますから、アメリカの音楽家がヨーロッパに行って勉強する時代ではなくなっていました。しかも世界大恐慌でアメリカの経済は傷ついて、アメリカのなかでもモダニズムとか前衛主義とか、芸術のための芸術というか、たくさんお金を使ってもペイしないような芸術は、流行らない時代になった。お金がないんですから。ニーズの少ないものは養えなくなる。コープランドなんか世界大恐慌前の二十代前半はモダニストとして、不協和音の多い音楽で売っていた人ですよ。ところがニューディールになって、アメリカの政府がお金を出して民謡の調査とかさせたりして、一種の社会主義リアリズムのアメリカ版みたいな時代が訪れると真っ先に転向しました。《アパラチアの春》みたいな分かりやすい音楽をどんどん書いていく。民謡や賛美歌のメロディで分かりやすい曲を書いてますよ、と名刺を出して、よろしくよろしくと言っているみたいな音楽ですよ。そうしてアメリカの音楽は平明さを追求してゆく。ロイ・ハリスの民謡的な交響曲とかも出てくる。あとはポピュラーとクラシックの融和をめざす路線ですね。

バーンスタインもまさに世界大恐慌、ニューディール時代に、音楽家としての修業をして、アメリカ一国の中で成功を目指していった。ヨーロッパに留学なんかしませんから。ガーシュウィンやコープランドやロイ・ハリスはみんなヨーロッパ体験が重要だけれども、バーンスタインだとヒトラーがドイツの首相になった年に十五歳ですよ。この世代はヨーロッパにはもう行きません。いつ戦争になるか分かりませんしね。つまりこの世代はアメリカ国内で純粋培養されるのです。ジャズとクラシックの融合とか、民謡とクラシックの融合とか、ソ連の社会主義リアリズムのアメリカ版みたいな、当時のアメリカ的ニーズがそのままこの世代の世界観の根本を律するのです。だってアメリカ以外で活躍することなんて考えませんしね。当面はね。

しかもアメリカはラジオの時代ですよ。アメリカのラジオは民放だけですから、聴取率しか問題にならない。だからみんなに受け入れられるところでいかに成功するか、たくさんの人の前でいかに成功するか。ニューディール時代は、クラシックとポピュラー音楽の垣根にこだわっていたりするのはダメなんです。古めかしいんです。多くの人を相手に分かりやすい音楽をやって、ちゃんとお金も入って、大衆のために奉仕して芸術性もそれなりに保つ。そこらへんが落としどころです。

さっきも言いましたが、バーンスタインのお父さんの商売はカツラとかパーマネントの道具を売っていたんですね。恐慌になってもカツラはかぶるし、パーマネントはするから、生きていくために必要な業種だということで、伝記を読んでも、バーンスタイン家は世界大恐慌でも傷つかず、商売繁盛だったみたいに書いてあります。好況だろうが不況だろうが、どんなときにでも大衆が必要とするもの、そのニーズに対してきちんと応えていれば間違いないというのが、バーンスタインの十代、二十代のときにできあがっている価値観でしょう。こつこつやる中産階級の道徳律です。その路線は音楽家バーンスタインの生きざまにも継承される。みんなが聴いてくれるものをやる。高踏的すぎるものは排除する。クラシックとポピュラーを総合できたらいちばんいい。まさにバーンスタインはそうやりました。クラシックとポピュラーの両方をやった。セルゲイ・クーセヴィツキーやミトロプーロスみたいに、バーンスタインにとって重要な音楽家だけど、ヨーロッパから来た人間は「バーンスタインはなぜそんな振る舞い方をするのか、どちらかにすればいいのに」と思っていたようですが、アメリカ人としてはこの時代だと、それはある意味当たり前。バーンスタインが尊敬して事実上の師と仰いだコープランドだって《アパラチアの春》とか《エル・サロン・メヒコ》なんですから。

そのバーンスタイン的な最初の圧倒的な稔りが、やはり《ウェスト・サイド・ストーリー》なのでしょう。このミュージカルは、ジャズとラテンを、ストラヴィンスキーやバルトークなどの変拍子や不協和音などのモダンなハーモニーと結合させる形で上手にやったわけです。ラテン音楽というのは、我々は今となってはアメリカの音楽だから当たり前と思うけれど、もともとは当たり前ではない。ガーシュウィンが《キューバ序曲》を書くのは一九三〇年代に入ってからでしょう。晩年ですね。彼が世界大恐慌前の二〇年代に《ラプソディ・イン・ブルー》を書いた頃は、中南米はあまり意識していないでしょう。キューバ音楽が新鮮だったから晩年に《キューバ序曲》がようやく出来たわけで。同じ頃にコープランドはメキシコに行ってチャベスと仲良くなって、《エル・サロン・メヒコ》を書いたりする。三〇年代のアメリカで、移民とかのなかでは聴かれていたけれど、みんなが聴いてわけではないラテン音楽がバァーッと広まった。モートン・グールドの《ラテン・アメリカ・シンフォニエッタ》なんかもありますね。だから、バーンスタインが音楽家としてのしていこう、成功しなければと思っていたハイ・ティーンの時代は、ラテン音楽が入ってきて、そのラテンとアメリカを掛け合わせることが時代の新しい要求でした。

《ウェスト・サイド・ストーリー》はというと、まさにプエルトリカンというラテン音楽を奉じている下層階級の若者と、もともとジャズを奉じているネイティヴなアメリカの若者との闘いでしょ。ラテン対ジャズで、それが『ロメオとジュリエット』の要領で、最後は犠牲を介して和解するということですから。ラテンとジャズはそうやって融合するという。まさにバーンスタインの若いときからのアメリカ音楽のテーマの王道を行って稔りをもたらした作品ですね。《ウェスト・サイド・ストーリー》は出るべくして出たアメリカ音楽のひとつの結論ですよ。

アメリカのクラシック音楽の中でラテン音楽への興味が出て来るのは、世界大恐慌の後ではないですか。「米州ブロック」といいますか。ワールドワイドなグローバルな市場というものへの幻想が世界大恐慌でけしとんでしまった。そこでモンロー主義に戻るわけではないけれど、ラテン・アメリカを含むアメリカ大陸全体で経済圏を作ってアメリカ経済を立て直そうとする経済復興戦略も出てきますよね。ニューディールというのはアメリカ国内を、いわゆるケインズ主義で、たくさん公共投資をして支えてゆくということもありますが、やっぱり一国で自給自足の経済運営というわけにはなかなか行きませんから。かといって市場としてヨーロッパやアジアを巻き込む力は弱ってしまった。そうなると地元に期待しますね。中南米と仲良くする路線が前に出てくる。ラテン音楽がアメリカのクラシック音楽作曲家の注目を集めるのは、国策と関係していたのですね。コープランドがメキシコに行ったのも国のお金でしょう。勝手に行ったのではない。アメリカ人の中でラテン・ブームが起きたのは、日本が大東亜共栄圏建設を叫んでアジアの諸地域に注目するというのと、まったく同じ理屈でしょう。北米と地続きの中南米まで入れ込んでブロック経済圏を作って生き残ろうという発想。今の環太平洋経済ブロックの話と同じですね。だから、コープランドやモートン・グールドなんかがラテン、ラテンと言い出して、最後は六〇年代のボサノバとジャズみたいになるわけですが、ああいうふうにいくのにはたぶん歴史的必然がある。

バーンスタインはその落とし子です。まさにその世代にどっぷり浸かって大人になった世代。一九一八年生まれというのは世界大恐慌のとき十一歳なんですから。それで第二次世界大戦が終わって、アメリカが戦時経済によって大恐慌からついに立ち直り、また新しくワールドワイドに広がろうとして、アメリカの演奏家が再びヨーロッパに行けるようになるのが一九四五年以降ですね。そのときバーンスタインは二十七歳じゃないですか。だから十七歳から二十七歳までにできあがっちゃった。もっと上の世代だと、若いときにヨーロッパに行くから、コープランドやロイ・ハリスなどはパリでナディア・ブーランジェに習ったり、アンタイルだったらベルリンに行くとか、みんなヨーロッパも知ってアメリカも知ってみたいな、大西洋の横断体験がある。けれど、バーンスタインは大西洋を横断しない世代というわけです。なので、アメリカ・モデルが世界で通用すると勘違いしたまま二十代半ばになってしまった。

そして戦後ですね。バーンスタインもイスラエルに行ってパレスチナ交響楽団（現イスラエル・フィル）を振ったり、一九五三年にイタリアのミラノ・スカラ座でオペラを振ったり、戦勝国アメリカの演奏家としてヨーロッパに進出するわけですが、料簡を変えないとヨーロッパでは認められない。三〇年代、四〇年代のアメリカ的感覚の延長線上だと馬鹿にされるというか。本人も違うらしいということが実感されてくる。そこで、紆余曲折はあったと思うけれど、バーンスタインが最終的にレパートリーの核にできると思ったのがマーラーだったのでしょう。ユダヤ的なものがあって、聖と俗の混交があって、エモーションの表現に頼っても長いシンフォニーをもたせていけるということ。バーンスタインにぴったりで、ヨーロッパで振り続けてOKなレパートリーはやっぱりマーラーですよ。

バーンスタインは構造的に音楽を把握するのはたぶん苦手なままだったようですね。彼はハーヴァード大学で新古典主義者にしてなかなかの理論家のウォルター・ピストンに作曲を習っていましたが、バーンスタインの教室での態度はとても不真面目だったようで。生意気でね。ひとつ言われたら全部分かるからもう余計なことを言うな、みたいな。フィーリングで全部分かりましたみたいな。授業に来ないで、酒場でアルバイトしてピアノを弾いたり、映画の伴奏で勝手に即興演奏したり。ピストンがフーガを書けというと、バーンスタインはサン＝サーンスの協奏曲か何かの緩徐楽章の、およそフーガにならないような、ダラダラ流れるメロディをフーガの主題にすると言い出したので、ピストンが「君、こんなのはフーガにならないだろう」と言ったら、「いや、ぼくはなると思う」と机を叩いて怒って突っぱねたという。バーンスタインの辞書に「謙虚」はない。常に上の世代に反発しながら、でもときに「すみません」と言ったりしながらね。バーンスタインは勝手気ままな自由人のようでもあるけれど、アメリカ音楽界で成功しようとすれば、独立独行とはゆかない。クーセヴィツキーとかミトロプーロスとかロジンスキとかが引き上げてくれないと指揮者になれない。作曲ならコープランド。自分の父親やお兄さんの世代とかなりベタベタにくっついては、ときに反発したりした。基本は寂しがり屋なんですね。バーンスタインは家では父親との確執があったわけだし。そのノリで年長世代を父親に見立てては甘えたり歯向かったり。無限のホームドラマですね。その挙句の果てが《クワイエット・プレイス》なのでしょう。

理想とコンプレックス

そういえば日本の経済学者に、境界を壊して、みんなフラットになればいいという信念を持っている、有名な人がいるでしょう。改革を叫んで障壁をぶち壊すことにたいへんな執念を持っている方です。この人がそう振る舞うエネルギー源はコンプレックスだという説がある。彼はそう豊かでない家の生まれだった。大学を出たら大学院に、というわけにはゆかなかった。卒業してすぐサラリーマンになった。それでもやはり研究職につきたい。博士号がほしい。実力者に近づきたい。とてつもなく苦労する。どんどん工作して頑張ってのし上がってゆく。そういう彼が偉くなって何を言いだしたかというと、とにかく既得権益はすべていけないという。聖域は打破しなくてはいけないという。そうやって境界をぶち破って、みんなフラットになれば、それで世界はメデタシメデタシだという。確かにそれでいいこともありましょうが、生き物は縄張りですみわけてこそ比較的安心して生きてゆけるという原則から考えると、きつくて痛みが大きいだけみたいなところもあるわけですよ。そういうことに執念をもてる原因はやはりコンプレックスだというと話は分かりやすい。若いときに境遇とか障壁とかに阻まれてさんざん苦労した人が、障壁を取り去ると何事もよくなると考えたがるのは筋道として分かりやすい。

バーンスタインも、ユダヤ商人でカツラを売っている人の子どもです。芸術的に恵まれた家庭ではなかった。でも楽才があった。人間としての魅力も豊富だった。無手勝流でのし上がっていった。アメリカの大衆社会も大いに味方した。クラシックもポピュラーも、ユダヤ的なものも、聖と俗も、全部フラットにできないかと、頑張った。

演奏と作曲の両刀遣いで、性的には男と女の両刀遣いでしょう。なんでも両刀遣いにしたい。どこへでも入ってゆきたい。障壁なし。なんでも自由でフラットに。ワーグナーのオペラの英雄のように。全世界をフラットにしようとたくましく奮闘する。その夢は作曲家としては《ウェスト・サイド・ストーリー》や《ミサ曲》の異分野混交的・境界破壊的音楽で極まるけれど、やはりその発想はアメリカの内側でしかほんとうには通じないところがある。しかしヨーロッパでも通じさせたい。

そこでついに《クワイエット・プレイス》があらわれた。アメリカによくあるファミリーが日々に相互不信に陥り、互いを傷つけあっている終わりを知らぬホームドラマ。それをなるたけ正攻法のグランド・オペラにしてしまう。フラット化の先に夢見られているのは、そういうバーンスタイン家的な小市民の暮らしを聖化し、それが多くの音楽ファンに承認されることへの期待でしょう。結局、自分の氏素性を認めろという話なんですよ。たとえばワーグナーの神々の一家とユダヤ商人のニューヨーカーの一家がフラットになるということなんです。その夢は《クワイエット・プレイス》がウィーンの国立歌劇場でワーグナーのオペラと並ぶ演目になることで実現される。バーンスタインの見果てぬ夢ですね。夢は挫折した。作曲家としてはミュージカル、指揮者としてはマーラー。その先に行けない。さみしいさみしいと言って、晩年を過ごした。そう思うと、けっこうつらい人生ですよ。天才ゆえの贅沢な悩みといえばそれまでですが。

極大化された多情多感な世界

指揮者としてはマーラーが十八番なら、ヨーロッパでも偉くなれる。バーンスタインはそこはうまくいった。ところが問題は作曲です。代表作というと、まずは《ウェスト・サイド・ストーリー》なんでしょうが、それはアメリカ音楽史の文脈ではジャズとラテンとクラシックの宥和物ですから、ひとつの頂点を見事に極めているには違いない。でもアメリカの文脈から外にはなかなか出て来れない。ラテンとかジャズみたいなものがもろ出しだと、ああ、アメリカの音楽だな、ということで片付けられてしまう。そこで《クワイエット・プレイス》なんです。アメリカの家族のアメリカ、アメリカしすぎない響きによるオペラですね。世界のどこでも近代化して、ブルジョワ社会が進展して、日本でもヨーロッパでもみんな同じような家族のドラマが繰り返される。ワーグナーの《ニーベルングの指環》や《トリスタンとイゾルデ》みたいな神話や中世の世界にばかりオペラの舞台があるのではない。我々の今の世界そのもののなかに一番深いドラマがあるということ。バーンスタインのファミリー＝アメリカのファミリー＝世界のファミリー＝普遍的世界みたいな具合ですね。自分の家族から同心円状に広がっていって、ついに宇宙を包むみたいな。そこで最後にヨーロッパでも認められる。そういうオペラでアメリカとヨーロッパの垣根を乗り越えられる。聖と俗の壁も乗り越えられる。バーンスタインの人生はそこでまっとうされる予定だったと思いますよ。でも〝マーラー指揮者〟の方がだいぶん勝ってしまった。その名声からバーンスタインが作曲家としてウィーン国立歌劇場で《クワイエット・プレイス》をやれるような状況も作り出せはした。しかし、指揮者バーンスタインの、シューマンやマーラーがいい、ウィーン・フィルとの演奏は素晴らしい、という人はたくさんいても、《クワイエット・プレイス》はあまり聴かれていないみたいなところで、現時点までは来ていますね。

そのバーンスタインの指揮はというと、アメリカ時代と違って、ヨーロッパでの演奏は精神性が豊かだと言われるようになりました。ストレートに言い直すと、ヨーロッパでの演奏は粘って歌って時間がどんどん長くなっていった。アメリカ時代はシャキシャキしているのがバーンスタインだと思っていたら、どんどん長くなっていって、それはマーラーなんかにはぴったりだった。アメリカ的な世界に完結し自足していた頃のバーンスタインは、基本的にジャズのラテンのいいリズム感やフレーズ作りで、いろんなレパートリーをこなしました。いつもポップに歌うようなノリのよさですね。トスカニーニやミトロプーロス、ライナーやセルみたいな、アメリカで受け入れられていたヨーロッパ出身の指揮者たちとはまったく違いますよ。やはりバーンスタインのノリは、アメリカのポップ・ミュージック、ジャズやラテンと結びついて、アメリカ人に即座に通用し、彼らの肉体を弾ませるノリでした。ところがそのノリでヨーロッパでやるとうまくない。そこから始まるのは作曲家としては《クワイエット・プレイス》への道であり、指揮者としては、一番評価されたマーラーの演奏を筆頭に、ショスタコーヴィチの演奏なんかでも長くなっていくんですよ。やはり演歌歌手みたいなものですね。

ファミリーの中で、愛情関係の中で、バーンスタインほどたくさん傷ついた、多情多感な人というのは滅多にいないでしょう。そういう自分の感情の襞（ひだ）をフレーズのいちいちに投影して、その感情の襞を虫眼鏡を当てるように極大化して、多情多感な表現を粘って粘って膨らませてゆく。ジャズとかのアメリカのリズムのノリとかではなくて、家族ですら分かり合えない現代の人間のわだかまり、喜怒哀楽、躁と鬱のいちいちを、音楽の一節一節に込めるみたいになって、こういうふうに歌って、粘ってみたいになった。ここは喜んでいるんだ。ここは悲しんでいるんだ。語弊があるかもしれないけれど、そうやってバーンスタインはクラシック音楽の理詰めの解釈ではなく、メロドラマ的・ホームドラマ的な解釈を濃厚に推進した。あちこちを拡大して増幅して伸ばしていくから、どんどん長くなっていく。

同じことを演奏でなく、オペラの作曲でやったのが《クワイエット・プレイス》なんでしょう。その異常な長さというのは、どうでもいい日常をいかに意味づけて、濃やかに感情の襞をつけていこうとしたからでしょう。普通だともっと詰めて作曲することもできたはずなのに。決してテキパキいかないで、いちいちどうでもいいひと言を全部音楽でわだかまってゆくから長くなる。付き合ってくれるお客さんがいなかった。滅多に上演されないオペラになってしまった。

と、《クワイエット・プレイス》に冷たいことを申しているように聞こえるかもしれませんが、決してそんなつもりはないのです。ワーグナーが神話や伝説の世界で描いていたものがただのアメリカの家庭になって、物語の展開もえらくフラットにされてしまって、多情多感だけれど起伏に乏しいホームドラマが繰り広げられる。小津安二郎じゃないけど、一言一言の中に世界があるみたいな境地になっている。だからゆっくりいちいちを拡大して、纏綿と意味ありげにノロノロノタノタやっているんだ。それはそうなんです。あんまり面白くないように聞こえてしまうかもしれないけれど、でも小津は名作だし、チェーホフも名作だし、リリアン・ヘルマンだってまあまあだとしたら、《クワイエット・プレイス》だって、捨てたものではないのではないでしょうか。演出家や識者を得られれば、これから大きく化ける可能性はある。そう思いたいですね。

《クワイエット・プレイス》の時代がまだ来ていない。マーラーも「私の時代が来る」までに時間がかかったでしょう。《クワイエット・プレイス》は、実は凄いオペラなんだ。そう思う人がたくさん出て来たとき、本当のバーンスタインの時代が来るかもしれません。やや想定しにくいけれど、しかし想定外な事態は起きますから。

11 マリア・カラス　この世を超えて異界へと誘う巫女の声

◉マリア・カラス
アメリカ合衆国　ニューヨーク生まれ。1923-1977
ギリシャ系アメリカ人のソプラノ歌手。ミラノ・スカラ座には『アイーダ』で、メトロポリタン歌劇場には『ノルマ』でセンセーショナルなデビュー。特異な歌唱力、心理描写、演技力で魅了したが、喉の不調などにより全盛期は十年くらいと短かった。主なレパートリーは、ベッリーニ『ノルマ』『夢遊病の女』、ヴェルディ『マクベス』『椿姫』、プッチーニ『トスカ』『トゥーランドット』など。

オペラはこの世ではないものとつながっている

マリア・カラスはものすごく縁遠い存在だったのです。私は子供の頃から現代音楽ファンで映画ファンのつもりで。クラシック音楽については現代音楽から遡って聴くレパートリーを増やしていった口なのですが、何を一番最後まで聴かなかったかというと、イタリア・オペラですね。ダラピッコラとかの現代イタリア・オペラは聴きましたけれど。あとベリオですね。十九世紀のイタリア・オペラにはなかなか行かなかなかった。

ストラヴィンスキーから遡って「ロシア五人組」にはすぐ行く。そうするとロシア・オペラを聴くようにはすぐなりました。リムスキー＝コルサコフのオペラの全曲盤のLPを集めたり。それから新ウィーン楽派、リヒャルト・シュトラウス、ワーグナーという順序で、ドイツ・オペラも聴くようになる。でも、ヴェルディやプッチーニ、ましてやベッリーニやドニゼッティとなると、なかなかたどり着かない。現代音楽からだと、最もつながりにくいような気がしていましたね。ベリオを介するとあっさりつながるところも、後から考えればあったのですが。そこになかなか気づこうとしなかったですね。イタリア・オペラまで聴くようになったら、あまりに普通のクラシック音楽ファンになってしまうようにも思っていたのでしょうね。メロドラマは映画の趣味で飽和しているから、イタリア・オペラはけっこうですとかね。そんなことを申しておりました。最後まで遠ざけておりました。

そういう具合ですから、マリア・カラスはあんまり聴かない。ただ、なんと言っても世間のニュース、つまりオナシスとのことなどでいつも世間を騒がせておりましたから。ゴシップめいた報道とか訃報とか。そういうことを含めて、カラスが有名なオペラ歌手ということは、当時の日本人でも誰もが普通に知っているように、子供の頃の私も知っていたことは知っていた。オペラ歌手の代名詞のような存在として、名前は刷り込まれておりました。藤原義江、田谷力三、マリア・カラス。めちゃくちゃですけど、この三人は小学生でもちょっと気取っているような奴なら知っていたのではないですか。一九七〇年代の話ですが。

何しろカラスでしょう。名前が特徴的で。容貌も特別だったけれど、日本人なら子供でも姓で一発で覚えます。日本人はカラスってやっぱり「鴉(からす)」ということになるわけで。だってカラスって何となく鳥みたいに見えませんか。特に顔ですけれども。風貌がね。まあ、ソプラノ歌手というのはとりわけコロラトゥーラだと、これはもう鳥の声とどうしてもつながるわけですが。マリア・カラスの場合は姓がカラスなんですから、ますますね。

話がいきなり飛躍しますけど、やっぱり鳥の声というのは、神話や伝説の世界でも、あの世とこの世のつなぎ役でしょう。異界と現世をつなぐ。案内する。鳴いたりして。鳴かなくても、飛んでいって方向を指し示して導くとか。日本神話ですと、神武天皇と八咫烏(やたがらす)という取り合わせもあります。あと、アメノトリフネですか。天上界と地上のつなぎ役でしょう。何しろ飛びますからね、鳥は。高い。声も高い。低く不気味に鳴く鳥もいますが。高いところを飛ぶのと高い声を出すというのはイメージとしてつながる。そこにどうしても鳥が浮上する。そこに鴉もいる。ついこの前も雑司ヶ谷墓地に行きましたら、目指すお墓に大鴉がとまって鳴いておりましたよ。まさに彼岸からの呼び声なんですね。洋の東西を問わず、鳥の想像力はそのへんに核心がございます。鳥が飛んで、なにか鳴く。それでこの世ならぬところに連れて行かれる。あるいはこの世ならぬところからなんか来ている。鳥はそういうことを人間に感じさせてくれるものですね。

で、ますます飛躍してしまいますが、オペラというのはやっぱりそういうものではないですか。鳥とオペラは、コロラトゥーラ・ソプラノの鳴き声的なものも介しつつ、何だかつながっていますよ。オペラはドラマですね。しかも普通の単なるドラマではない。オペラに限ったことではない。ギリシャ劇も日本の能もそうですね。ただのお芝居というよりは、宗教的なもの、儀式的なものとかかわる。声の力、歌の力で、魂を遠くに持っていくところに、本領があるわけでしょう。

もちろん現代につながるオペラの始まりは、イタリアのモンテヴェルディとかですね。イタリア・ルネサンスの、商業的な富を背景とする、ハイ・ソサエティの人たちの、教養というか文化的な嗜み（たしなみ）というか娯楽というか、とても近代的な背景から、オペラが出てくるということはある。宗教や儀式から切れた、自立した芸術としての近代オペラということですね。でも、そういうオペラで扱われるのは、オルフェオとかダフネとかアンドロメダとか。決して同時代的で世俗的なものではないですよ。宗教的・神話的な物語である。さらに少し前を辿ると、中世のキリスト教の教会の神秘劇とか。ああいうものがオペラのひとつの起源になっている。そういう意味でオペラというのはずっと、宗教的なもの、つまり聖なるものと結びついてきている。この世ならざるもの、オペラ、鳥。そういうふうに並べると、見えてくるものがある。そこにカラスが——鴉でなくてマリア・カラスですよ——とってもよくはまると思うんですね。

一番得意にした狂女オペラ

マリア・カラスというと狂女ものですよね。カラスの当たり役というと、オペラ、ドニゼッティの《ランメルモールのルチーア》やベッリーニの《ノルマ》の題名役が思い浮かぶわけですが、その役はつまり狂ってゆく女です。もちろんカラスの役柄はとても広くて、ヴェルディからプッチーニ、ワーグナーだって歌った。ヴェルディやプッチーニも大切なんですが、カラスでないと、というのは、考え方はいろいろあろうかと思いますが、とりわけドニゼッティとベッリーニの、乱心してトランス状態になっちゃうような女が一番得意だった。巫女に比定されるような、つまりこの世ならざる者の声というのがカラスの十八番なんですね。ここが重要で。

つまりドニゼッティやベッリーニはどう歌うとさまになるか、ならないかという問題なんですが。長いオペラの歴史の中で、オペラ歌手の発声や広い意味での歌唱技術というのは、どの音域にわたっても、なるたけムラなく一様に豊かで美しく鳴るのがいいという、それがベルカントというものなんだという、そういう方向で洗練されてきたと思うんです。そういう声でヴェルディやプッチーニの、ロマン派ここに極まれりというような、充分に誇張されきった声楽パートを、歌手がきちんとなぞってゆくと、それはもう充分に効果的で、震えるような、陶酔するような具合になってきて、大満足ということになるんですね。

でもドニゼッティやベッリーニは、十九世紀の前半で、つまりヴェルディより少し前ですよ。ロッシーニよりはあとで。ロッシーニは乱暴に言うと、モーツァルトをもっとスピーディにして軽やかにしかも町の小唄っぽくまくしたてるようなオペラが一番素敵なわけで。つまり古典派の精神と技巧で行けるんだけれども——作品によってはまるで違うものもありますが——、ドニゼッティやベッリーニはもう完全にロマン派の範疇になってくる。それでたとえば女の狂気を表現するのに力を発揮したのだけれども、では、彼らがエキセントリックなものとか、ファナティックなものとかを、どうやって表現できたかというと、それはベルカント＝綺麗な声で安定して楽譜に書かれた声を出すとうまく行くというのとはどうもかなり違う。ドニゼッティやベッリーニのオペラの歌のパートの、カラスがやるようなソプラノの狂女の譜面なんていうのは、基本はドミソとかすごく単純な音程を、そんなにヴァラエティのないリズムの上で、ただ行き来しているだけみたいなもので、譜面だけみているとなんだか単に練習しているのかなあというね。ピアノで言えばツェルニーとか、ああいうような練習のための音楽、超絶技巧練習曲みたいなものにも見えてしまう。これを安定したムラのない響きできちんとやりましょうということで歌ってしまうと、まあ面白くないわけですよ。「超絶技巧練習曲がベッリーニの時代の狂女の表現でした、分かりましたか？」「はい！」みたいなところに落ち着いてしまう。

おそらく本当はそうではないと思うんですね。そう歌ってはさまにならないものなんです。でも、名歌手たちがそのあとの時代のオペラの声の要求に適合して、その丈にベッリーニやドニゼッティも自然と合わせて歌うようになってしまう。これは成り行きとして無理もないことで。いちいち時代で表現の様式が違う、発声も歌唱法も変えないとなるとね。なかなか大変なことですから。とにかくベッリーニやドニゼッティはロッシーニとヴェルディの谷間に落ちて、独自の魅力というものが理解されにくくなって、埋没してしまったんですね。上演史としてはそういう時代がありました。

さらに脱線してしまいますが、十九世紀前半のオペラの狂女ものというのは、これもいろいろなご意見があると思うけれど、落魄した神々みたいなものかと思うんですね。落魄した神々が狂女ではないかと。能とかと同じような中世的・宗教的ドラマとしてのヨーロッパの歌芝居、その延長線上に出てくるオペラ、その中で神聖なものが出てくるというのが、もっと時代が下がると違ってくる。折口信夫みたいな話でしょうかね。落魄した神々というか、本来の神聖な神っていうものから外れていって、敬われなくなって、虐げられていって、そのままの尊い存在としては出てこれなくなって、身をやつして、むしろおかしないかれたものとして差別されるような境遇になって、たとえばオペラの中の狂った女みたいなものとしてしかあらわれなくなってくる。そんな歴史ですね。ベッリーニやドニゼッティのレパートリーの魅力というか値打ちというものは、そういうところにあるのではないですか。

では、そうした落魄した神の化身としての病んだ女、狂った女をどう歌えばいいのかということになるのですが、やはり一様に豊かに歌えば、というのでは、ベルカントのオーソドキシーで処理しては、おそらくダメなんです。さっき申したようにそれでは練習みたいにしか聴こえない。立派なんだけれども味気ない。十九世紀のヴェルディとかワーグナーとかになる前のオペラっていうのはこんなちゃちなことをやって「これが狂女でございます」と言ってたのかと。ああ、そうですかと。落魄した神々を扱う狂女ものとしてのオペラが、オペラのレパートリーの積み重ねの中で落魄して埋没してしまう。二重の落魄ですね。そういうものだと思われるくらい、作品そのものも落魄してしまった。適切に歌われなくなったのでレパートリーとしてどんどん軽く扱われるようになってしまった。ヴェルディとかワーグナーを歌うような立派な歌手が、立派な技術でドニゼッティとかをこなすと、ああ、やっぱりそのあとの巨匠の作品に比べると大したことのないレパートリーだけれども、こういうのがあるから歴史の続きがあって、ヴェルディやプッチーニや、あるいはワーグナーになるんだな、みたいな。そんな過渡期的な代物と片づけられてしまう。実際、ワーグナーはベッリーニが大好きだったわけだけれども。ベッリーニがいてワーグナーがいた。あるいはドニゼッティがいてヴェルディがいた。君たちがいて僕がいた、みたいな。ワーグナーやヴェルディ本位で歴史を見ると、本当に過渡期ということにされてしまう。

とにかく、そのくらいに片づけられていたものを、マリア・カラスが甦らせた。魅力を改めて明かした。異界とつなぐような、まさに鳥的な声によって、それは可能になった。そう言えるのではないかと思います。鳥といっても、いろんな鳥がいますが、そういえば、バリトン歌手ですぐれた音楽教育者で、音楽評論家としても健筆をふるわれた畑中良輔さんがカラスを評論して、確かこんなことを書いておられたんですね。「歌の上手なカナリアではドラマにならない」。これはコクトーの言葉をかみ砕いたんだと思うのですが、じゃあどういうカナリアだったらドラマになるのかと言うと、歌だけとりだせば必ずしも上手ではないかもしれない、ちょっと壊れているカナリアの方がいいんだという話なんです。ただの美声で、非常に、オッホッホッホーーー、みたいに立派に歌う鳥だと、「ああ、いかにも立派な鳥だな」みたいな。それだけで終わってしまう。そうではなくて、少し壊れているくらいのカナリアの方が、狂気や闇を含めて、表現力が深くなるんだと。コクトーは俳優一般のエロキューションの問題として言っているのだと思うのですが、それを畑中さんはカラスの話にもってくる。カナリアと鴉にマリア・カラスを掛けた、鳥の連想でお書きになった評論だと思うのですが。

凄味ある声を生んだ頭蓋骨の形

マリア・カラスというのは、畑中さんが書かれたように、上手でないカナリア、もしくは鴉なんだろうと思うのです。あるいはファナティックな鳥というか凄味のある鳥なんです。オペラというものがあって、音楽劇というものが歴史的に当然持っているはずの荒ぶる力とか、この世ならざるものとつなぐような宗教的な聖なる儀式としてのドラマとか、そういうものをカラスは〝あの声〟で表現ができたと思います。それがとりわけベッリーニやドニゼッティの狂女もので生きたということですね。

あの声とはなんなのかというと、結局、普通の胸とかお腹で綺麗によく響かせている声じゃないってことですよね。いわゆるベルカントの通念から逸脱している声です。これはどなたでもおっしゃることだと思うけど、カラスというと頭声、頭で鳴らす声。もちろんそれだけじゃないんですが、かなり特徴があると思います。

声というのはどこで響かすかというと、基本的には頭声と胸声ですよね。あとお腹の底から安定して息を真っ直ぐにして、ベルカントで、とにかく、胸で響かせる声と、頭で響かせる声と、あと日本の伝統芸能でいえば喉声的な、ああいう声と、いろんな声をどういう風にバランスさせ、ブレンドさせるかというのが、それぞれの歌手の音色、声の性質を決めることになる。基本的にはオペラというのは綺麗によく響く、安定した声でということだから、やっぱり喉をなるべく開いて、胸からよく、濁りの少ない、余計なところを共鳴させない声を響かせて、それが美しいベルカントの声であり歌であるというのが、一般に言われる上手なオペラ歌手の条件なのでしょう。ところが、カラスの声となると、話が違ってくる。「歌そのものがドラマだ」、「カラスが一声出せばもうそれだけでドラマだ」みたいな言い方を、ファンの方も評論家もよくしますでしょう。それは何かというと、要するに綺麗な声じゃないということですよ。お腹と胸から上手に響かせた安定的な声ではなくて、非常に不安定で、頭で、甲高く、響かせている声、そういう成分の目立つ声なんですね。美声を組み立てて歌唱表現に至るというよりも、瞬間瞬間の、濁りや曖昧さや不安定さや癇の強さを多分に含んだ響きそのものの魅力が、カラスをカラスたらしめているのですね。上手なカナリアではない、というのは、そういうことです。

しかも、マリア・カラスの頭に響かせる声というのは、私はお医者さんや解剖学者や骨の専門家でもないのでよく分からないのですけども、やはりあの顎の逆三角形といいますか、二等辺三角形的なスライドされた顎の骨の形、つまり顎が切れ長っていうか、あの不思議な骨の形。あれがおそらく利いていると思います。ああいうところに響かせて出てくる、それこそ狂女的な、キーッとくるみたいな響き。カラスが自家薬籠中にしていたと思うのです。

もちろんそんな声ばかり出していてもオペラにならないので、他の声とのバランスなんですが。他の人が喉を綺麗に開いてオペラ歌手らしい美声を響かせるのに対して、カラスはむしろ喉を詰めて、かなり喉に負担をかけて、地声もかなり使って、なおかつ頭に響かせる。しかも頭の響かせ方っていうのが、顎の骨の形がシャープだというところからおそらく来ているのだろう、響き方の鋭さですよね。これがやっぱり鳥ですね。カラスらしい熱狂やヒステリックなものを生む源泉ですね。女性の、怒りというか、この世ならざる性質とか、女が暴れるとやっぱり怖いとか。女が泣き叫ぶと制御不能だとか。これがやっぱり能でも歌舞伎でもギリシア悲劇でもオペラでも、古今東西のドラマの基本でしょう。女性が理性を超えて、理性の防波堤から溢れて、娘道成寺の竜女伝説の洪水のように氾濫してきて、そうやって不条理が噴出するような、聖なる世界というか、宗教的な世界というか、この世ならざる荒ぶる神の世界というか、そういうものをカラスが、あの声だからこそ、体現できたということですね。

しつこいようですけれど、そういうカラスの表現が一番生きるのが、ドニゼッティやベッリーニの狂女ものだったのでしょう。ところがカラスより前は、みんながドニゼッティやベッリーニらしさとは何なのかということを長く忘れてしまっていたから、ヴェルディなんかよりも面白くないとみんなが思ってしまっていた。それなので《ランメルモールのルチーア》や《ノルマ》、ヴェルディの前のあの辺のオペラの狂女みたいなものというのは、結局レパートリーとして消滅していたわけではないにしても、かなり忘れられて、カラスが復興させる形になった。一流の演目だとみんなが思えるようになったのはカラスの歌のせいですよね。その歌というのは、つまり、少しだみ声的なもの、喉声的なもの、それから頭蓋骨にすごく響かせる頭声的なものといった成分を、いわゆるベルカントのオペラ歌手よりもたくさん使うということです。そういう声をたくさん使うというのは、オペラ歌手よりも日本で言ったら演歌歌手に近いところがあります。カラスは美空ひばり的なオペラ歌手かもしれませんね。演歌的な発声。喉を詰めてドスを効かせるみたいな。それが頭にキーンと響いて日本刀でぶった切るみたいな。そういう声。豊かに安定してふくよかに鳴らすオペラの声とは、やっぱりずいぶん異質なものを多分に孕み、表出する声ということになります。

もちろん、カラスはきちんとクラシックの声楽の訓練を積んだ歌手です。胸で豊かに鳴らす声と、お腹から支えて安定的に鳴らすというテクニックも持っていました。顎の骨のことばかりさっき申してしまいましたけれど、あと胴が長い、胸の部分の長さがあるというのも、身体的特徴でしょう。そこで豊かに作れる声というのもカラスは持っている。あとはそのブレンドということですね。カラスの魅力というのは、オペラ歌手の普通の真っ当な声に加えて、ぶっ壊れた女の情念、狂気に結びつくような、濁った声とか、だみ声とか、鳥みたいな声とか、頭蓋骨にシャープに響いてキーンとくるみたいな声とか、そういう声をたくさんブレンドして使えた、あるいは局所で使い分けられたということなんです。そういう普通の「オペラ声」でないいろんな声を加えられる部分に、カラスの魅力の過半があったのでしょうね。カラスは、およそオペラ座で演目として要求されるレパートリー、モーツァルトでもロッシーニでもヴェルディでもワーグナーでも、なんでも歌えるというのが売りだったわけですけれども、カラスらしさは、いついかなる演目に対しても、大胆に申してしまうと、演歌的な部分にあるのではないでしょうか。

マリア・カラスの録音を聴いて素晴らしいのは、遡ってもグルックとかでもとてもよいですけれど、バロック・オペラとか古典派なんかのかなり古いオペラなんかでも、カラスらしい「オペラ声」を逸脱した声の使いよう、ブレンドのしよう、突出のしように魅力がある。そういう声をたくさん使って、といってもそればっかりではない。演歌歌手や民俗音楽歌手ではないのですから「オペラ声」と両立させなくてはいけない。これはたいへんなことなんですよね。

独特の声が十年で壊れた理由

オペラ歌手体型というのがあるじゃないですか。太い（笑）。それで安定して鳴ると。お相撲さんじゃないけど、太くて安定して、いつも美声が出ると。で、カラスは、もともと太っていたのをダイエットしたとも言いますが、ともかくあの体型でしょう。肉より骨ですよね。際どいところで、喉から上の辺りの、普通日本の演歌歌手とか日本の伝統芸能の人だったらみんなそうだけど、喉を詰めるような声もたくさん使って、そういう「オペラ声」と「演歌声」を両方使って、ブレンドして、どっちに偏るか、配合を変幻自在に変えてゆくことでカラスらしさが極まる。これはからだに、喉に、たいへんな負担だと思うんですよ。片方だけならいいのですが。いろんな声を使い分けるというのは無理がある。

マリア・カラスがオペラ歌手として短命だったのは、やはりそういう人間業じゃないようなところに理由があったのではないかと思います。カラスの体型、骨とか、背中とかもカラス独特な形だし、スッとして、胴が長くて。ああいう自分の持って生まれた体型を最大限活用して、頭もたくさん共鳴させて、胸と上手にブレンドする。それで危うい声の魅力を放っていたのだけれど、これをやり続けるのは大変すぎる。演歌的に歌う。それだけやってればそれはそれでいいし、オペラ的な綺麗な声を出しましょうって、発声のフォームを完璧にして保ちますとやっていれば、それはそれで安定して長持ちということになる。ところがブレンドとなると、いつもギアをチェンジするようなものですから、綱渡りの連続ですよ。頭と胸の真ん中の喉に負担がかかって堪らない。長持ちする方がおかしいです。

カラスの全盛期は十年間だと言いますよね。そのあと音程も定まらなくなったし、音色のコントロールも苦しくなった。「オペラ声」からキーンとくる「鳥の声」までコントロールできたのがカラスだったのに、回路が壊れていった。結局、マリア・カラスの歌い方というのは、身体に一番負担をかける歌い方だったのです。多彩な声を使い分ける。役、セリフ、ドラマの進行状況によって音色を変えながら、カラスの声が一番活きるドラマのつくり方に持っていく。そういうことをやるための負担というのが、普通のオペラ歌手よりもずっとかかっていたはずです。喉だっていろんな筋肉だって疲れてしまう。声帯というのも筋肉ですしね。

だから十年で喉のコントロールが壊れたわけでしょうね、あれだけ才能があり努力した人でも。あのやり方では十年が精一杯だったと。カラスが不摂生だったからとか、いろんなことを言う人がいるかもしれないけれど、摂生しても限界はあるわけです。オペラ歌手というのはスポーツ選手と同じですから。クラシックの演奏家というのは当然みんな体を使いますけれども、自分の楽器をからだにする歌い手の寿命が一般的には一番短い。相撲でもプロ野球でもサッカーでも、現役で絶頂期が十年続けば、大したものでしょう。カラスは生活でハメを外して練習がデタラメだったとか、そういうようなことではおそらくなくて、ああいう声でオペラ歌手をやり続けることの限界耐容年数までやり尽くしたんだろうと思うんですね。

伝説の歌手は神話となって死んだ

そういう意味で、マリア・カラスというのはやっぱり、オペラの常識も変えたけれども、短命になるしかないような歌い手で、しかも美貌だから、すべての面で神話的、伝説的になる。しかもカラスのああいうシャープな顎とか、ああいうものを持ってこその魅力なんで、あの人の体型が成しえた一代限りの特殊な芸なのであって、練習をして、よい発声法を見つければカラスになれる、近づけるということでは、むろんない。そんなものは、名女優でも名男優でも、普通役者というのは、まねればそうなるものではないわけで。オペラ歌手としていちばん一世一代。そういうキャラクターの強いのがカラスだと。ベルカントのテクニックではない「独自の鳴き声」への比重の掛け具合がとりわけ高いわけですから。そういうディーヴァが、声の響きの多様性あってこそ生きると思われる、ドニゼッティやベッリーニの狂女ものを纏綿と歌って狂っていくさまを見せて聴かせて、観客はまさに宗教儀式に引き込まれるように魅せられていってしまった。そういうイメージに近いところで、ヴェルディとかプッチーニとかビゼーとか、カラスならではの歌が積み上がっていった。

カラスならでは、とは何なのか。もう念押ししすぎですが、カラスの演技力はもちろんだけれども、基本的には声が単純に綺麗なのではないからですよね。つまり濁ったものとか、説明不能なカオスみたいな音色をたくさん含んでいる声だから。普通に綺麗に鳴らしてくれていたらオペラとして一歩距離を置いて観られるものが、不安定な声というか、濁った声というか、そんな、まさに宗教儀礼的な不思議な鳥の声に魅せられていってしまって、引きこまれていってしまって、カラスが好きになってしまうみたいな。それでやっぱり狂女ものをみんな一番喜んでしまう。カラスの人気を支えたのがそうした役柄だから、どんどんそれを当たり役としてやるようになって、最大限やって、潰れるまで頑張って、伝説の歌手になって、さらにオペラ顔負けの恋愛ドラマを演じて、実人生も神話化して死んだと。本人が落魄した神のような具合だったではないですか。最後はほんとうにもう。

美空ひばりもひばりですから鳥ですよね。カラスも、日本語でしか通用しないおかしな話ですが、鳥だと。鴉だと。遠くに連れ去る声にはムラがあると。非合理であると。カラスはその最高の実践者だったのでしょう。人間に異界へのあこがれがあるかぎり、カラスというのは不滅なのではないですか。で、鳥というのは墜ちるんです。

そこがまた哀しい。だからますます神話になります。

12 カール・リヒター　今こそ、そのバッハが見合う時代!?

◉カール・リヒター
ドイツ　ブラウエン生まれ。1926－1981
指揮者、オルガン・チェンバロ奏者。バッハ演奏の権威。ミュンヘンを舞台に、ミュンヘン・バッハ合唱団（旧ハインリヒ・シュッツ合唱団）、ミュンヘン・バッハ管弦楽団を主宰。主なバッハ曲の録音に、『マタイ受難曲』『ヨハネ受難曲』『管弦楽組曲全集』『ブランデンブルク協奏曲全集』『チェンバロ協奏曲全集』『音楽の捧げ物』などがある。

一所懸命生き、真面目に祈る

カール・リヒターの名を最初に印象づけられたのは中学生の頃です。バッハを聴いて、これは畏れ多いぞと。文藝別冊シリーズの『バッハ』（二〇一二年十一月刊行）のときにお話ししたことと幾分ダブリますが（本文庫所収）、リヒターを刷り込んでくれたのは学校の友達ですね。私は暁星学園という東京の私立の学校に小中高と通っておりました。そのときずっと同じ学年だったM君。彼とは小学校ではクラスが違ったのですが、中高ではクラスやクラブが一緒になって親しくなりました。M君は小学校では聖歌隊に所属していました。聖歌隊というのはキリスト教音楽を歌うのです。プロテスタントでは賛美歌、カトリックでは聖歌と言っておりまして、暁星はミッション・スクールで、しかもカトリックなのです。だから聖歌隊がある。M君はそこの花形ですよ。須貝先生という聖歌隊の指導者の秘蔵っ子のようになっておりました。同じ小学生でもここまで違うかというような。こっちは聖歌隊に選ばれることもなく、文芸部で太宰治とか読んで、ぐれていましたから。

ミッション・スクールの小学校の聖歌隊というのは少女マンガの題材にいいような気もしますね。カール・リヒターもドレスデンの教会の少年合唱団の出身でしょう。ワイマール共和国時代のプロテスタントの本場と戦後の東京のカトリックの遊び人学校とでは比較にならないのは当然ですが、リヒターというと、何か私でもどんなカルチャーで育った人かは少し分かる気がしてしまうのです。教会の暦に支配された男の子の世界ですね。ああ、暁星は小学校から男子校で。小中高十二年一貫して男子校というのは全国的にも珍しい。この育ち方をしないとおそらく分からない「男子の園」みたいな独特な世界がある。そのうえそこにキリスト教が入ります。校内に聖堂があって、男の子しかいなくて、女性は音楽やフランス語の非常勤講師や事務の人しかいなくて、担任を持つような教師も全員男性ですよ。あと、フランス人の神父が校内を徘徊している。そんな環境にずっといる。だから私、暁星を離れて大学に入ったとき、心底驚きました。同年配の女性が身近にいるなんて幼稚園以来なんですから！

いやいや、聖歌隊でした。聖歌隊のスターのM君は美しいボーイ・ソプラノで、しかもクリスチャンです。ミッション・スクールといっても信者の率は二割くらいでしたか。私は違います。小学校のときは『新約聖書』を講読する課外授業にも出て、神父さまにいろいろ教わるくらい熱心だったのですが、入信はしませんでした。しかしM君は信者代表みたいな人で。クリスマスやイースターには常に活躍する「歌う校内有名人」ですよ。

その彼が一番好きな作曲家はバッハ。そして一番好きな演奏家はカール・リヒター。M君と中学校のクラブで一緒になると、リヒターのバッハ演奏がいかに凄いかをおっしゃる。真摯な祈りがあるということなんです。「おっしゃる」というのは彼とは普通に互いに敬語を使って校内でしゃべっておりましたので、私はM君を「先生」と呼んでいましたし。なんかおかしいですね。でもそれがおかしくないミッション・スクール男子特殊文化の世界で当時は生きておりまして、そういう中でカール・リヒターの演奏との出会いもあったのです。一九七〇年代半ばの話です。

といっても、それでリヒターを私も一所懸命聴き始めたわけではありません。私はM君と違って聖歌隊でも信者でもないし、にもかかわらず下手にはキリスト教を知っているつもりでしたから。しかも中学になると日本や東洋に目覚めてきて、キリスト教とはやはり相容れないものがあるのではないかとか、考え始めたりもしている。そうなると、ミサ曲、受難曲、教会カンタータなんて気安く聴こうとは思いません。『聖書』を中途半端に習ってきたから、言葉の意味にも深入りして、かえってすぐ首を傾げてしまうし。同じ宗教音楽でも黛敏郎の仏教カンタータ《涅槃交響曲》の方がずっといい（笑）。《涅槃》で歌われるお経の意味も、当時は全然分かっていなかったけれど、素直に音楽として聴けました。でもバッハになると言葉の意味が細かく気になって、音楽として聴けないんですね。それは信者じゃないのに、ミッション・スクールにずっといて、キリスト教をどう割り切ればいいか、ときに敵意を持ったり、それなのに何かやってしまうと突然十字架やマリア像に跪（ひざまず）いてしまうのですよ。人間の習慣は複雑です。そしてバッハに限らず宗教音楽を聴くと何だか居心地が悪くなってくるのです。だからバッハの宗教曲もその演奏の権威としてのカール・リヒターもずっと敬して遠ざけていました。

カール・リヒターの最後の来日は一九七九年でしたか。私が高校一年のときですね。当時の私は近現代音楽を最優先する方針で音楽鑑賞生活をしておりましたし、M君からの影響でリヒターをレコードで聴いて、どんな演奏家かというイメージは持っておりましたが、生で聴きたいとは思いませんでした。ただ、聴きにいった友人がM君を含めて複数いまして、彼らが興奮状態にあったことはよく覚えています。私はその横で伊福部昭がどうのとか言っている状態で。それでリヒターについて、その頃、私の抱いていたイメージですが、やはりM君の言う真摯さということでしたでしょう。そこからプロテスタント的な真面目な宗教性をリヒターは体現しているのだろうなと勝手に思っていました。

プロテスタントが真面目というのは、私が遊び人学校と呼ばれていたカトリックの学校に行っていたので、ある種の実感を伴っていたのです。カトリックが堕落しているからそれに抵抗してプロテストして改革しようというのがプロテスタントですよね。M君もカトリックの学校にいながらプロテスタント色の強いバッハの音楽を聴いていることの悩みを時折り語っていました。とにかくカトリックは堕落している。その言い方がきつすぎるとすれば、浮世離れしていると言い換えてもよいでしょう。たとえばカトリックというと、音楽で新古典主義が全盛だった一九三〇年代でも、カトリック信者からはメシアンのような作曲家が出てくるわけです。新古典主義は新即物主義とも言いますが、演奏でも作曲でもビジネスライクにキチキチやるのです。タイプライターで打つように明晰にはっきりと音を置いて行く。ところがメシアンはそんな同時代的流行に反発して、独特のロマンティシズムでベターッとわななくように音を連ねて行く。ドビュッシーやスクリャービンの続きみたいな。そういうのがカトリックらしい。神秘主義ですね。法悦境の探求です。どこかにこもって、世俗的・合理的な思考を持ちたがらない。時計を見ながら帳簿を付けるのがプロテスタントなら、修道院にこもって勝手に妄想を膨らませているのがカトリックですね。やや戯画的に言ってしまえば。

プロテスタントの場合は、現世といかに合わせていくか、よく働き、よく祈るみたいな暮らしを追求していく。その音楽的象徴が作曲家としてはバッハで、演奏家としてはカール・リヒター。そのようなイメージを私は中高生の時分には強く持ちました。でも、少し経つとおかしいなと気づくのですが。バッハはプロテスタントで割り切れる人ではないし、リヒターもドレスデンやライプツィヒというプロテスタントの強い土地で、しかもプロテスタントの牧師の子に生まれて、プロテスタントの教会の賛美歌を少年時代から教会の合唱団で歌って育った人とはいえ、名をなしたのは、カトリックの強いミュンヘンなのですからね。でも十代の頃には単純に、プロテスタント↓真面目↓一所懸命祈る↓精神性↓カール・リヒター↓立派だけれど近寄りがたし。そう思っておりました。

激動の時代に生きる

しかし、年を経るにしたがってそんなに単純なものでもないのかなとだんだん思い始めるわけです。リヒターの録音を聴くことも若いときよりは増えてくる。そもそもカール・リヒターは一九二六年の生まれでしょう。ナチスが政権をとった一九三三年に七歳ですよ。それから第二次世界大戦が終わるまでの十二年は結局、ナチスの時代、戦争の時代で明け暮れる。ドイツ敗戦の一九四五年にはリヒターは十九歳ですね。七歳から十九歳。音楽家としての土台を作る時期はみんなハーケンクロイツと大戦争なんです。しかもいたのはドレスデン。それから戦後のソ連統治時代と社会主義国家の東ドイツ建国初期時代はライプツィヒ。ドレスデンもライプツィヒもドイツ東南部。プロテスタントの強い地方です。ナチス時代には、プロテスタンティズムの勤勉さとナチスの国家社会主義ないし国民社会主義が合わさって、たくさん我慢してすべて公益優先で私益を忘れて、国家社会に奉仕して真面目に一所懸命という環境だったでしょう。

音楽面でいうと、あの時代はフルトヴェングラーみたいなロマン主義のお化けみたいな人もいたけれども、基本的にはナチスの時代というのは、その前のワイマール時代からの新即物主義の傾向が強かった。シュトラウベやラミン、マウエルスベルガーといった、当時のドレスデンやライプツィヒでバッハやシュッツをやっていた教会音楽家も、新即物主義的な音楽のスタイルとプロテスタント的な禁欲主義と国民社会主義の奉仕の精神を組み合わせて困難な時代を真面目に生き抜いていた人たちだと思います。

その時代にカール・リヒターはまずドレスデンで音楽を勉強しました。ドレスデンの教会の少年合唱団「木の十字架合唱団」で鍛えられて、それから戦後にライプツィヒの聖トーマス教会で学びます。「みんなまじめに同じ格好をしてきっちり揃って私を犠牲にしてまさに全体主義的に集団の一員としての本分を弁えて歌いましょう」というような時代の志向性のなかでリヒターは成長したのでしょう。プロテスタンティズムと新即物主義とナチズムは相性が良いというと、特にプロテスタントの人から怒られますが、禁欲的に熱心に追い込んでやっていくところではよく嚙み合ってしまうのですね。そのうえ、国民社会主義も教会音楽もプロフェッショナリズムに徹するわけにはゆかないのです。民衆参加型ですから。素人も大歓迎。みんなで取り組んで上達するよう頑張りましょうということで。少数精鋭主義ではないのです。個人主義や自由主義とも違いますね。ナチズムも教会音楽も。全体主義で総動員ですから、みんな一緒にという考え方が基本。教会というのは信者にはみんな来てもらって声を揃えてもらわないと困るところです。もちろん教会に集う人にはナチスを支持する人も支持しない人もいていい。でも教会に来るからにはひとりで勝手に自由にとはいかない。教会は信者の共同体ですよ。共同が優先される場所という意味では教会もナチス国家も同じなのです。ものすごく乱暴な言い方ですが。

たとえばリヒターがピアノやヴァイオリンのソリストをめざして勉強していれば、

ソリストはひとりですからナチス時代だろうがスターリン時代だろうが個人主義のマナーは身につくのです。でも、リヒターは教会音楽家になるように、民衆をまとめて音楽するように、集団主義のマナーで育つのです。いつも素人を想定しないと教会での音楽活動はできないから、技術主義を最優先しては成り立たないので、真面目さも重視されます。日本の当時の音楽でいえば、山田耕筰よりも信時潔みたいな感じでしょうか。どんなに簡単な合唱曲でも真面目に懸命に思い詰めて追い詰めて決死の覚悟でやればシンプルな曲に神が宿りますみたいな精神の探求ですね。仮に音程とか揃っていなくても真摯さがあれば気持ちは通じます、というような。さらに言えば、派手さを追うのも、個人プレーに走るのもいけませんとか。日本の戦争の時代を代表する音楽、信時潔の《海ゆかば》って、そういう合唱でこそ、はえる曲でしょう。しかも信時の音楽の理想はバッハとシュッツでありプロテスタントの賛美歌です。で、信時自身が牧師の子ですから。《海ゆかば》もプロテスタンティズムという背景なくして生まれなかったでしょう。

別に信時潔やカール・リヒターが全体主義者だと申しているのではないのです。プロテスタントの禁欲精神に裏打ちされた教会という共同体の音楽と、国民に忍耐と公益への奉仕を説く全体主義国家のありようとが、あくまで一面において噛み合ってしまうことがあると申したいだけなのです。しかもリヒターの場合は、教会で集団優先の音楽の姿を学んで、一歩外に出ればそこもまたナチスの律する社会だったのです。どこまで行っても生活のどの次元も集団優先で、七歳から十九歳までを過ごしている。この重みはどんなに大きく見積もってもおかしくないというくらいのものでしょう。

そこに、さっき少し申したような二十世紀前半からの作曲と演奏の思潮というのも被ってきます。新古典主義を作曲においてリードしたのはストラヴィンスキーですが、彼は「バッハに帰れ！」と言いました。新古典主義は新バロック主義という面もある。バッハの再評価も進み、バロック音楽の復興の機運も高まって行く。一九二〇年代、三〇年代は音楽的にはそういう時代。政治では全体主義が台頭し、ついにドイツでは支配権を得る。そういう頃合いにカール・リヒターは育ったのです。そして第二次世界大戦末期、リヒターの暮らすエリアはソ連軍に占領され、戦後はそのまま旧ソ連の管轄下に置かれて、社会主義国家の東ドイツになってゆきます。ナチスの標榜した国民社会主義もソ連の標榜したインターナショナルな社会主義も、どちらも社会主義であり、しかも全体主義ですね。違いも大きいですが、けっこう似ているのです。カール・リヒターは七歳からずっとそういう世界しか知らなかった。もしもパリやロンドンで育っていれば、同じ年齢でもまったく違います。同じ教会音楽を志したとしても、知るもの学ぶものはまったく異なったでしょう。でもカール・リヒターのいたのは、ナチスとソ連に覆われ続けたドイツ東部だったのです。多感な時代は全部それ。リヒターの運命です。

なぜミュンヘンを選んだのか？

第二次世界大戦後、カール・リヒターはライプツィヒに移ってギュンター・ラミンに教わり、ひとかどの音楽家に成長します。そしてリヒターは、そのあとついに別世界に旅立ちます。東ドイツから西ドイツへ。一九五一年にミュンヘンへ活動拠点を移すのです。ミュンヘンに行った最初の頃の録音を聴くと、やはり新即物主義の延長線上に仕事きっちりみたいな感じがありますね。そのきっちりというのがたぶん、ミュンヘンのシュッツ合唱団を率い、その合唱団の名をミュンヘン・バッハ合唱団に改めて鍛えて行く中で、たちまち変貌してゆくと思うのです。ミュンヘンは同じドイツでもドレスデンやライプツィヒと違ってカトリックの強い町。その影響も受けたのかもしれません。とにかく、人間の感情がもっと自由に出るような行き方、厳しく声を揃えようとするだけではなくて、人間の生々しさを感じさせようと叫び声のようなものまで入れてくる行き方が生み出されていくのです。ミュンヘン・バッハ合唱団には基本的にはアマチュアリズム的な特性があって、難を言う人は音程が悪いとかハーモニーが汚いとかと指摘しますが、それが結果としては人間的な表現につながってゆく。プロイセンやザクセンのノリの、真面目なプロテスタントが声を揃えて一所懸命に禁欲的にやるところから飛躍するんですね。プロテスタントよりもカトリックの人間らしい、もっと自由を重んじるような、自分の気持ちでやればいいんじゃないかというような歌い方が入ってくる。規律や統率を優先して分を弁(わきま)えておとなしく、とはしない。社会主義とプロテスタンティズムの交点からリヒターが離れていくんですよ。自由主義的な人間像、資本主義的な人間像に接近してくる。ギルド的なものとか、あるいはバッハの時代の教会とか、まだ小さい市民社会で、みんなが知り合って同じような価値観で暮らしていたのとは違って、もっといろんな価値観の人たちが資本主義が発展して社会の規模も拡大したミュンヘンのような町にはいるのだから、教会に集って合唱をやるときでも、そのいろいろをありのままに出して、それなりにみんな自由な気持ちで、でも揃えるところはきちんと揃えてやりましょうという姿勢。そうなってくる。

若きリヒターは、ナチス時代に育って、がんじがらめに耐えて私を滅してゆくようなその時代の価値観にそれなりの影響を受け、それを身につけていたとも思いますが、やはりそこから逃れたいという強い欲求もずっとあったのでしょう。そうでないとライプツィヒに戻らないでミュンヘンでずっと、となるのは不自然ですね。ライプツィヒはナチズムから社会主義、共産主義へと変わる面もあるけれど、地味に真面目に統率を重んじてやっていくというところはやはり同じ。ナチスも共産党も忠誠心を要求するところも同じですし。プロテスタントの禁欲主義と規律主義がどちらにも合うとも言える。そこからいったん抜けて試しにミュンヘンで音楽活動をしてみたらとてもよかった。資本主義でアメリカ勢力圏内にある西ドイツのミュンヘンの方がよかった。生活の豊かさ・貧しさの問題もあったのかもしれません。しかし、やはり一番には音楽の問題でしょう。単純には言えませんが、プロテスタントかカトリックか、社会主義か資本主義かに結局は尽きてくる話だと思います。神父が堕落して、金と色に耽るような人間性が出ることもあるカトリック。それに対して、プロテスタントの教会の牧師さんは、質素第一みたいなことがある。カトリックの教会だと権威的に振る舞ったり着飾ったりとかして、自分の霊的な力で神に祈れば何か通じるんじゃないかみたいな、そういうとおごり高ぶっているみたいだけれど、俺は偉い、勝手にやるというのがカトリックらしいところでして。そういう意味で、人間はもっと自由にやっていいという気質のミュンヘンで、リヒターの精神はついに解放されるところがあったのだと思います。

バッハの祈りの世界の再現

ミュンヘンの合唱団の名を変えて「シュッツからバッハへ」看板を掛け替えるのも、シュッツの方がバッハより時代的にも前ということもあるけれど、戦争の時代は、器楽も要ると大変だから合唱だけでできる曲の方が手っ取り早くて、その意味で声だけ、無伴奏のレパートリーの多いシュッツは相応しい。シュッツ自身が「戦争の時代」の音楽家でしたし。バッハになると受難曲やカンタータには器楽も重要です。音楽に入ってくる要素がシュッツよりたくさんある。色がある。平和な時代の豊かさがある。カール・リヒターが合唱団だけでは飽き足らなくなって、ミュンヘン・バッハ管弦楽団を組織して、カンタータや受難曲をやりたいとか、そういういろんな要求が、東ドイツから西ドイツに移ることに見合ってくる。ミュンヘンの方が個人の裁量でいろんなことができる。社会主義国家ではできないことができる。それに喜んでしまって、そういうベクトルが演奏表現にも連動してくる。ミュンヘンに移ってからの初期のリヒターは、たぶん、ライプツィヒでやっていたろう厳粛な方向から変化して、バッハの《マタイ受難曲》の最初の録音まで来ると、そのときはもう少年合唱には情動が横溢しているし、独唱者も勝手にポルタメントも付けて歌ってしまうようなおのれの表現へと暴走してゆくようなところがある。プロテスタントの禁欲主義です、ナチス時代の東部ドイツで育った音楽家です、というところからだいぶん離れております。

ライプツィヒにおける師のラミンだったら「君、そんな派手な歌い方はしちゃダメだから」と直しそうなところ。そんな箇所がけっこう放任されているのではないですか。ミュンヘンでたちまち花開いたリヒターのバッハ演奏、その声楽作品での指揮ぶりを改めて聴いてみると、合唱団も、もっと音程を整えて、きちんときれいに禁欲的に、ポリフォニーの明確に出るような指導の仕方をリヒターは知っているはずなのですが、むしろいい意味での素人くささというか、叫びになったり濁ったりするのを生かしている。そこが我々の胸に響くところなんですね。合唱プロパーの人がそういうリヒターの演奏を聴くと、すぐ「もっと合唱がうまかったら」と言うのです。しかし、リヒターがそうできなかったはずはない。音色や音程を揃えて、ハーモニーやポリフォニーを整えようとすれば、巧い人の少数精鋭主義にして、鍛錬すればすぐそうできる。でもリヒターはそうしなかった。

リヒターが考えたのは、たぶんバッハの祈りの世界を現代的に伝えることだったと思います。教会にいろんな信者が来て、職人だったり商人だったり教師だったり、そういう人たちがみんなで歌いましょうというのが教会音楽のかたちであって、それが現代のミュンヘンならもっといろんな人がいて、いろんな声がある。声を揃えようとして、角を矯めて牛を殺してはしようがないわけで。一九三〇年代や四〇年代にリヒターが経験していたシュトラウベやラミンの路線の新即物主義の路線ではプロテスタンティズムの真面目さばかりが強調されて、情が通いにくい。公益奉仕隊みたいになってしまう。もっと混沌とした方がいい。日曜日にみんなが教会に来て、下手な人も一所懸命歌っています、という具合。それが感じられすぎると演奏としていかがかと思うけれど、少しは感じられるくらいだとちょうどいい。整えすぎると、機能化して即物化して、集団主義というか、真面目な人間の感情の出ないものになってしまう。

　コーラスはちょっと下手だけれども懸命である。独唱者はちょっと勝手だけれども本気である。それをリヒターが最低限締めながら、みんなの表現を尊重しながら、真面目に祈りましょう、という具合で統率している。そのへんが落としどころということです。バッハの《マタイ受難曲》の最初の録音を聴き直してみますと、女声のソリストたちはオペラをやっているときとそんなに違わないように歌っている。テノールのヘフリガーにしてもやっぱり自由ですよ。もちろんノン・ヴィブラートの古楽唱法を徹底していく時代よりも前のことですから、その意味での様式感の統一はないわけですが、少なくとも、独唱者や合唱、器楽の色を揃えて一元的に統率しようという姿勢は強くは感じない。それだからこそ、いろんな人間がまちまちに祈って叫んでいる感じが伝わる。吉田秀和さんはこの録音を聴くと「涙を禁じ得ない」と書いていたと記憶しますが、歌い手、語り手たちのそれぞれの人間性がストレートに伝わる表現だからこそ泣けるのかとも思います。

リヒターはなぜ壊れた？

しかしリヒターは、そこからさらにもっと自由でなくちゃいけない、さらに解放されていくところにある種の表現の成熟を求めていかなければいけないと、思ってしまったのでしょう。戦後西ドイツも復興して豊かになっていく一九五〇年代を経て、六〇年代、七〇年代と、派手なアメリカ文化の最前線みたいな西ドイツになってくるなかで、また、クラシックの世界にもいろんな演奏スタイルが出てくるなかで、東ドイツ的なものからもっと飛躍して時代の急速な変化に見合った変貌を成し遂げようとしたときに、ベースになっているものからのうまい飛び方・外れ方ができなかったのが、リヒターの晩年期の苦しみであったかと想像します。

世間ではその頃のリヒターをロマン主義化したと言いますね。ロマンティックな表現、強い主観的な表現を求めていったということです。そのとき何かが壊れてしまった。リヒターの良さが消えてしまって、新しい別の良さが見つかる前に、リヒターはまだ五十代前半で逝ってしまった。失われたものは何だったたか。リヒターのアルヒーフの初期の録音で演奏の大きな魅力となっていた人間の叫びみたいなものが失われたのではない。それがむしろ膨らんでいった。ドレスデン・ライプツィヒ時代の教育で授かった禁欲主義と新即物主義の土俵からもがくようにはみだして叫んでいるみたいなところに独特のテンションの高さがあってよかったのが、もっとずれたら、土俵から外れすぎて単なる無軌道になってしまった。失われたのは土俵から外れすぎないように上手に外れるバランス感覚ということです。その結果が過度の主観的演奏です。

それで七〇年代以降、スランプに陥っていった。そんな見立てが可能ではないでしょうか。

もちろん、人間的な問題とか健康とか、いろいろあったと思います。が、もう少し歴史的に考えると、戦後初期のミュンヘンは、ナチ時代に生まれ育った人たちが大人になってくる時代ですから、アメリカの影響下にある西ドイツ、資本主義的な自由な国になったといっても、戦後の日本と同じで、兵隊世代の阿吽の呼吸というのがあるのです。世代論ですね。通じるところ、分かるところは、リヒターと合唱団やオーケストラや聴衆にも共有されていて、リヒターの土俵が何かも分かっているから、ずれ具合も表現として落ち着くようにずれられる。外れるにしても一定の節度があり、ブレーキがかかる。ところが「新即物主義的な土俵も遠くなりにけり」になっていって、リヒターの外れたい土俵が何なのかについてのコンセンサスが消えて行くと、リヒターと波長の合う人が減ってきて、そんななかでリヒターがさらに自由な表現を突き詰めようとすると、つまりラミン流からもっと外れようとすると、演奏する側に節度やブレーキのない新世代が増えているのですから、落ち着きどころもへちまもない。メチャクチャになってくる。単なる土台無し、土俵無し、型無しに陥ってしまった。台無しというのはそういうことだと思うのです。それで同じ曲でも演奏のたびにもかなり違ってしまって、また同じ演奏の中でも不安定さが際立ってくる。そんな状態から抜け出せなくなってしまったのではないか。

リヒターのそんな言わば悶絶期は、ピリオド楽器を使って原典主義というような傾向が台頭する時期と重なっています。例えばピリオド楽器になると、響きが軽くなって、そこにバッハと言えば舞曲だからはずむようなリズムが重要とか、新しい解釈が流行って、それこそが「正しいバッハ」と言われるようになる。でも、リヒターらしいバッハというのは、スタッカートよりもテヌートがいつも効いているような、音をしっかり保って積んでいく感じのスタイルなのです。新古典主義的な歯切れのよさというのとは違う。ミュンヘンでヒューマンな表現を求めて、それが熱量や、言葉は悪いですが鈍重さとつながった。キビキビでなく、もったり。そういうところがある。そのなかで懸命に叫んだりするから、聴く方もそこから人間的真実味を受け取って感動するわけです。ミュンヘン・バッハの演奏も、例えば《マタイ受難曲》を聴いてもカンタータを聴いても、真面目に一所懸命に「ウームッ、ウームッ」ってやっていくわけです。その時代のバッハ演奏がみなそうかといえば、カラヤンだって、その前のエーリヒ・クライバーやクレンペラーだって、もっとスタッカート気味にザッハリヒカイトだったり、リヒターよりももう少し踊るようなリズムがありますよ。でもリヒターの「ウームッ、ウームッ」をはずしてしまうと、たぶんリヒターじゃなくなってしまう。

これは、なんだかんだ言っても、結局は二十世紀前半のドイツの東のエリアの演奏の伝統のなかの生真面目さのうえに、そこからミュンヘンに出て人間の自由な感情を拡大しようとしたところで、絶妙にできあがった粘り腰の演奏スタイルですから、それをもっと崩そうとするとやりすぎになって、単なる崩壊につながってゆく。リヒターは自らの自由さを拡大して行くことで時代の変化について行けると思ったのでしょうが、リヒターのいったん確立した良さは、二十世紀前半の東部ドイツならではの「新古典主義＋禁欲主義」のうえに戦後ミュンヘンでヒューマンな感覚の粘り腰を付加して、そこに自由な声の表現を歌い手任せで付加していったものでしょう。その粘り腰が、ピリオド楽器の響きの軽さとか、舞曲的解釈とか、時代の流行に惑乱させられて、腰高になってしまうと、リヒターの良さは雲散霧消してしまう。そういう面もあったのではないですか。

ピリオド演奏で失われたもの——今だからこそ蘇るリヒター

一九七〇年代以後、ピリオド様式の演奏が台頭してくると、次第に「リヒターのバッハは正しくない」という意見が支配的になって、今やリヒターのバッハは駆逐状態になっているようにさえ見えるのですが、その一方で、リヒターが残したバッハ演奏が、特に日本において、今なお多くの聴き手を感動させている現実があります。古楽の人たちは最初、水戸黄門の印籠みたいな感じで、「昔はこうやっていたんだ、これが正しいんだ」と言ったのです。楽譜・文献を渉猟し、演奏習慣を究明し、当時の楽器の性能を検討し、だからこのように鳴らすのが正しいのだと言う。それは確かにそうかもしれないけれど、それから先のテンポ、リズム、フレージングなどに関しては、昔だってみんなが同じに演奏しているはずもなく、個々の音楽家に違いがあるわけです。だから個々に勝手なことをやる裁量はむしろ大きくなって、しかも、古楽の場合は、それまでのロマンティックな演奏、カラヤン的な演奏、二十世紀の新即物主義演奏などへのアンチテーゼであって、それがカウンターカルチャーというか、どうしても主流派じゃないような形だから、やっぱりロックみたいな感じとか。もちろん、十七世紀や十八世紀の音楽をやるのは、ロックなどの二十世紀大衆音楽とは全然違うけど、基本的にはもっと民衆的というか、ノリとしては、古楽の演奏で刺激的なものというのは、二十世紀のポピュラー・ミュージックのノリを思わせます。その意味では勝手放題とも言えますが、やりたい放題をやっている人たちは「やりたい放題にやっているだけです」とは自分では普通は言わないでしょう。「音楽学的に正しい」とか「学者の考証に基づいてやっている」と言わないと市民権を獲得できない。一九七〇年代、八〇年代、クリストファー・ホグウッドやニコラウス・アーノンクールなどの、人によって表現スタイルは全然違うわけですが、ちゃんと考証されていて、これで正しいのだと称する演奏をたくさん聴かされたではないですか。あれは一種の戦略だったと思いますが、本当にこれこそが学問的に正しくて、それまでやっていたバッハやヘンデルの演奏はみんな後世の粉飾だから聴く値打ちがない、と思った聴衆はたくさんいたと思います。音楽を楽しむだけでなく、教養というか、正しい値打ちのある物を聴いているのだということを聴衆が求めるのがクラシック音楽ですから「オーセンティック」と言われるとどうしても弱い。

特にバッハを専門にやってきたカール・リヒターにとっては、そういう時代風潮は衝撃的だったと思います。自分たちが習いやってきた戦前・戦中のバッハ演奏があり、それへのアンチテーゼとして自分なりにやってきた戦後のバッハがあったのに、それらは短い寿命だったのかと思いこんだでしょう。今だったらもっと相対化できます。でも当時のリヒターにそれは無理だった。特に全体主義社会の中の狭い価値観で培養されてしまって潰しの利かない世代ですから、すぐダメだと思って逃げ道を失ったはずです。しかも自分とは比較的近い世代から、アーノンクールらが出て来た。おいてきぼりをくって、真っ先に「時代遅れ」と烙印を押されてしまった。カール・リヒターは矢面に立ちやすかったのですよ。スターでしたから。攻撃する側はリヒター的演奏を潰す先に道が開けるのでして。リヒターの方は切り返せない。理論武装に弱い。閉鎖された状況下のドレスデンとライプツィヒで純粋培養された「井の中の蛙」というところが凶と出る。不幸でした。

カール・リヒターのバッハとは、二十世紀の前半のノイエ・ザッハリヒカイトの、しかも社会主義的、全体主義的な、基本的には画一的な価値観のもとで、真面目にやりますっていうところから出て来て、そこで失われる人間性とか自由さとかののびのびした表現みたいなものを、その画一的なものへのアンチテーゼとして、全否定するのではなく、そこからある程度叫んでいくとか、自由になっていくとか、そういうところで成立していたと思います。それが第二次世界大戦後初期のバッハ演奏のたどり着くべきひとつの最高のものだったと思うのです。そこには二十世紀前半の全体主義的な経験と、それより自由になりたいんだけれど、やっぱり揃ってきちんと真面目にやることの快感があって、それを駄目とは言えない。そこでそれらの均衡点を取る。一番感動的に響くように一所懸命やる。音を保ちながら粘り腰で積み上げてゆく。そんなスタイルで、カール・リヒターのバッハ演奏は頂点を築きました。

その後、古楽が出て来たからリヒターは古くなりましたというのではないでしょう。古楽はそれがオーセンティックだとか正しいということではなくて、古楽器の響きの軽さとかリズムの立てやすさがまずあって、そこにジャズやロックの感性が加わる。そこにクラシックの仰々しいものばかりでなく、「普段着のシェイクスピア」みたいな時代の感じで、バッハ、ヘンデル、テレマンなんかは、もっと狭い所でみんなで楽しんで聴いていたものなんだよ、みたいな価値観も入ってくる。古楽は現代でいえばライヴハウスでやるようなものだという感覚ですね。カウンターカルチャー、ヒッピー文化的なもののクラシック音楽版としての古楽運動でしょうか。つまり、正しい正しくないということではなく、時代に応じた価値観の変遷の中に古楽運動もあるということでしょう。バッハの演奏でも、しっかり音を延ばして一所懸命やるのが、人間の信仰の重さとか、逆に脆さとか、特に受難曲の世界はそうですが、「ここでこの人はキリストを裏切る。つらいなあ」とか、「それを悔いて一所懸命祈るんだなあ」とか、そういう強い情を感じさせるのに良いということだってある。別にキリストの話ではなくても、人間はみな「あの人は知りません！」と三回言ったりするわけで、恩師を裏切り、友を裏切り、先輩を裏切り、後輩を裏切り、会社ででもどこでも生きているのではないですか。そのことを生々しく感じるというのは、今の古楽もいろいろあるから一概には言えませんが、軽い響きでは感じられないでしょう。音程をはずして叫んだり、一所懸命に人間的に真面目に厚く鳴って、その量感や表現から人間の真情を感じ取ることもあるでしょう。そこにカール・リヒターの浮かぶ瀬がある。リヒターの演奏には、ひとつの普遍性とは言わないけれど、重みがある。

リヒターの演奏スタイルはまず歴史的にとても意味がある。全体主義の時代から戦後少し解放されて、でもまだ全体主義の経験とか人間の精神が残っている時代のなかで、そういうもののアンチテーゼとしての自由な、やりすぎないけれど、一所懸命に自由を求める感じは、やはりリヒターが最も表しているわけです。一九四〇年代、五〇年代、六〇年代を生きた人間のバッハということで聴ける。そして、いつの時代でも本当の人間にとっての深刻なテーマを、受難曲やカンタータで感じようという場合、リヒターの一所懸命さと、厚味と重みと濁りみたいな、そういう表現でこそ伝わるものがある。厚味とか濁りのなかに屹立しているリヒターの演奏はやはりヒューマンなバッハ演奏の金字塔であって、古いとか新しいなんていう事では片付きません。むしろ今のように時代が荒れてくると、リヒターくらいの目方と真摯さがないと、バッハの音楽に見合わないのではないかとさえ思うのです。リヒターは何度でも蘇ってくるでしょう。人に辛くて祈って叫びたくなるような境遇が巡ってくるかぎり。

13 カルロス・クライバー　生動する無

◉カルロス・クライバー
ドイツ　ベルリン生まれ。1930－2004
ドイツを中心にフリーランスの立場で活躍した指揮者。父は指揮者エーリヒ・クライバー。ベートーヴェン、ワーグナー、リヒャルト・シュトラウスなどレパートリーは限られるが、圧倒的なファンをもつ。バイエルン国立歌劇場管弦楽団、ウィーン・フィルなどを振っている。五度来日。

カルロスには奥手

カルロス・クライバーについてお話しするのはたいへんなことですね。フルトヴェングラーやカラヤンだと、ニュートラルでも批判的でも、かなり突き放しても、語りの恰好は付けられるようにも思うのです。歴史の対象、文化の現象として大きくとらえられる人たちなんですよね。時代といろんなかたちで結びつけられる人たち、ということですね。でもカルロス・クライバーはかなり違うような。もちろんカルロス・クライバーは歴史の対象、文化の対象でとらえられない人ではありませんよ。歴史の対象、文化史的な対象にならない芸術家というのはありえない。ただ、ここで申したいのは歴史や文化の対象として論ずるとき、大きな文脈か小さな文脈か、どっちに乗せた方がうまく行くのかという問題なんです。小さな、個人的というのかな、そういう文脈に乗せて思い入れをもって語らないと、うまく行かないキャラクターなのではないですか。ニュートラルとか客観的とか、つきはなして眺めるというのにはなじまない。ファンだけが感じ取れるアウラがとっても大切な人なのですね。そういうアウラに包まれている人なのですね。

たとえば、作家論とか映画監督論というのはニュートラルでも批判的でも成り立ちやすいでしょう。でも俳優論はそうではない場合も多いのではないですかね。俳優論というのには、観念的というか概括的な整理には限界があって、あの日あのときの舞台とか、あの映画とか、一回性の襞（ひだ）を論じて全部がくつがえるような視点や論点がないと、うまくないんですよ。しかもファンとしての思いがないとしようもないものになります。俳優論というやつのたいていのものはですね。カルロス・クライバーはどうもそっちの人なんですよ。そっちかそっちでないかの分かれ目がどこにあるのかというのは、たいへん難しいのだけれども、とにかくカルロス・クライバーの存在様式はとてもパーソナルだということですよ。それなものですから、熱烈なファンというわけではない私が触ってはいけない人なのではないか。大変な危惧の念を抱くのです。

でも今日も喋ってしまう虎の尾を踏む男というやつでございますね。畏れ入ります。

いきなり正直に申しますと、カルロス・クライバーが私の視界にきちんと入ったのは、二十一世紀になってからでした。ものすごく奥手でしょう（笑）。私の若い頃の趣味からすると、どうしても関心の行きにくい指揮者だったたんです。やはり近現代音楽にべったりでしたから。クライバーは何度も来日して、特に一九九四年ですか、リヒャルト・シュトラウスの《ばらの騎士》を二十年ぶりにやるというので大騒ぎになりましたでしょう。でも私にとっては、その頃はリヒャルト・シュトラウスは意中の作曲家ではない。《ばらの騎士》も大好きというほどの音楽ではなかった。シュトラウスは二十世紀の作曲家にはちがいないし、その意味ではずっと興味のある人で、子供の頃から曲は何でも聴きたがっていましたが、やはり私の趣味から言うとちょっと古かった。シュトラウスの名演奏を探究してやまないというところまで行っていなかった。どんな曲か知っていれば充分というつもりでおりました。それなので、クライバーの《ばらの騎士》と言われても、聴きに行きたい、観に行きたいとは思わず、素通りでしたね。

クライバーのレパートリーでは、ベルクとボロディンは気になっていましたよ。ボロディンはシュトラウスよりももっと古いではないかと言われそうですけれど、ボロディンはロシアの国民楽派ですから。幼い頃から伊福部昭ファンの私としては「ロシア五人組」というのは別格なんですよ。クライバーのベルクとボロディンを初めて聴いたのはどちらも海賊盤でしたでしょうか。ボロディンの交響曲第二番には感激しました。強烈です。鮮烈です。すみずみまでコントロールがきいていて、しかもいつも脈動している。生気がみなぎっている。でも、だからといってクライバーのその先に行こうとは思わなかった。周りには、クライバーのヨーロッパでの出演情報を聞きつけては、出るか出ないか分からないのに出かけてしまうような人もおりましたが、そのときついて行こうという発想もありませんでした。

なぜかというと、繰り返しになりますが、結局はレパートリーの問題だったのでしょうね。クライバーは一九三〇年生まれだから、近い世代だと小澤征爾とかバレンボイムとかアバドなんかがいるわけでしょう。私の趣味ですと、小澤は武満徹を聴きたいと思うときにいやでも出会わざるをえない。小澤でないと聴けない武満があった。即物的に曲の問題ですよ。《カシオペア》とか《グリーン》とか。小澤しか録音していなかった。旧日本フィルやトロント交響楽団との演奏ですね。アバドはというとルイジ・ノーノです。バレンボイムは、私が子供の頃にエルガーを聴きたくなったときにほかに手に入らなくて、なじんでしまった人でした。行進曲《威風堂々》の第一番から第五番まで全部入っていて、国内盤で売っているとなると、バレンボイムの指揮している録音だけだったたんですよ。あと、バレンボイムはブーレーズとのつきあいがありますから、何かと出てくる。そうやっていろんな指揮者への親しみができていくと き、カルロス・クライバーはついに引っかかってこなかった。クライバーにとって大切なイタリア・オペラは私にとっては一番遠い世界でしたし。ボロディンやベルクにしても、カルロス・クライバーでないと聴けない音楽ではなかったですからね。

〝帝国〟の指揮者

そんな私でも、カルロス・クライバーはやっぱり避けられないと思ったのは、リヒャルト・シュトラウスやワーグナーにもっと踏み込まないと、いろんなことを書いたり喋ったりするのは、やっぱりきついなあと、そのように観念してしまった頃からでしょうか。それがようやく世紀の変わり目の頃の話で。それで本気になって聴いてみると、なるほど、あのファンののめり込みはこういうことか、と。

で、その魅力ですね。カルロス・クライバーの創る音楽の魅力は、簡単に申せば、さっきボロディンの演奏について申した通りで、「横溢する生気」ということかと思うのです。どなたでも仰る（おっしゃる）ことでしょうがね。ただ、そこで問題にすべきは生気の質でして。フルトヴェングラーだったらドイツ風の生気で、トスカニーニだったらイタリア風の、ヴェルディの音楽のしごくような生気で、ミュンシュだったらラテン風で、バーンスタインだったらニューヨーカーのモダンな生気とユダヤ音楽の粘り腰の二刀流で……。生き生きしたものは普通に考えると抽象的なものではない。ですから、そういう特定の風土や民族に結びつくのが当たり前。なんですけれども、カルロス・クライバーの生気というのはどうもそうではない。端的には姓名にあらわれているではないですか。クライバーなのにカルロス。ドイツ風の姓とスペイン風の名の複合体ですね。父親のエーリヒ・クライバーが世界を股にかけた人生を送ったゆえにそうなってしまったわけでしょうけれども。

とにかくカルロス・クライバーには、背景というか土壌というか風土というか、それがない。国籍とか民族に由来するものが彼の音楽からは捨象されているというのが、一番の基本かと思うのです。カルロスなのにクライバー。「どこの何者だ、おまえは？」と問うたら何も言わずに去って行く。そんな感じですね。ですからカルロス・クライバーの得意のものも《魔弾の射手》、《トリスタンとイゾルデ》、《ばらの騎士》とかはドイツ・オペラの伝統の名作ラインナップですが、その演奏はドイツの伝統に即して云々というのとはまるで違いますでしょう。クライバーの個の世界なのです。伝統の蓄積と切断された天才の個人芸なのです。

で、あとはボロディンだったり、《カルメン》だったり、プッチーニだったり、ヴェルディだったり、ヨハン・シュトラウスだったり。そういういろんな背景を背負っているはずの音楽が、カルロス・クライバーの世界ではフラットにあらわれる。これは恐ろしいことですよ。カラヤンだってショルティだって、あるいはアバドだってバレンボイムだって、何でもやると言えばやりますが、彼らには原点というか原レパートリーがあるんですよ。言うまでもなくカラヤンは独墺系で、ショルティはハンガリー物みたいなことですね。ところがカルロス・クライバーにはそれがない。そのことがカルロス・クライバーを文脈に乗らない人にしている理由ではないですか。文脈というのは歴史的・文化的・民族的文脈に乗らないということですね。非常に「個」なんです。純粋な個人が根を持たずに世界と対面している感じ。

その感じはもちろん、カルロス・クライバーに突然変異的にあらわれたものではない。やっぱりお父さん。エーリヒ・クライバーがかなり特異な人だった。父親のテンペラメントがさらに純化してカルロスができあがった。そんな筋道でしょう。さっき大きな文脈に乗らない隔絶した個みたいなことを申しましたが、小さな家族的文脈にはものすごくよく乗るんですね。お父さんのエーリヒは、ドイツ＝オーストリア系の指揮者のひとりだと言えばそうなのです。が、フルトヴェングラーが、純ドイツだ、ゲルマンだと言うのとはだいぶん違う。まったく純ではない。

強いて言えば、エーリヒ・クライバーはハプスブルク帝国的存在ですよ。ハプスブルク帝国は民族の坩堝（るつぼ）です。ウィーンもプラハもブダペストもある。イタリアのかなりの地域だって長いこと帝国の支配下にあった。その雑多さをついに統制しきれなくなって第一次世界大戦の撃鉄が引かれることになったんですからね。エーリヒは、何でもかんでも取り込んで膨れあがって正体のないハプスブルク帝国の文化の象徴みたいな指揮者だと思いますね。ウィーンで、プラハで、ベルリンで。中欧の至る所で活躍して、スメタナだろうがベートーヴェンだろうが、モーツァルトだろうがベルクだろうが、ハルトマンだろうがミヨーだろうが、何でも振ってしまう。初演も多いですよ。バッハから現代音楽まで。地域だけでなく時代にもこだわりがない。どれが得意でどれが不得意ということがない。エーリヒの不思議ですよ。国民国家ではなくて帝国なんですね。多民族混成ですね。しかも特定民族の優越性を信じていない。

しかも、そういう行き方なのに音楽の中身はザッハリヒカイトではない。即物的で冷たくて機械のような行き方で、民族性や風土性や歴史性を捨象して、響きを客観的に構築するというのは、これはいくらでもいるのです。帝国的な雑多な文化に対応しようとすると、いちいち違った首根っこをおさえるのはたいへんですから、そういう客観主義になりやすい。ところがエーリヒは生動するんですよ。子供のカルロスと同じで、というかカルロスがまねているのでしょうが、生命力がみなぎっている形で、バネが弾むようにどんどん行く。でもそのいのちのバネはですね、何か特定の民族的なリズムとか歌い回しとか踊りとかとつながっているようには聴こえない。そのバネとは、ハプスブルク帝国という広大な多民族国家の中を、あちこちかけずり回って、どこで何々人相手にやってもとりあえずきちんと通じるというような、民族の壁を突破する、共通語的なバネなんですね。生気がないといろんな違った民族相手にコミュニケーションができないですよ。事務屋に徹して表情を殺すか。あるいは誰にでも通じるようなパフォーマンス、つまり自分たちにしか通じない秘教的なコミュニケーションの仕方を取り払ってしまって、勢いよく表情豊かにして民族の差異を呑み込むようなパフォーマンスをするか。帝国で物を通じさせるというのは、そのどちらかでしょう。

マーラーやフロイトの時代のウィーンはヨーロッパの中でいちばん言葉の通じない大都市だったとも言いますね。スラヴ系諸語しか喋れないような人たちがたくさん入っている。安価な労働力として流れ込んでくるというか導かれてくるというか。帝国の広い版図内で辺境に行くと言葉が通じないのではない。首都の民族や言語からして大混乱している。これがハプスブルク帝国ですよ。パリのフランス語、ロンドンの英語よりも、ウィーンのドイツ語は劣勢だったといえるでしょうね。

まあ、クラシック音楽はそもそも中層以上が対象ですから、下層労働者を中心とする都市の多言語状況がそのままオペラ座やコンサート・ホールの客の問題にあてはまるわけではありません。とはいえ無関係ではすまない。帝国の坩堝(るつぼ)的性格とクラシック音楽は無縁ではない。ウィーンのまじめな作曲家の代表のブラームスが、一方でベートーヴェンの後を継ぐようなシンフォニーやコンチェルトを書きつつ、《ハンガリー舞曲》のシリーズに取り組んで、それでポピュラリティを得る。《スラヴ舞曲》のドヴォルザークとも仲良しだ。あるいはマーラーの音楽の雑多性みたいなもの。帝国的混沌そのものでしょう。そういうありさまをひとりの指揮者像に転写したらどうなるか。想像していただきたいのですよね。

帝国で通じる音楽の言葉を演奏で語る。そこにエーリヒがいたということなんですよ。エーリヒ・クライバーは、ウィーンで生まれて、プラハとウィーンを行き来して育って、音楽の専門教育はもっぱらプラハで受けて、でもウィーン訛りが幼少から土台には身についていて、しかしそのウィーン訛りというのがそもそも混成的なもので、指揮者としての振り出しはダルムシュタットで、というような人ですよね。そのありのままを「個」に累積させて向き合ったのがエーリヒの指揮者としての姿ですよ。特定の美学にしたがって整理しなかった。なんでも受け入れてフラットにしていった。しかも急く力があった。ゆったりしている人ではない。ここがポイントですよ。巻き込んでゆくようなタイプなんです。みんなフラットにして巻き込んで勢いで押し通しながら世界を渡り歩く。これがエーリヒですね。チェコ人やボスニア人やイタリア人の前に行って、ゲルマン的パフォーマンスに徹してもそっぽを向かれてしまう。帝国の指揮者は多文化に対して寛容で汎用的で、相手になめられない勢いがあって、民族的存在というより一個の人間が人類に通じているというような幅広な存在でなければならない。エーリヒはそういう指揮者だったと思うのです。

そのエーリヒ・クライバーが、いちおうウィーンとかベルリンとかを拠点にしていたのが、結局、ナチスの台頭によって最終的に根こぎにされて、もともと根っこのないタイプの人だったのだけれども、さらに根こぎにされて、南米のアルゼンチンにまで行ってしまう。ここでエーリヒはエリックとかにまではならなかったのに、息子のカールはついにカルロスになってしまうという、一歩進んだクライバーが出現するわけですね。

このカルロスがアルゼンチンで不思議な育ち方をした。親しか見ず、親しか知らないような育ち方ですね。しかも幼少からいろんなものを教えられるという感じではない。才能はあったのでしょうが、物をあまり知らされずに育てられている。指揮だってたぶんエーリヒの指揮くらいしか知らない。早いうちはですね。音楽の勉強だって、小さいときから体系的に音楽学校でみっちりではないですよね。いろんな先生にちょっと習う程度で、親の指揮くらいしか見ないで、あるところから自分で独学的に一所懸命勉強するようになって、何だか音楽家になってしまう。

アルゼンチンにいたと言っても、アルゼンチンならではの風土や民族性に抱きしめられたというわけではちっともない。ヒナステラやピアソラにこだわる人にはならない。余所者としてアルゼンチンの土着的な部分からは隔てられている。親の〝ハプスブルク帝国的指揮〟やなんでもかんでものレパートリーだけを知って、大きくなる。インターナショナルというか無国籍というか虚無というか。そんな世界で親子だけというか。その親は何々人ということだわりなく、生気の流動で世界と会話するような音楽をやっていたと。幼い頃から特定の先生に音楽の基礎をたたき込まれて、根っこになる何か特定の流儀を刷り込まれたわけでもなかったと。

影を慕いて

見て聴いて模範になったのは、父親の指揮だけでしょう。ボロディンでも名演とか、ベルクでも名演とか、ベートーヴェンでも名演とか、スメタナでも名演とか、ストラヴィンスキーでも名演とかで、この人は何なんだというお父さん。そんな親のハプスブルク帝国的な、多文化的な、いろんなものが何でもありみたいな……。アルゼンチンにいて、北米や中米に客演する。で、元はウィーンやベルリンなんだという。何者でもあって何者でもない。そんな親の流儀をエスカレートさせてカルロスが出てくる、ということでしょうか。そうそう、カルロス・クライバーのお母さんはユダヤ系アメリカ人でしょう。こういう父母を持つと風土や民族からは解放されますよ。残るのは一個の孤独な人間ですね。他人を自らの覇気や生気で巻き込んで、とにかく元気に働かなくてはという一個の孤独な人間です。

カルロス・クライバーはとにかく育ち盛りに父親しか模範がいない。父親はもう偉い。物凄い。結果、生涯を通じて父親に対するコンプレックスに支配されていたと思います。父親の得意のレパートリーばかり振りたがって、最後に残ったのは、親が振っていたなかでもこれなら張り合えるという少ししか残らない。リヒャルト・シュトラウスやプッチーニやベートーヴェンなんかのごくかぎられた曲に特化していった。「お父さんの真似ばかりして、これしか振れなくて、もうやめてしまえ！」なんて怒られて、「ごめんなさい、ごめんなさい！」と逃げ回るような光景が目に浮かびますね。でも、それが快感で、なおかつ音楽家としての原動力だったのではないでしょうか。そういう歪みからしかああいう人は生まれないでしょう。たまに出てきて振って、「お父さん、ごめんなさい、今度はうまく振るよ」と言ってまた逃げちゃって、しばらく行方不明、という生きざまですね。

ほんと、お父さんの影を踏むばかりの人生ですよ。カルロスは生まれた年が遅かったせいで、親の後半生しか見ていないでしょう。その頃のエーリヒにはポストがない。客演ばかりですよね。そういう生き方を息子もなぞったわけではないですか。エーリヒはポストを持ちたい権力志向の人だったようだけれども、ナチスのせいでヨーロッパを逃げ出してからは、戦後に戻っても、もううまくはいかなかった。ほんとうは帝国の首都、ウィーンが一番よかったわけですよね。ウィーンでポストを持ちたかった。でも持てないから客演だ。そういう親の人生の、ある段階だけを受容して、強調して、誇張して、「永遠の客演指揮者」カルロス・クライバーがあらわれるのでしょう。

エーリヒの人生全体は雑多で巨大ですよ。前半生ではポストだって持っていた。レパートリーも青少年期のカルロスがたまたま聴いただけのものではない。もっとずっと広い。でも、カルロスは自分が肌身で知ることのできた親の十八番、旅がらす的指揮者、客演だけであちこち行く指揮者の暮らしをなぞったわけです。そう辿ってしまうと、どこまで行ってもカルロスの全体像はエーリヒの部分像に帰着して含み込まれてしまう。レパートリーも指揮のスタイルも。

エーリヒ・クライバーの脈動する音楽、生き生きとした音楽、なおかつそれが特定の、例えばチェコふうとか、クレメンス・クラウスみたいな露骨な〝ウィーンなまり〟とかではなく、近代的で、でもザッハリヒカイトじゃなくて、生気に富んだメロディ。多民族国家のどこでも通用する汎用的なというか、ある程度ユニヴァーサルというか、バネの利いたスタイルで、ボロディンだろうがフランス音楽だろうが振ってしまうのが、エーリヒ。カルロスはそんな親の掌で純粋培養される。そのうえ、アルゼンチンで育ったせいで、親のハプスブルク帝国的な「多民族のどなたさまでもお相手します」みたいな流儀がいちだんと強化されてしまう。

まあ、哲学で言うところの類と種と個という概念を使って申しますと、種は民族や風土の次元と思ってもらってよいと思いますが、その種がカルロスの場合は完全に抜けてしまっている。結局、個と類、一個人と人間みんなしかない。オーストリアとかチェコとか、北ドイツとか南ドイツとか、あるいはアルゼンチンとか、そういう土着的なものが一切身につかないまま大きくなってしまった。そのあたりの重なりが「カルロス・クライバーの音楽」を創ったのだと思います。

デラシネの王

デラシネには、齋藤秀雄的というか機能主義的というか、冷たい感じになることが多いわけですね。カルロス・クライバーの場合はそうではない。繰り返しになりますが、過剰なまでに強烈にパフォーマンスすれば、民族の壁、言語の壁は突破できる。海外旅行で誰しも経験するようなことですね。エーリヒ・クライバーの生き生きとしたハプスブルク帝国スタイルというのはそういうものだったのではないでしょうか。同じアルゼンチン育ちで、カルロスと子供の頃から仲の良かった指揮者のミヒャエル・ギーレンなんかは、シェーンベルクに傾倒して、ノイエ・ザッハリヒカイトの極致みたいな冷たい音楽を、アルゼンチンにいようがドイツにいようが関係ないみたいな、本当に機械的というか、血も涙もないような演奏をするようになった。歳をとってだいぶ変わりましたが。

カルロスも亡命ヨーロッパ人としてアルゼンチンで育てば、ギーレンの美意識と重なる人になっておかしくはなかった。カルロス・クライバーの父親がもしもクレンペラーやロスバウトだったら子供はギーレンみたいになったでしょう。でもカルロスの父親はエーリヒだった。そこですね。カルロスはエーリヒをモデルにして、ほかのことはあまり知らず、それほどいろんな勉強もせず、物を知らず大きくなった。普通は自分がデラシネで、種・民族・特定の風土と連関性をもっていないと自覚してインテリらしく育ったら、抽象的・論理的な音楽家になろうとすると思うのです。生き生きとやろうにも生命力の根拠がない。でもエーリヒしか知らないカルロスは生き生きなんです。なぜならエーリヒが生き生きだからです。動物の父子みたいですね。イタリア・オペラだろうがドイツ・オペラだろうが、スラヴものだろうが、フランスものだろうと、同じように生き生きとして、そういう自分が当たり前だと思える。それは異常なことですよ。その異常を当たり前にしたからカルロスは特別なんです。

カルロス・クライバーは、言葉の正しい意味においてのコスモポリタンなんですね。個人でありながら、狭い孤独な叫びではなく、ベートーヴェンの《第九》ではないけれど、個人とみんながつながってしまって、特定の何々民族でないとこういう表現はできないんだというようなこだわりを突き抜けるというか、もとからそういう観念を持っていない。もしかすると理解できない。それがカルロスではないですか。民族性にこだわるという発想がない。意図的に演出してそういう人間になろうとしたのではない。エーリヒ・クライバーの子供で、どこにも愛着がないまま育ってしまったから、自然とそうなってしまっているのが怖い。天然の純粋無垢なデラシネですよ。

しかもユダヤ人だからひどい目にあったみたいな恨みがましさもない。親は世界的指揮者で、どこまで行ってもいいとこのお坊ちゃん。お金に困らない。ただ、父親が怖くてコンプレックスが強くなったというだけ。どこでつらい目にあったとか、ナチスに収容所に入れられたとか、何にもない。そんなカルロス・クライバーが置かれている諸々のシチュエーションが累積して、ほかに類例が求められないような変な人間が生まれてしまった。変な人間がお父さんのエーリヒ・クライバーに馬鹿にされないように一所懸命やって、ある意味無国籍的なのだけれど、いつも躍動している音楽がみんなを魅了した。そういうことなんじゃないかと思います。

カルロスはすっかり根こぎにされている。普通の多くの人にある、日本人なら日本的と言えば自ずと通じるような、文化的なコードが形成されていない。そう思うのです。ということは、モーツァルトはこういうものだ、リヒャルト・シュトラウスはこういうものだ、ベートーヴェンはこういうものだ、あれはスラヴ的で、ロシア人はこういうリズムで踊るものだ、といったような共有されているものが何もない、そういうものがいろんな人の中にあると心底からは信じられないような人だったと思うのです。

カルロスは、楽譜を隅から隅まで研究して覚えて、「自分はここはこうする」と理詰めで組み立てて、ようやく振れるということだったのでしょう。生動すると言っても人工的な生動ですよね。彼の音楽の元のモデルは、むろんエーリヒ・クライバーでしょう。ほかにいろんな指揮者から影響を受けたし、そこから自ら発見してゆくものがたくさんあった。当たり前ですよね。でもやっぱり規範はエーリヒだ。その足かせはついに最後まで外れなかったでしょう。だから父親の振った曲ばかりやりたがったわけだし、父親の書き込みの入った譜面を秘蔵・愛蔵して規範にしていた。人生通しての教科書にしていた。おそらくそうなのでしょうね。

エーリヒの書き込みを手がかりに、父親の指揮ではここはこういうふうに生き生きして、ここはこういうふうに歌ってみたいなことを思い出す。再現する、誇張する、やりなおす、自分なりに「パパ、でもね、ここはこうじゃないか、例えばあの人はこうやっているよ」と解釈し直す。そんな父子だけで完結した世界が基本にある。でも、親がこうやっていたからという理由だけでは、実際にオーケストラと練習になりませんよ。特定の文化的コードに訴えて、ワーグナーはこういうものだからこうなのだと、押し通すこともできない。デラシネだから。

となると、オーケストラを説得する根拠は楽譜しか残らない。エーリヒの書き込み入りのものの前の。エーリヒの書き込みがこうだから、こうやっていたからでは、まさか練習にならないでしょう。エーリヒの書き込みがなぜそうなっているのか。その根拠をエーリヒ抜きで説明するロジックを、作曲家の書いた記号としての楽譜から引き出してこなくてはいけないのですよ。神は細部に宿り給う。楽譜が百パーセント分かって、ここがこうだから、解釈はどうしてもこうなるんだと。少しでも疑問があったら振れない、みたいな。本音は父親のモデルをなぞりたい。でもそうは言えない。建前は楽譜から客観的に出てこないといけない。建前が本音に落ちるようになるとい い。そのために楽譜を分析し尽くす。疑問があっては、どこか少しでも筋が通っていないと、もう振れない。

でも疑問があっても振れるんですよ、ふつうは。この作曲家はこんな人で、音楽はこんなものだと分かっていれば振れるんです。でも、カルロス・クライバーの場合は根っこがないから、文化のスタイルで把握できない。作品そのものをすみずみまで理解して、ここでこう歌ったら次はこうなっていくというような、ミクロに積み重ねていって初めて自信を持って振れるようになる。

類・種・個で言えば、種のレベルとか文化的な伝統のレベルで補えることがない。だからものすごく長い時間をかけて、すみずみまで徹底的に練習する。カルロスの場合、だいたいこういう感じとオーケストラに伝えれば、あとは雰囲気や阿吽の呼吸でこうなる、というのを信用していない。全部細かく調教しないと駄目なわけでしょう。本番では案外細かく振らなかったりもするわけですけれど、最近のラトルとベルリン・フィルみたいに、オケがうまいからこれくらいやっておけばこうなるということでは、カルロスの場合は決してないですね。

全部練習して本番ではいちいち振らなくても、最初にこう力を入れてここでこう始めれば、あとは野球でピッチャーが球を正確に投げたらこういう軌道でこういう放物線になると、もう手を放しても分かっているのと同じ。ここでエネルギーを仕込めばここまではこう行くと。ここまではこうなるところは別に振らなくてもいいわけです。だから、オーケストラに任せてあんまり振っていないように見えるところでも、実は放任主義でもなんでもないのがカルロス・クライバーでしょう。計算通りにならなかったら、やめちゃったり、いなくなったりするわけで……（笑）。完全主義者ですね。カルロス・クライバーは、みんなに共通して言わなくても分かる世界を信用していない。全部言葉で説明しつくして、相手に分からせようとする。オーケストラ相手の話ですけれども。「音楽は言葉じゃない」とか言いますけど、カルロスの場合は共通理解の地平がないから、ウィーン人だからこのことは言わずとも通じるとか、ベルリンの人だから言わずとも通じるという認識はない。全部言葉でこうだと説明して、言葉に乗せて、ある種のザッハリヒカイトでなく、メトロノームみたいな正確さではない、計算され尽くした生き生きとした流動を求める。その計算の力学は、エーリヒ・クライバーの演奏をたくさん聴いたことからできたもので、ドイツ的とかイタリア的とかスラヴ的とか、みんなに共有されている非言語的感覚とか、そういう次元は一切埒外であると。そのカルロスの個人的力学を、言葉と身振りでオーケストラや歌手に伝え尽くす。その力学を覚えさせたら、あとは球を投げて、自動的に行くようなところは振らない。それでオーケストラはすごく自由に演奏しているみたいだけど、本当はそうではなくて、本番もがんじがらめ。

調教と昂揚

楽譜を研究して解釈し抜くというと、ここはこうでと合理的に決まってくるように見えるけれど、父親のエーリヒもそうですが、カルロス・クライバーは、ある種、人間の生命力というか生気というか、運動性というか、ここまでヴォルテージを上げてこういったら、そのメロディやリズムはこういうふうに落ちるという力学を摑んでいる。それを言葉のリズムとかで提示してやらせるから、理詰めでこうやるとこうなりますというと、セルとかクレンペラーになるけど、伸びたり縮んだりみたいな、ある種生気を操るみたいなことができたのでしょうね。単に細かく細かく解釈してそのとおりにやると、いかにも客観的な冷たい演奏になっちゃうはずなんだけれど、カルロスの場合は、オーケストラも聴衆も乗せられて浮かされてしまうところがあるわけです。人間のヴォルテージをここまで上げておくと、ここまでは無我夢中でいくみたいな力学が計算されていると思いますね。

やっぱり動物の調教ですよ。動物は自然にやっているつもりで、でも実は全部教えられた通りだと。無心に自分がやっているつもりでみんななぞりなんだと。実はがんじがらめなんだと。これぞ調教の美学ですね。調教師なんですよ、カルロスは。調教に失敗すると、指揮棒をポーンと放って、いなくなったりする（笑）。

たとえばフルトヴェングラーの場合、ベルリン・フィルとは阿吽の呼吸で、ゲルマンの世界に対する共通理解があって初めて音楽が成り立つみたいなところがある。けれど、カルロス・クライバーにはそれがない。天然でそうなるというのは、エーリヒ・クライバーがいて、アルゼンチンで隔絶して、お金持ちの家庭で育ったとか、すべての組み合わせがはまらないとああはならない。結局、特異な、一般的な類型にはまったくはまらないタイプになって、だからみなさんの語り方もそういうふうになる。類型的に見ることは不可能ですね。とにかくすべてが特殊な要素の複合体のような指揮者だから、みんなカルロス・クライバーが好きなんだと思うんです。

〝無〟の音楽家

そんなカルロス・クライバーの音楽は生き生きとしているのだからたいへん楽しい。でも作為が抜けないという点では、何かさびしいものもあるのですよね。天真爛漫というのとは違いますから。不適切な表現かもしれないけれども、ある種の哀しさがつきまとっている。コミュニケーションが自然でない。無理矢理作ってやるところがある。そこが哀しいのですね。これはハプスブルク帝国的な哀しさと申してもよいかもしれません。帝国は引き裂かれていたのですよ。話も素直に通じないのですよ。哀しく引き裂かれた空間がハプスブルク帝国であり、その首都のウィーンです。だから新ウィーン楽派やフロイトも、ウィーンからこそ登場したのでしょう。近代の先端を行っていた空間ですよ。貧富の差とか、工業化とか、現代文明の縮図が最初に出てくるのは、なんといっても世界都市としてのパリとウィーンでしょうが、特にハプスブルク帝国の場合は、人種の坩堝というところがパリと違う。

ウィーンで普通に暮らしていると、先ほども申しましたが、言葉が通じない人がやたらいると。それが普通なんだと。だからベルクの《ヴォツェック》も《ルル》もリアリティをもっている。もう引き裂かれている。通じないことが前提です。その中で人が壊れてゆくわけですよ。素直が成り立たない。だから作って作って繕うのです。

エーリヒが擁護したベルクのオペラはディスコミュニケーションの極みからあらわれる。物語も音楽も。ベルクの場合は繕ってももたなくて壊れて倒れて破局まで行く。シェーンベルクもベルクもヴェーベルンも音楽として何を表現するのが得意かと言ったら破局です。エーリヒ・クライバーはそんなベルクを十八番にした。カルロスの場合は、その先にアルゼンチンにまで行ってしまった。引き裂かれた経験には裂かれる痛みがあり、破局には破れるつらさがある。が、カルロスは引き裂かれた後の生まれ育ちで、つまりバラバラが当たり前。無といってもいいでしょう。有機的前提は崩壊している。父の記憶を手がかりに、バラバラのものを自分の生気で、自分流のつぎをあてて全部つなぎなおす。それしかやれない。

つまり、カルロス・クライバーが信用できるのは譜面と自分と父の記憶だけ。譜面も作曲家の自筆楽譜までも見ないとわからないという、そういう要求の異常さは、本人が何も信じられない、無だからですよね。プレイヤーだってそれなりに勉強していて、指揮者よりも音楽もよく知っている場合もあるわけで、指揮者はそれを信じてやらせて、「よくできましたね！」となるようなコミュニケーションのなかで演奏が成り立つということを信じていない。だから全部説明しないと気が済まないというのは、何もないから、何もないところを埋めるためには、いちいち全部自分でやらなければならない。それがカルロス・クライバーの特殊性というか、異常性でしょう。そこに憑かれたらもう誰も抜け出せなくなるくらいの異常性です。無の哀しみ。カルロス・クライバーの「個」を突き詰めると、ついにそこまで行く。こんな指揮者がほかにいるでしょうか。断じておりません。だから特別なのです。

14
グレン・グールド　線の変容

◉グレン・グールド
カナダ　トロント生まれ。1932－1982
カナダのピアニスト、作曲家、著述家。一九五六年のデビュー盤『ゴルトベルク変奏曲』でクラシック界のスターに。対位法を重視し、独特のテンポと解釈、ノン・レガート奏法などでクラシックの演奏概念を変える。レパートリーはバッハを主軸に、ベートーヴェン、モーツァルトの他、現代音楽も弾くが、偏向する。一九六四年を最後にコンサート活動を否定、レコード芸術の追究に専念する。作曲作品には弦楽四重奏曲、『じゃあ、フーガを書きたいの？』などがある。著作集、発言集、書簡集などが邦訳刊行されている。

ショスタコーヴィチよりもヒンデミット

出会いはグレン・グールドというよりもヒンデミットだったのです。ヒンデミットを聴こうと思ったら、グールドしか選択肢がなかった。自動的にグールドのレコードを買う。そういうレパートリーがあったのです。私が中学生・高校生の時代だと、ヒンデミットでは歌曲集《マリアの生涯》とか《金管楽器とピアノのためのソナタ集》といったものを聴こうと思うと、国内盤はグールドだけ。ヒンデミットの三つのピアノ・ソナタをまとめて聴こうと思ったらやっぱりグールド。初めにヒンデミットありきで、グールドという演奏家に出会った。そういう道筋ですね。おかしいですかね。普通はバッハなのでしょうか。どうもすみません、ということで。

当時、一九七〇年代の後半ですが、レコード収集を日本の作曲家から始めて、海外の二十世紀の音楽に広げてゆきました。二十世紀の音楽で聴ける曲はみんな聴こうとしていましたね。ヒンデミットは、近現代の作曲家の中でも最初からかなり好きでした。《交響曲変ホ調》や《フィルハーモニー協奏曲》というのにいかれてしまいまして。あと《室内音楽第七番》というのが大好きで。それでグールドのヒンデミットに自ずと行き当たりました。どれにも感銘を受けましたが、まだなにせ他の演奏家では聴いてないものですから、演奏解釈がどうのこうのという聴き方ではありません。曲と演奏の区別がついていない。でもヒンデミットがどういうものかは、いろいろ知っていますから、グールドは何か違うぞというのは分かりました。違うといっても、ヒンデミットらしくないということではないのですよ。ヒンデミットらしさの中の、ある大事な部分が極大化させられて打ち出されている。そういうふうに思えた。変わっているなあ。そんな感じでしたね。

どう変わっていて極大化しているかといいますとね。西洋クラシック音楽は線と面というか量でしょう。対位法と和声ですよ。グールドのヒンデミットは対位法に特化した演奏。ほんと線しか聴こえてこない、というような具合なのですよ。和声の重み、響きの厚みは後景に退いている。ヒンデミットは対位法的作曲家にはちがいない。ポリフォニーの大家ですよ。しかし、本人の体型も太っちょで、音にもじゃがいもみたいな量感や質感がある。それも魅力だろう。そう思っていたのですけれども、グールドの手にかかると、透明な線の絡み合いだけ、縒り合いだけの浮き上がったヒンデミットが出てくる。どうやら、かなり変わった、凄い演奏家らしいぞ。そう思いました。

そうそう、ロバート・クラフト監修の「シェーンベルク全集」もありましたね。実態は本当の全集にはなっていなかったけれど、とにかくヴォリュームたっぷり、マニア垂涎のレコード。箱物ではなく、分売されていました。そのうちピアノ曲とか歌曲の伴奏をグールドが弾いているのですが、ヒンデミットより後に聴きました。シェーンベルクの場合も、グールド・ファンという意味で買ったわけではなかった。こちらも珍しい歌曲などは、輸入盤でない手に入りやすいものは、グールドしかなかったでしたから。

それからリヒャルト・シュトラウス。彼はシェーンベルクに多大な影響を与えた作曲家で、グールドがもっとも重視した音楽家のひとりですね。《イノック・アーデン》という語りとピアノの曲の録音があった。それから、シベリウスの《キュリッキ》といったピアノ小品なんかもグールドですね。《イノック・アーデン》といいシベリウスの鍵盤曲といい、凄いレアなものを録音してくれているなあと。

その後に、やっとグールドのバッハを聴きました。いろいろと。しかし、実際にレコードを買ったのは、大学に入ってからではないですか。ゴルシュマンなんかと共演したバッハの「ピアノ協奏曲集」とかですね。そんな調子で、特にグールドその人に興味を持つまではかなり時間がかかりました。あの頃の風潮としては、既成のクラシックの、しゃちほこばった権威主義的なものとはグールドは違うんだとか、クラシックの枠を超えてポピュラーミュージックの方からも歓迎される自由なグールドといった、六〇年代・七〇年代的なカウンターカルチャー寄りのグールド受容があったと思うんですよ。それに乗りたくなかった。権威主義もいやだけど、反権威主義もいや。だからグールドに限らず、人気のある人はたいてい嫌いでしたね。へそ曲がりなものでして。

それでもようやくグールドのバッハを聴くところまで来ると、改めてグールドのヒンデミットも分かってきた。なぜ、グールドはバッハを弾きたがるのか。線の音楽だからだ。線の絡み合いの音楽だからだ。ヒンデミットも特にソナタのたぐいは、やっぱり現代のバッハみたいなところがある。つまりグールドはバッハへの興味の延長線上にヒンデミットを発見している。だからグールドのヒンデミットからは線しか聴こえてこなかったんだ。この当たり前になかなか気づけなかった。お恥ずかしいんだけれど、肝腎のグールドのバッハを、人気のあるディスクなんて聴きませんと、避けて通ってきたので、よく知らなかったんですね。

さっきグールドのヒンデミットを透明な線とか申しましたが、その透明な線は、硬直したガラス細工みたいなものではあくまでないんです。ヒンデミットは新即物主義者とも呼ばれていまして、彼の音楽の線はメトロノームではかってゆくような、あるいは鉄路の等間隔の枕木みたいな、ピタッと堅苦しいイメージと一体なんですよ、一般的には。ビジネス文明や機械文明とつながる感覚ですね。ところがグールドのヒンデミットの線はしなやか。伸縮自在で生き生きとしている。で、グールドのバッハを聴いたら、まさにそうなのです。《ゴルトベルク変奏曲》なんかも、おお、そうか、グールドってバッハもヒンデミットみたいに弾くんだな、という思いで聴きました。たいていの方は逆の順番なのでしょうが。私の聴き方は音楽史的にはずっと倒叙なものでしたから。

ヒンデミットの演奏の話に戻りますが、二十世紀の、重厚と言うか、ある重苦しさって言いますか、そういうものを強調するような演奏っていうのがよくあるわけです。けれどもグールドは、二十世紀の知識人の苦悩がとか、そういうものを問題にしないでしょう。時代精神は働かない。たとえばショスタコーヴィチなんか時代精神抜きではあんまり面白くないのではないですか。ヒンデミットの亜流みたいになってしまう。そういう音楽ですよ。そういえばグールドはそんなにショスタコーヴィチには熱心ではなかったでしょう。ちょっと弾きましたけどね。ヒンデミットに比べればまったく熱心ではない。ショスタコーヴィチは音楽から音楽の外のメッセージを探り当てるのが面白いんでしょうね。ヒンデミットにはあんまりそれはない。音楽は音楽以外の何ものも表現しない。そういう美学の体現者ですよね。

そういうヒンデミットがショスタコーヴィチよりも好きなグールド。バッハも好きなグールド。彼の音楽のセンスはもう明白でしょう。純粋な音の追求ですよ。超時代的な、アブストラクトな音の構築です。無調になるとまた話は違うけれども、広い意味での調性音楽は音の重さ軽さがかなり超時代的にはかれる音楽ですから。アナリーゼすればするほど見えるものがある。時代精神に関係なくグールドはそれを徹底する。見通す。徹見する。この曲は超時代的な音の運動体として上手に構築されているか。それを生き生きとした運動体として演奏家が現前させるためには、楽譜にはこう書いてあるけれども、どういうテンポやどういう音の距離感、伸縮で再現するか。例えばヒンデミットの楽想は、どうすれば音の動きが一番際だつか。グールドは徹頭徹尾計算の人ですよ。そしてバッハやヒンデミットは計算のしがいがある音楽なのです。

有機的音楽だけが音楽である

いやいや、まだ話が足りていませんね。グールドの考える、純粋な、超時代的な音の構築とは何かということ。グールドという人は、基本的に単純な繰り返しとか、あとハーモニーが、つまり和声が鳴っていて、その上に主旋律が乗っかっているような、メロディとハーモニーみたいな、主従関係のシンプルな構造の音楽はあまり好きではない。何本かの線が絡み合っている《3声のインヴェンション》とか、鍵盤楽器なら左手と右手がいつもてんでに違った動きをしながらも絡み合っていくタイプの、複数の違った線が同時に動いて相互補完的にひとつの美を紡いでゆく音楽を好む。これはやはりバッハやヒンデミットですね。

　それから一方では、ワーグナーなんかにも興味があるでしょう。必ずしも線が複数ではない。ワーグナーだと、ひとつのメロディにハーモニーがついてというかたち、グールドが嫌うように思えるパターンも多い。しかしワーグナーは、一本のメロディでも、それを驚くべき技術で変形させてゆく。そういう音楽にグールドは敬意を払う。それを自分で弾きたいと思う。絶えず変形しながら動いているような音楽に惹かれる。線が二本、三本、四本と絡み合っていればもっといいけれども、ワーグナーのように仮に一本の線しか見えない音楽でも、その線のつくりが理性でギリギリ読み解ける具合に、めいっぱいに豊饒に展開されていれば、それはそれで素晴らしい。あくまでもひとつの原形というか主題から理屈で派生してきているということが「わかる」もの。勝手気ままに全然違ったものにどんどん移ってゆくのではないもの。そういうものへの偏愛ですね。

　だから、グールドはロマン派のレパートリーにはけっこう弱い。というか、かなりの作曲家に対して興味がない。ショパンの音楽は伴奏音形とその上にのった単純なメロディというのが基本でしょう。シューマンだと気まぐれでどんどん次から次へ違ったものが出てきてしまう。あと、リストのように元は非常に単純なものしかないし、変形の技巧にも目をみはるものはないけれども、極限までピアニスティックにアクロバティックに装飾して手数を増やす。そういうのはどれもグールドの主要レパートリーにはならない。グールドにとってはどうでもいい音楽ということになってしまう。

　もちろんロマン派が嫌いということではない。だってワーグナーは好きなのですから。ロマン派が好きとかバロックが好きとか現代音楽が好きとか、グールドは時代では区切れないのです。バロックにも古典派にもロマン派にも近代にも、時代を超えて、グールドの好きなかたちをした音楽はあるわけで、それが、例えばシェーンベルクだったり、ヒンデミットだったり、リヒャルト・シュトラウスだったり、ワーグナーだったり、バッハだったりするということです。

　R・シュトラウスとバッハだったら、ふつうは水と油みたいに思うかもしれませんね。でも、R・シュトラウスという人も、メロディラインというのはひじょうにロマンティックな動きに満ちているけれど、作曲の原理として考えた場合は変奏の人なんです、変形の技の力がものすごい。少ない材料をいかに細かく細かく変えていって調理方法でもたせるか。その限界で勝負する作曲家です。シュトラウスは交響詩もオペラもそういうふうに作っているのですよ。《ドン・キホーテ》なんか交響詩でありながら変奏曲とはっきり名のっているくらいですからね。

これが楽想の豊かな作曲家だったら、別にそこまで調理しなくても、次から次へ出てくる素材を料理するということになる。例えばプロコフィエフはそうでしょう。だからグールドはあまり興味がないでしょう。プロコフィエフはひとつのメロディを徹底的に変形していって長丁場をもたせるのは苦手。それで変奏曲とかはあまり得意ではない。変奏と名のっていてもかなり勝手をしすぎてしまう。いくつもの全然違うものを繰り出してくるパッチワーク派ですよ。彼の作曲法というのは、自分で述べていますけれど、とにかくいろいろな思いつきを書きとめておく。それらをいざというときにくっつける！　関係ないものを接着する。この飛躍で聴衆は驚く。受ける。それでいいのだ。プロコフィエフはそういう人です。

マーラーもプロコフィエフ路線ですね。時代順に言えばプロコフィエフがマーラー路線なんだけれども。音楽史では通常マーラーからシェーンベルクへという流れがよく強調されますけれど、グールドに言わせれば、構造的にはR・シュトラウスからシェーンベルクへ、という流れが正しい。少なくともグールドの美意識からすると、シユーマン―マーラー―プロコフィエフのラインはダメなわけですよ。メドレーみたいな作品とか、まったくでたらめにいろんなものが組み合わさっているような音楽に見えるものはグールドの興味を惹かないのですね。
ではバッハの《ゴルトベルク変奏曲》なんかはどう変奏されているのかといったら、素人がぱっと聴いてすぐにどんどんわかるものではない。けれども、全部もとの主題から変奏されているわけだから、よく聴けば、あるいは楽譜を読み込めば、気がつかなかったけどたしかに主題をこういういじり方をしたからこうなるとか、いくらでも発見が出てくる。そういう発見が、グールドは好きなのです。

スタジオに籠もる本当のわけ

この作品の構造を発見するための演奏と聴取の問題に関係してくるのが、グールド論の重要テーマである、ライヴをやめて録音メディアに専念した話ですね。グールドは潔癖症で、衛生面からいっても、いろんなお客さんが溜まって雑菌の洪水みたいな空間であるところのコンサート・ホールには耐えられなかったのだとか、お客さんのプレッシャーに弱かったんだとか、いろいろ言われます。そんな話が伝わるからには、それなりの理由があるのでしょう。でも、そこがポイントでは必ずしもないと思うのですよ。グールドの立場からすれば、音楽というのは構造や仕掛けを徹底的に理解し、しゃぶりつくして、初めて弾いた、聴いたということになる。それはむろん一回生で聴いて分かるわけがないのです。たとえば《ゴルトベルク変奏曲》の第七変奏はどうなっているか。第八変奏は？　第九変奏は？　一回通してライヴでどーっと弾いて、それが全部分かったら神童か何かですよ。たいていのお客さんはついてこられるわけがないんだと。グールドはそれだからライヴは虚しいと感じるようになったのです。だからよい演奏を録音で繰り返し聴く。それ以外に実のある音楽の実のある鑑賞は成立しない。ありえない。そのためにはＬＰだって本当は不完全だ。ＣＤ時代以後にグールドの想像力は届いていたことになると思うんですけど、トラックに全部分けて「ここでこうなって」と楽譜を見て演奏して、それを繰り返し繰り返し聴いて初めて分かる。それが音楽の鑑賞なんだと。ライヴはあんまり意味がない。

シェーンベルクの十二音音楽なんてましてやそうです。十二音の音列からどんどん派生して変形して曲が組み上がっていくわけですけれども、十二音の無調のメロディなんて何度聴いても覚えられないようなものですよ。それを生で一回聴いたくらいでわかるわけはない。分かるようなふりをして聴いているのもつらいものです。まあ聴衆の芝居の大会みたいなことになってしまいます。グールドからすれば、そういうインチキの儀式が演奏会というもので、それに付き合いたくはない。心底いやになってしまった。そういうことでしょう。

それだからどうしても録音メディアになる。繰り返し確認して聴けるようにする。そこからはグールドのお友達のマクルーハンとか、デジタル時代を先取りした、当時のメディア論が関係してくる。グールドは、始終手を洗って引き籠もっている、ただの潔癖症のヘンな人では、決してありません。

そこらへんの趣味は、グールドのピアノの響きについての趣味ともつながってくるんですよ。線的動きを精緻に聴かせたいのだから、いかにもピアノらしい残響の豊かな、つまりよく鳴るピアノは好みじゃない。録音スタジオももちろんデッドな環境がいいけれど、ピアノ自体もガーンと響くのではなくて、チェンバロっぽい、カチャカチャ鳴るようなものが好きだった。線の絡み合いとかメロディや動機の動きというのは、響きが豊かだと残響に覆われてつかまえにくくなりますよ。ドビュッシーや武満徹のピアノ曲のように、ぼかしを入れて音を滲ませるのが主眼の音楽だってある。グールドはその手の音楽には反応しない。デッドな空間とデッドなピアノとデッドな録音で、ひとつひとつの音をくっきりはっきりさせて、グールドがフレーズに見合ったと信じる強弱だとか伸縮だとかテンポによって、個々の音を線でつないでゆく。一個の音の響きそのものの豊かさではなくて、線の見え方・感じ方の豊かさに賭ける。そういうことを探究し続けたのがグールドでしょう。

その演奏のあまりにも伸縮自在なところをフィーリングだと思っちゃう人がいて、

自由人グールドみたいなイメージがかつては広まったこともあったように記憶するのですが、そしてそう理解して悪いことはないのでしょうが、グールド自身は独自な作曲家、理論家の目で、全部理詰めでアプローチしているのですよ。作曲、指揮活動、執筆も含めトータルな音楽家です。作曲は少ししかしませんでしたけれども。とにかく彼のアナリーゼとか楽曲解釈で、メロディの変形、テンポ、音のアクセントとか、全部理詰めでやっている。それが今までのいろんな演奏と違っているから、やっぱり何かカウンターカルチャー的なイメージのグールド像も作り出してしまった。しかし、そういう意味でのヒッピー的自由人というコンセプトは、彼にはまったくないでしょう。あえて穿ったことを申せば、理詰めでこそ開ける、自由さ、しなやかさがあるんだということを、グールドは教えたわけでしょうかね。即興的に、気ままに、風に吹かれて、というのは全然ちがう。

だから、グールドはべつに人間嫌いなわけでなく、協奏曲なんかでも、経済的・時間的な事情が許して、理想のオケと理想に近い形のスタジオ録音がもしできれば、いとわなかったのではないか。現にヒンデミットの《金管とピアノのためのソナタ》や《マリアの生涯》やシェーンベルクの歌曲はスタジオで共演者と録（と）っている。室内楽だってスタジオでやっているし。ただ、共演者がオーケストラとかの大人数になると、グールドの望む水準の録音は現実的にはなかなかむずかしい。若い頃のライヴで、バーンスタインとブラームスの協奏曲を協演したとき、バーンスタインがこんなテンポでやるのは本意でないが、と断って演奏を始めた、という伝説的なエピソードもありますでしょう。コンチェルト自体には関心があっても、理想の共演者を見つけるのはたいへんですよ。ゆえに独奏録音ばかりが増えてしまう。けれど、あくまで本人はいわゆる孤独の人ではない。ラジオでディレクターから調律などのスタッフとあれだけ付き合って、自ら台本を書いてはスタジオに行ってラジオ番組を録音する。そんなことのできる人が孤独な人間嫌いであるわけはありません。

「北の理念」とグーグル

ここでグールドの中のカナダ的なものの問題なんですけれども。宮澤淳一さんの十八番のテーマでして、私なんかがもの申すのも憚(はばか)られるのですが、それでも喋ってしまいますと、やっぱりアメリカは、すぐ流行に左右されるとか、ライヴに来るお客さんも人気や熱気に煽られて来る。ラジオやテレビの番組を作るとしても視聴率などを気にする。その点、グールドの母国のカナダはもっと淡白で黙々とクールにやる。グールドというのは、録音物を残すとか書き物を残すとか自分の価値観を表明するラジオ番組を作って、それが録音物として残って、アーカイヴでずっと聴けるみたいな、そういう図書館的な発想に支配されている。

アメリカのバーンスタインなどには「人生は一回性の燃焼だ」みたいな人生観があるけれど、グールドの場合は、人間がいる限りは永遠に残るデータを蓄積したいというんでしょうか。誰かが検索すれば出てくるものをたくさん用意しておく。グーグル的な時代を先取りしているわけですよね。そのときの流行とか熱狂とかに左右されないで淡々と残していくという作業に没頭する。それがカナダ的ということなんです。寒い国で人口も少なくて、視聴率に振り回される人も少ない。寒冷な土地で物が腐ったりもしないでずっと残る、保管されてゆくというのがカナダの風土のイメージで、そういう意味でもグールドはカナダの知性だった。しかも移民の国なので、何かトラディショナルなものによってゆがめられることも少ない。バッハもグリーグもシベリウスもシェーンベルクもいろいろ共存して、「俺たちの作曲家はこれだからほかのはダメだ」みたいなのはない。アメリカは同じ移民の国でも、またそこで協同性を作り出してお祭にしようとするのだけど、カナダはアメリカに比べるとずっと温度が低い。

ともかくもグールドはカナダ的な世界の延長線上に最終ユートピアを構想していたのだと思うのです。もちろん音楽的ユートピアですけれどもね。音楽というのは、まず昔はどこの地域でも素朴というか、そんな複雑なものではなくて、例えば村の祭の御神楽とか、グレゴリオ聖歌を歌うとか、中世ルネサンス音楽の、笛や太鼓を持って来てやろうよ、みたいな、リュートとかああいう民俗楽器で弾こうよみたいな、いわゆる素人芸でも充分だった。そういう時代が圧倒的に長かった。まだ玄人芸と言えるものがないから、みんな何か仕事をしながら余暇にちょっと練習して充分な水準に行けるような、それは日本だろうがヨーロッパだろうがどこだろうが、まずはそういう音楽があった。それが近代において音楽家というものが職業として専門化することで、ものすごく複雑な楽譜を書き出して、それで十年も二十年も練習しないと弾けないような複雑なややこしいものに発展してしまった。専門家と聴衆は乖離せざるをえない。

そうなりますと、この乖離がどうなるかですよ。グールドはそこに楽観的な未来学を構想した。録音物が進歩して、聴衆というものが作品と演奏を気軽に繰り返し確かめられる時代が来た。この先には、きっと聴く側が録音物を勝手に編集できるような時代が来るだろう。マクルーハンの影響なのでしょうが、グールドはそう予言した。そうすると実際に楽器を弾けない人、楽譜を読めない人、つまり作曲家や演奏家じゃない人でも――今だとMIDI音源とかでもう実現されているのかもしれないけれど――いろいろな音色を組み合わせるとか、楽譜は書かなくたってある音を自由に切り貼りしていくことによって曲が作れたりするようになる。あと、バッハやベートーヴェンのどんなむずかしい複雑な曲でも、秒単位で鑑賞して何度でも繰り返し聴いて、細部を全部確かめていくことによって、玄人と同じ水準に理解が及ぶようになる。かくして、専門家と素人に分裂したものがまたくっつく。そういう時代へのナビゲーターとして、グールドがどんどん録音物を作って、「何秒目のところをもう一回聴きましょう」という模範演奏を残していったわけです。そうやって、録音物や録画物を通じて、音楽の教養がもういくらでも深められるようになる。

長谷川如是閑が、日本の農村では、お百姓さんが、農閑期になると平気で歌舞伎の忠臣蔵を堂々とやれてしまうんだ、農村の歌舞伎、村の芝居というものがあるんだ、それはもうたいへんな文化伝統の厚みだと、述べたことがあります。江戸時代に都市で玄人が演じていた歌舞伎を、田舎の素人が遜色なく写してやりおおせてしまっていた。如是閑は近代ではもうそうはどんどんいかなくなっていると嘆いている。でもグールドの考える超近代では、また元に戻るのです。みんなが家で、バッハやシェーンベルクやヒンデミットを熟読ならぬ熟聴して玩味し、それ並みの作曲ができてしまう。あるいはリミックスしてしまう。グールドの発想というのは、まさに未来学的であり、今日的であるといっていい。部分的には実現している。そのへんにグールドがリアリティをなお増しつつある理由があるのでしょう。正直、まだまだ増してゆくと思いますよ。

こんな人はほかになかなかいませんけれど、強いて言えば指揮者のチェリビダッケが近いかもしれません。チェリビダッケはグールドとまったく逆に、ライヴを信奉して録音を認めませんでしたが。でもチェリビダッケは、音楽の構造を、聴いて絶対わかるように演奏しないといけないという哲学を有していた。その哲学はライヴの一回性とは両立しない。グールドはそう考えた。ところがチェリビダッケは両立すると主張した。どうしてそんなことが可能になるのか。遅く演奏するのですよ。音をしっかり一回だけ聴いて確かめてゆく。そのための時間をライヴで確保するには、ゆっくりやるしかない。重々しくやることによって、重厚さとか荘厳さとかいった価値を付加しようとしたのではないでしょう。グールドの場合は、録音で繰り返し聴くことを前提としていますから、快速でもよかったわけです。このふたりの遠さと近さをよく知ると、二十世紀音楽史のかなりが見えてしまうのではないでしょうか。

15

吉田秀和

心に底流していた声を聴く

◉吉田秀和
日本　東京日本橋生まれ。１９１３－２０１２
音楽評論家。「子供のための音楽教室」、後の「桐朋学園音楽科」、「二十世紀音楽研究所」、「水戸芸術館」などの設立に関わる。著書に、『主題と変奏』『ソロモンの歌』『名曲三〇〇選』『マネの肖像』など多数。『吉田秀和全集』で大佛次郎賞などを受賞。文化勲章受章。

「吉田秀和」との出会い

私と吉田秀和さんの御縁ですか。いきなり僭越な話になってしまいますが、二〇〇八年に吉田秀和賞をいただきまして。その後もいろいろ気に懸けてくださいました。私は受賞スピーチで、三方の審査員のうち加藤周一さんはおられなかったのですが、残るお二人、吉田さんと林光さんが目の前に座っているところで、「加藤周一と言えば、マチネ・ポエティックで、マチネ・ポエティックと言えば、中村真一郎と福永武彦で、中村と福永と言えば、私にとっては怪獣映画『モスラ』の原作で」と喋って、吉田さんと林さんの目が点になっていたのが忘れられません。

吉田さんに初めてお目にかかったのは、それよりも何年か前、朝日新聞社の音楽関係の筆者の宴席で、末座にいただけなのですが、いちおう少しお話しする程度のことはありました。そのときは尾高尚忠の思い出話を聴かせてもらいましたね。最初のヨーロッパ留学から戻って日本でまた一時、高校生をやっていた尾高尚忠と、吉田さんは成城高校で一緒だったときがある。そのとき、尾高さんは、いま、ウィーンではブルックナーが流行している、これからはブルックナーだって、教室で言うんですって。そこで、吉田さんが、「ブルックナーはどういう交響曲作家なんだ」と訊くと、尾高さんはあまり面白いことを答えてくれなくて、吉田さんは「分かってしゃべっているのか」と思ったというような。戦前の旧制高校生の会話として、何だかとても面白いですよね。

そういう話はいろいろあるのですが、またの機会にして、読者として吉田さんの本とどういう接し方をしていたかですけれども、やはり吉田秀和は私の世代ですと、子供の頃、クラシック音楽の本を読もうと思って、本屋さんの棚を見に行くと、ドーンと存在している。白水社からもう全集が出ていたのですから。書店でも目立っていました。おまけに、わが家は吉田さんがレギュラーで執筆している『朝日新聞』を取っていましたし。私は小学校高学年から中学生へと、クラシック音楽といっても、特には近現代の音楽ですけれども、のめりこんでいましたから、自ずと吉田さんの文章にもたくさん触れるようになりました。一九七〇年代後半の話です。

教養としての「吉田秀和」

とはいえ、私の少年時代の趣味は、今も基本的にはそうなのですが、思い入れがあるのは近現代で、一九七〇年代後半の吉田秀和さんは、もうお書きになるものの中心は、古典派やロマン派。私が熱を上げている分野については、たくさんはお書きにならない。そうすると私は、柴田南雄さんや秋山邦晴さんや船山隆さんや武田明倫さんの書くことに基本的には目が向く。しかし、対象の理解や価値づけについて、柴田さん以外は、食い違いを意識することが多く、常にストレスフルでした。木村重雄さんや富樫康さんや丹羽正明さんだと素直に読めたけれども。日本の作曲家についてはオールド・ジェネレーションが軽んじられていて。私の中学生の頃だと、諸井三郎も清瀬保二もまだギリギリ生きておりましたし。伊福部昭なんかまだ六十と少しで。伊福部さんだと吉田さんより若いですから。でも、いない人みたいになっている。これはおかしいぞと。

そういう興味で生きておりましたから、吉田秀和さんは近く感ずる書き手ではなかった。ただ、『吉田秀和全集』には二十世紀音楽についての原稿を集めた巻があって。

昭和三十年代、吉田さんは軽井沢で入野義朗や柴田南雄や諸井誠や黛敏郎と現代音楽祭をやったりしていました。武満徹を絶賛したり。日本における現代音楽運動の中心に吉田さんがいた時代がある。このあたりの文章は特別なものとして読んでいました。しかもですよ、武満徹のことでも何でも、現代音楽専門の批評家とはやはり書くことが別格なのですね。狭い世界でしか通用しないが、かといって専門性が際だっているわけでもないという、意味不明な文章が、現代音楽界隈には多かったわけで。これは出来が違うとは思っておりました。

あと、私が高校生の頃にはすでに古本でしたが、西ドイツの批評家、シュトゥッケンシュミットの『二十世紀音楽』という本が平凡社大学選書にあって、アレクサンドル・チェレプニンの評価も的確なら、リチャード・ロドニー・ベネットのオペラのことまで書いてあって、他にはなかなか日本語で読めない、干天の慈雨みたいな良書でありましたが、その翻訳が吉田さん。それから、高校生か大学に入ってすぐか、神保町の古賀書店で手に入れたのですが、エタ・ハーリヒ＝シュナイダーの『現代音楽と日本の作曲家』という戦後初期に出た本があって。ハーリヒ＝シュナイダーは戦時期の日本に滞在していたドイツの鍵盤奏者ですけれども、日本の作曲家に興味を持って書かれた、戦後初期までの日本の作曲の歴史の本としてなかなかよいのです。「諸井三郎の交響曲第三番は人類の宝だ」とか書いてある。かなり影響されました。この翻訳がまた吉田さんなんです。ロラン＝マニュエルの『音楽のたのしみ』のシリーズの翻訳も吉田さん。中世・ルネサンスから近代までのクラシック音楽史の勉強にもなれば、このシリーズはロラン＝マニュエルがフランス国営放送でホスト兼解説者を務めた番組を文字に起こしたもので、ゲストにソーゲとか、フランスの作曲家がどんどん出てくる。近現代音楽ファンとして堪らないものがあります。

吉田さんの仕事とのふれあいは、私の場合は、翻訳中心で始まったのかもしれません。大作曲家や名曲名盤についての、吉田さんの本領が発揮されていると一般的に考えられている領分のお仕事は、教養として読んでおこう、くらいでしょうか。

ところが、大学に入ってから変わりました。中学高校のときは比較的狭い世界で、同好の士も周囲にいて、音楽についての趣味の会話にそんなに苦労しなかったのです。ライヒは面白いとか、一柳慧がこんな曲を初演したとか、近藤譲のレコードはどうだとか、そういう会話が、共通の価値の土俵があるうえで、少なくとも何人かの友人とは成立していた。ところが大学になると違ったのですね。

「吉田秀和」を研究する

私は中学や高校の頃は、コンサート会場と映画館に入り浸る一種の不良で、大学受験もいやがって、推薦で入れるところに懸けるというような、人生をなめた態度をとっていたのですが、そうやって大学に入ってみますと、高校まで私立の小さな学校にいたので以心伝心で趣味の会話もできたものですが、そうではない環境に投げ込まれたと思ったのですね。間口を広くして通じる会話をしないと、これはひとりぼっちになりかねないぞと。クラシック音楽の好きな友人は、クラブなどで見つけられましたけれども、日本の作曲家や現代音楽の話となると、今まで以上に通じさせる苦労を味わうようになりました。古典派やロマン派の話をする機会も増えました。そうすると、大げさな話ですが、趣味生活と社会生活を両立させるために、会話や文章における思考法や語彙、切り口、説明の仕方、語り口などが、みんな問い直されてくる。カラヤンだ、ブルックナーだと、言っている人に、どういうふうに、シュトックハウゼンやノーノやクセナキスの話をするか、通じるのかと考えたときに、いろんな話を音楽や芸術で自由自在に通じさせてきた達人は誰かというと、やはり吉田秀和しか思い当たらなかった。大学という大きめの社会に出てきてみたら、「たしなみとしての吉田秀和」が必要だと、遅まきながら気づいたのです。

だって、秋山邦晴みたいな語り口では、やはりもともと波長の合う人しか引っ張れない。手本になるものは、吉田秀和の文体や語り口しかあるまい。それで、『世界の指揮者』や『世界のピアニスト』を改めてよく読みました。ほかの作曲家や演奏家の話をするとしたら、そこからどう応用が利いて、どう伝わるかと、スキルを学ぶつもりで。

広い間口で、しかも強度を保って、専門的すぎず、素人臭くもなく、ペダンティックな嫌味もなく、知性と教養を感じさせ、ゆとりもあって、我もあって、押しもあって、みんなをまるめられるように、ひとりよがりにならず、読者との会話のキャッチボールを楽しみながら、書いているのか語っているのか、即興的な思考の遊びとしか言えないような枝道や小飛躍もうまく使い、でも骨太で大きな道を通してゆくという基本は揺るがず、なるほどなあと頷かせて終わる。言うは易し、行うは難し。こんな批評家は、文学にだって映画にだって演劇にだって、いるものではない。個性を保ちつつ、相手との会話にもなって、物事を社交的に伝えようとするときの模範でしょう。大学生からこの方、私は吉田秀和に学んで再発見して、真似しているようには見えないかたちで、しかしどこかの次元で上手に真似られないかと、研究しているというか、そうやって何十年かは吉田秀和を意識してきました。

吉田秀和さんは、本当にトータルにコーディネートされて、すべての面が有機的な強さで結ばれていた人だと思います。例えば風貌ですよ。髪の毛が立っている。すごいエネルギーを感じますよね。教養人とか文化人とかいうと、上品で優雅なんて言葉も思い浮かびますが、吉田さんは政治家になってもかなりやれたろうというくらい、獰猛さがある。しかし、近代西洋の市民的な寛容さを持っている。私はこう思う。それが強くあるけれど、おまえを認めないということはない。会話に余裕のある、しかし我の強い文章。それが吉田秀和さんで、そこに、立っている髪の毛や、ラジオでも長年おなじみだった、あの声と語り口が完全に合致し相乗してくる。あの声によるあの語り口は、ややぶっきらぼうだけれど、それがかえって存在としての誠実さに由来する説得力を生むのですね。

吉田秀和を構成するどの要素も吉田秀和を裏切らない。束ねられて「三本の矢」かのようなものが「何本の矢」になるように巧みに構成されている。自然体で何となくそうなったのではないと思うのです。批評家として立って伸びて生き残ろうとしていった吉田さんが、きわめて意志的に、強靭に、吉田秀和の姿を創造し制作していったのだと思います。

吉田一穂と中原中也

批評家、吉田秀和の魅力は、トータルにコーディネートされた強靭な対話的理性・知性・感性である。そんなふうに言えるのかとも思いますが、その根底にあるのは独立自営の市民として「筆一本で稼ぐんだ」という猛烈な意識であったのかと感じています。そうなったのは、もちろん吉田さんのパーソナリティが一番だけれど、その個性と吉田さんの生きた時代とのスパークがないとできあがらない。

そこで大きな影響を与えているのは、やはり吉田一穂と中原中也というふたりの詩人でしょう。吉田さんは、若き日にふたりの詩人と深く交際して、吉田さんの生き方や仕事の仕方の一面のモデルに、このふたりがなっているでしょう。

吉田一穂という詩人は、意味を殺いで、言葉を削り、エッセンスだけが残る、そういう詩を書きました。ヴェーベルンの音楽みたいですね。もう純粋に極限まで突き詰められている。でもそのぶん、分かりにくい。広く世間の読者は持てないタイプの〝孤高の詩人〟であった。そういう、純粋な、誰にも通じないようなものに惹かれる高踏派の吉田秀和が、たぶんひとりいた。

それに対する詩人として中原中也がいた。中原中也の詩は、やはり小唄でしょう。誰もがリリカルにセンチメンタルに感じる。間口が広い。とっつきがいい。くだけている。吉田一穂が禅寺に籠もっているような詩人だったのに対して、中原中也は縁日で物を並べて売ってちょっと稼いでしまえるセンスがある。かといって、世の中の流行に合わせて、悪い意味での歌謡曲の作詞家みたいに、自分の芸を捨てて金になる詩を書くのではない。中原中也そのものがセンチメンタルである。本質的に純粋にそうである。

この吉田一穂と中原中也というふたりが両方ともどうしても好きだというのが、吉田秀和なのです。純粋な芸術の世界というものは簡単にはよく分からない。それは、クラシック音楽の中でも高踏的と言われるタイプの作品と重なるでしょう。そういう吉田一穂と、甘いささやきのように、日常的に語りかけるような中原中也。高踏派か世俗派か。普通だとどちらか片方になりますが、吉田秀和という人は、このふたつの場所を循環し往来して、奥の院と門前町を経廻るような生態を自らの生きざまにした。クラシック音楽には高踏的なものがある。大前提はそこだ。誰でも説明されれば分かるというものじゃない。そこがまたいいところだ。吉田一穂ですよ。でも中原中也みたいにとっつきのいいものもある。でも、とっつきがいいからといってポピュラー音楽ではない。やっぱりクラシックなのです。中也の世界ですね。音楽そのものの問題として、クラシック音楽は、一穂から中也までである。

また、そのクラシック音楽をどう語るかについても、同じく一穂から中也まで、批評の行き方としてはある。批評家の理解は、特に高踏的なレパートリーに対しては、吉田一穂の峻厳に突き詰めた領域に及ばなくてはならない。でも、それが高踏的な言葉として吐きだされても、批評としては機能しないかもしれない。なるたけ大勢に伝えられる間口を持たないと、批評家としては食べられない。書く意味も乏しい。詩人として暮らしを立てるのが大変だった吉田一穂を間近に見た吉田秀和さんは、そこを早くから思い知っていた。みんなに簡単には分からないクラシック音楽の高踏的な領域を守らなければいけない。それを噛み砕いて伝えることも大事だ。けれど、あんまり噛み砕くと、批評家本人の理解力まで噛み砕かれて、高踏的な物の真髄をいつの間にか解せなくなるリスクもある。

吉田秀和さんは、そこにデリケートでしたでしょう。一穂的な境地をわがものとし続けながら、中也に学んで間口広く入り込める芸術としての批評を心掛ける。奥の院から門前町まで、秘仏を隠している山の上から下の通りの縁日まで。ぐるぐる回って生きていないと、クラシック音楽批評のやるべき仕事は果たせないし、批評家本人も飯の食い上げ。吉田秀和は、吉田一穂の求心力と中原中也の遠心力で成り立っている楕円のような人なのです。

ハイブリッドな語り口

それから語学の問題があります。吉田秀和さんはフランス語とドイツ語の両方ができる。もちろん英語も。さっき、翻訳のことに触れましたが、シュトゥッケンシュミットの本はドイツ語だし、ロラン＝マニュエルの本はフランス語です。翻訳家として独仏二刀流。これはかなり驚いていいことです。成城高校では第一外国語をドイツ語にして、成城高校のドイツ語教授だった阿部六郎の家に下宿しました。阿部六郎は『三太郎の日記』の阿部次郎の弟です。中原中也と知り合ったのはこの高校時代ですが、中也は吉田秀和のフランス語の家庭教師として登場した。この時期に英語も勉強していますから、英独仏の三か国語を翻訳できるくらいに学んでおこうというのが、おそらく吉田さんの青春のプログラムだった。それで大学は東京帝国大学文学部仏文科です。フランス文学専攻なのに、ドイツ語も欠かさずやって、ついに両方とも翻訳で身を立てられるくらいになる。

例えば、小林秀雄ならフランス語、森鷗外ならドイツ語、夏目漱石なら英語。ドイツ語かフランス語か英語か、日本の知的エリートは、どれかひとつを選ぶものなのです。ですが、吉田さんは独仏の両方を使いものにしようと、高校から計画的にやっていた。とはいえ、文学で独仏両方訳せますというと、それぞれに競争相手が多いですからたいへんかもしれない。ゲーテもボードレールも訳すとなったら、「おいおい、待てよ」と誰かが言うかもしれない。ところが吉田さんは音楽ですから。競争相手が少ない。私は吉田さんのこの戦略を「独仏等距離外交」と呼んでいるのですが、そうやって、ドビュッシーやラヴェルの好きな人と、シューマンやシューベルトが好きな人の両方に深入りできる能力を身に付けた。これはもう常勝将軍のような圧倒的な力ですよ。

中原中也を通じて、言葉・文章による表現の間口の広さを持ちつつ、芯には吉田一穂のような高踏的なものを求めている。吉田秀和はそういう構造を持っているというお話を先に致しました。両方を押さえる。語学でも似たことになる。近代日本語の文章表現は、日本語だけで閉鎖的に育ったわけではない。英独仏の翻訳から文体が作られていった面があります。中原中也の詩の日本語も、小林秀雄の評論の日本語も、フランス語の翻訳から文体や語彙が育てられ膨らんでいる。フランス語の作法を日本語に移す。鷗外から古井由吉の小説の文体なら、ドイツ語の翻訳経験なくして、ああなるわけはないのです。

吉田秀和さんはというと、柔らかく語るようで、意味も明晰な、フランス語的、フランス文学的、フランス哲学的な文章とも見える、そういう要素がすごくある。ところが、粘着質的な思考や、持続力があって、なかなか句点まで行かない、捻転するような息の長い文章も、吉田秀和節なのですね。これはドイツ語的ですよ。その独仏のふたつの要素が、吉田秀和さんらしい日本語の語りの調子の中で、混交し、融合し、ハイブリッド化しているのです、というか、混ざっている。これは、日本の教養人の、英語かドイツ語かフランス語か、あるいはロシア語、中国語というパターンを破っている。自由な市民、吉田秀和の面目躍如です。

「吉田秀和」登場！

けれど、吉田秀和さんの最初の著書は、ようやく昭和二十年代の後半に出るのですから、文筆家としては雌伏の期間がすごく長かった。これは吉田秀和さんの世代と歴史の問題になってくると思うのです。

ヨーロッパのいろいろなものに触れるためには語学も英独仏語ができなければとか、大正教養主義的、旧制高校的なセンスを、ひとりで総合しようとした。小林秀雄よりも後ろのジェネレーションとして、先行世代への上積みを考えると、マルチな語学力というのは、戦略として素晴らしい。もちろん、それは物書きとしてうまく人生を運ぼうとする方便ではなくて、シューマンやシューベルトやドビュッシーやラヴェルの歌曲が好きだったからでしょう。吉田秀和は小林秀雄のように文芸批評家を目指していたのではない。文学と語学の両方の趣味が生きる音楽へ。比較的競争相手の少ない音楽批評に、自らの趣味嗜好の命ずるままに行こうとした。文芸批評だと競争相手も多いから、覇権を握るのは、さすがの吉田さんでもたいへんだったかもしれない。でも、もとよりそちらに行く気はなかった。詩人なんかのたいへんな暮らしも見ながら、音楽の物書きとして立っていく策を巡らした。

ところがそのとき日本の歴史が、吉田さんみたいな個人の自由な仕事の伸長を許さなかった。歴史の話になるわけですが。吉田さんよりちょっと上の世代だったら、いきなり詩を書いたり評論を書いたりして、文芸雑誌とかの寄稿者になって評論家的に生きる、つまり小林秀雄的、河上徹太郎的な人生がありえた。けれど、吉田秀和さんの場合は、大学を出た頃にはもう戦争の時代になるところで、国家総動員になってゆく。個人が趣味を活かして自由に立ち回ろうとしても、社会からそういう人の棲息できる領域がひたすら減ってゆく。吉田さんは、大正教養主義の爛熟のあとの世代だからこそ、文学にも音楽にも早くから広く触れ、自分の好きなものに深く広くのめりこんで行けるための、複数の語学を含めた幅広い教養を培えたという点では幸福な世代だけれども、無事培ったときには、それを活用する環境を与えられなかったという点では不幸な世代であった。自由に詩を書いたり批評を書いたりして、上の世代が暮らしていたようにはできなくなっていた。

どこかの組織に組み込まれて給料をもらわないと暮らせない。それが国家の中で国民が総動員されるということですね。インテリは組織に入って忍耐しないと生きられなくなる。軍関係か軍需生産関係か。あるいは、学校か官庁か統制配給のための組織か。それでも、例えば小説家になって、芥川賞でも取ってしまえば、まだなんとかなるのかもしれないけれど、いわゆるフリーランスの物書きとして、あるいは中原中也みたいに、ある意味出鱈目に生きるのは、吉田さんが大学を出るころにはできなくなっている。

そして吉田さんはというと、生きるために時代に適応して、組織の中で忍耐することを、見事に覚えました。内務省や日本音楽文化協会で「お役所仕事」をした。翻訳や音楽界の統制に携わるような仕事をした。生活者としてのしぶとさとしたたかさを身に付けた。自分が本当に書きたいものを赤裸々にして、中原中也みたいに無防備に、好き勝手に生きていくことはできない。好き勝手なものを封印する。出せるときまで忍耐する。そうやって生き続ける。吉田さんといえば物書きだけでなく事務的な能力のある方ですよ。水戸芸術館館長を長くなさったけれども、名前だけの館長ではない。本当にトップとして政治的才覚を発揮して仕切っておられたという。事務方が単に推戴する「名ばかり館長」ではなかった。吉田さんは敗戦直後には、のちに桐朋学園の音楽のセクションに発達する「子供のための音楽教室」を作るところから中心メンバーになって、戦後のキャリアの原点になっているわけですが、当時の吉田秀和さんは音楽評論家として有名だったわけではない。結局、戦争中の文化芸術関係の役人仕事で鍛えられている、その実務能力を買われて、音楽教室の室長として迎えられたのでしょう。齋藤秀雄や井口基成がその方面の能力を期待した。つまり、吉田さんは、戦時下で自由に生きられなくて、組織の中で忍耐して生きて、翻訳の仕事から、人の管理、お金や物資の管理とか調達とかをきちんとやる事務官になって、戦後にもその経験が生きた。

最後も水戸芸術館の館長だった。百歳近くになっても、なお事務的な差配が心を濃やかにしてできた。実際、吉田さんは、私の限られた経験では、同席させていただいても、不用意に本音をお話しになることはない。今、この人にこう言ったらどうなるかしらとね、常に計算ずくで話されていた。恐るべき人です。

そうして、満を持して、最初の音楽評論集がついに出版されたのは一九五三年ですよ。『主題と変奏』です。吉田さんは一九一三年の生まれだから四十歳の年です。一九〇九年生まれの松本清張が『或る「小倉日記」伝』で芥川賞をもらって文壇に認知されたのが同じ一九五三年。清張か秀和かというくらい遅いのです。そういう中で、自分がシューマンを好きだったら好きで、シューマンのことを書いていたらなんとかなるんだ、みたいな甘い幻想はまったく持っていない。戦後、ヨーロッパへ行って、フルトヴェングラーを聴いても、こういう生々しいオーケストラなんてこの科学文明の時代にはじきになくなって、自動演奏とかに切り替っていくんじゃないかみたいな……。常に今はどうで、未来はどうなるか、その中で自分の立ち位置は如何に確保されれ、またされないのかということを考えた。戦争の時代を危機に堪えて生き抜くとはそういうことなのでしょう。

例えば、吉田さんは戦後の前衛音楽の紹介者にもなったけれど、個人的に好きか嫌いかということではなく、時代の大きな運命、歴史の歯車を捕まえようとしていたのでしょう。でも、吉田さんは歴史家や哲学者ではなくて批評家だから、その運命や歯車を、作品や演奏の具体性において発見しようとする。例えば柴田南雄だと「大局先にありき」で、そこに個々の作品や演奏をはめる。大局観が先行している。しかし、吉田秀和だと逆でしょう。「個物先にありき」で、そこから大局を思い描き、人々と議論しようとする。フルトヴェングラーを聴いて、こういう観点から、私はこう思った、あなたはどう思うか。そのように書く。教祖にはならない。決めつけはしない。作品や作曲家や演奏家を幾らでも褒めはするし、批判もするけれど、信仰を全否定はしない。自立した市民の理想像というやつです。そうでないとアクチュアルな批評家であることはできないし、どんな時代にもしぶとく生き残るということもできないでしょう。

つまり、吉田秀和さんは、戦争で長い雌伏時代を強いられたがゆえに、戦後は解放されて、抑圧から自由になって奔放に言いたいことを言ったというのとは少し違うだろうと思うのです。クラシック音楽なんて不要不急のものは国家社会の状況次第ですぐにどうにでもなってしまうものだし、戦争が終わったからと言って、好き勝手なことを言っていてもしようがない。自分が、クラシック音楽が、市民が、生き延びていくためにはどうすればよいのか。世の中にクラシック音楽があり続け、栄え、その中で吉田さんが聴きたいものを個人として人間として楽しんで行ける環境を持続するためには、ひとりの批評家としてどう振る舞ったらいいのか。何を言い、何を我慢し、時代の中での自分の役割や立ち位置が今どこにあると認識すればいいのか。いつも自らに問いかけ、人にも問いかけ、頭を全力で回転させている方でしたね。

あらゆる教養を束ねた批評

吉田秀和の批評の方法について、もう少し触れましょうか。処女評論集の『主題と変奏』の巻頭には「ローベルト・シューマン」が置かれています。翻訳書を別とすれば最初の本のあたまですから、それはつまり人生の勝負をかけた作品と考えてよいでしょう。実際、そこには吉田秀和という評論家の戦略と戦術が全部あると私は思っています。書き出しは、青年時代に日比谷公会堂でピアニストのリサイタルに行ったときの話です。そのとき吉田秀和さんは激情に駆られていた。失恋か何かの経験で、他人を信用できなくなって、ある人に石をぶつけてやろうと思って握りしめていた。ところが、その晩の日比谷公会堂で、バッハとシューマンの組み合わせを聴いたら、そういう感情が消えてしまった。なぜだろうか。

評論全体が推理小説のように、その謎解きとして書かれているのですね。しかも完全に小林秀雄の『モオツアルト』の書き出しを意識している。吉田の評論を読む当時の人は、まず誰だって、一世を風靡した小林のモーツァルト論を読んでいる。小林が無頼を気取って大阪の街を歩いていたら、モーツァルトの音楽が脳内に電撃的に鳴りひびいたという衝撃的な導入部分を知っている。吉田も小林に対抗してこう来たかと思いますよ。この喚起力で、まず一発かます。

もちろん、この手は奇策とは言えません。小林も吉田も、批評は主観から出発すべきだと信じている。自分の強い感情や閃きや鮮烈な体験がまずなくては、いかなる対象も批評として論じられない。だいたい批評の問題意識というのは主観でしょう。客観的に問題意識がありうるなどと距離をとっていては批評なんて成立しない。かといって、主観ばかりではエッセイしか生まれない。評論は論ですから。主観的問題意識や理屈を超えた閃きが、客観的に多くの人を納得させられる施策の筋道によって展開され、結論に至らねばならない。主観の客観化。それが批評とも言える。吉田さんのシューマン論も見事にそうなっている。日比谷公会堂のくだりからシューマンとは何かと問いかけて、あとは理詰めで解いていく。しかも、通常のシューマンのイメージをなぞるのでは、発見がなく面白みもなく、わざわざ論を立てても意味がないわけで、吉田さんはシューマンの一般的イメージの御膳をひっくり返す。ロマンティックとか幻想的とか詩情豊かとかメロディアスとか、そんな説明ではない。そうではなくて、主情的なものを溶かして超越してバッハに近いのがシューマンだという。シューマンをロマン派だと思っている人がギャフンというように、最上のミステリーのような、探偵の種明かしのような、ストーリー展開があるのです。

その展開の中には、音楽のことは小林秀雄よりも河上徹太郎よりも当然、音楽批評プロパーである自分の方が深く書けるぞ、ということの誇示もある。小林秀雄の『モオツアルト』にも譜例は出てきますが、それは一段の旋律譜です。対して、吉田秀和のシューマン論には二段譜、三段譜が出てくる。これはもう音楽がかなりわかる人でないと太刀打ちできない。それだけだと、読者の間口を狭くするだけですが、吉田さんのは文章だけでも納得させられることが書いてありますから、譜面が分からないと読めなくなることはない。譜例は見せかけというか象徴的な飾りとも言える。「小林秀雄なにするものぞ」という旗印みたいなものですね。

そういう仕掛けも使いながら、吉田さんはシューマンに切り込んでゆく。主観の客観化を果たしてゆく。シューマンをロマン派のイメージからバッハへとシフトさせてゆく。評論は何節かに分かれていますが、各節のあたまには級数を落とした、エピグラムといいますか、言葉の短い引用とかが入っていて、そこにはフランス語あり、ドイツ語あり、吉田一穂の詩あり。つまり吉田秀和の美意識や教養の核になるものが総動員されている。そして、日比谷で石を投げる気のなくなったわけが、その晩、聴いたシューマンの音楽の性質から、ついに解き明かされる。

吉田さんは、シューマンの音楽には、それがロマン派音楽の典型であると一般的に評価され続けてきたにもかかわらず、ロマン派らしさの肝心要であるところの感情を劇的に高揚させ、ドラマティックな大伽藍を有機的な発展のもとに打ち立てるという構想に乏しいと喝破します。では、その代わりに何があるのか。吉田さんは、シューマンの音楽には、初歩的なエチュードのほんのひとくさりのような単純な音型をしつこく繰り返し、連続的に流れ続ける運動を作り出すことへの強迫観念的なこだわりがあり、それは「バッハに流れる手法の復活」と呼べるものだ、実際、シューマンのこの曲、あの箇所は、バッハのここそことこんなに似ているではないかと、譜例を繰り出して説明する。そのくだりが、吉田さんのシューマン論の頂点でしょう。結局、それは激しい感情を中和する役割を果たすでしょう。バッハを聴いて興奮する人はあまりおりますまい。

だから、吉田さんも石を投げずに終わった。吉田さんの青春の一夜の心持ちの解明が、客観的説得力を持ったシューマン論として落着する。このシューマン論こそ、吉田さんの批評の方法を持てる手ごまを使い尽くして展開した、理想の作品だと思います。吉田さんのすべては、「ローベルト・シューマン」から見えてくるでしょう。

一世一代――「吉田秀和」と「森繁久彌」

吉田秀和は日本の音楽批評を切り開いた。そういう評価がされることもあると思います。でも、それはおかしな表現ですね。分野を切り開いたら、あとに続く人がいなくてはいけないけれど、吉田さんはそういう次元の人ではありません。一世一代の人です。吉田秀和に見合った教養を形成して、破綻のない人格に高め、偉大な書き手となるというのは、もう無理だと思うのです。吉田さんは旧制高校的な教養人のひとつの究極ですよ。英独仏の語学を磨き、美術、文学、音楽もそれぞれの王道を踏まえながら、音楽に深入りして、大人（たいじん）として完成する。吉田秀和さんが最初で最後でしょう。

今の大学では仏文科も独文科も昔日の勢威はない。フランス語やドイツ語をやれば教養人だというのも昔日譚になりつつあるでしょう。クラシック音楽をよく知り、ドイツ語もフランス語も翻訳できる天才的批評家が、国のトップの文化人にまでのぼりつめるには、クラシック音楽とドイツ的教養とフランス的教養が尊敬されていなければならない。また、音楽ひとつとっても、吉田さんの世代なら名曲を極めることはできたかもしれないけれど、今は古楽から現代までとっちらかって、モーツァルトやシューマンをいくら語っても、しかもかりに吉田さんのレベル以上に語れたとしても、大きな尊敬は得られないでしょう。吉田さんは旧制高校的教養主義という土俵の上に花開いた究極の存在であり、しかもそれは戦前の軍国主義時代と戦後民主主義時代をつなげる知性としても存在した。吉田さんを作り出し支えたパラダイムはもう今の時代には崩壊している。吉田秀和が一世一代であるとはそういうことです。吉田さんの文章は日本の批評の古典として残り続けるでしょうが、今後なぞれる存在形態ではありません。

吉田秀和という人は一九一〇年代の生まれだった。彼より少し上の世代なら自由人として戦前のうちに仕事ができ、少し下の世代なら戦後から始まることになる。ところが吉田さんは始めようと思ったら戦争だ。その暗い時代に、旧制高校的なものをたっぷり時間をかけて熟成させながら、耐えて生きていた。戦後も音楽教室の事務をやりながら、ちゃんと生活者として生きて、そのなかで昭和初期からの自分の蓄積をさらに練り上げ、批評家としてもはや試行錯誤せずともよい完成された段階に達してから、勝負に出た。そして、戦前の自由人たちということになる上の世代の批評家たちを圧倒した。次の世代の批評家は、生育環境が違い過ぎて、戦前の教養主義の最良の果実である吉田秀和をもはや模倣できない。吉田秀和は絶妙なところに独自の圧倒的な地位を築きました。

吉田秀和さんと俳優の森繁久彌は同じ一九一三年生まれということを思い出してしまいます。森繁久彌も演劇活動を本格的にしようと思ったら、不自由な時代になってしまって、満州国でアナウンサーになって、さんざん経験を積みながら、静かに耐えていた。戦後帰ってきて、かなり歳がいってから俳優として世に出たら、いきなり大俳優です。吉田さんが、戦争の時代に役人仕事をして耐えながら、いろいろ見分を広め、翻訳の能力なども高めて、雌伏しながら、出てきたときは「敵なし！」というのと似ているでしょう。出てきたときからいきなり大物。もぐればもぐるほど人は強くなるのかもしれません。でも、普通の人はもぐっている間に壊れてしまいますけれど。

ところが、どっこい生きてる。人として強靭すぎるのです。百歳近くになってもラジオでしゃべっているのですから。やっぱり吉田さんの真似は誰にもできません。

あとがき

クラシック音楽の評論をはじめて幾分の歳月をへました。四半世紀はたったでしょうか。しかし、その間、ベートーヴェンやカラヤンやホロヴィッツやモーツァルトのような「大物」を扱うことはそうしょっちゅうはなかったと思います。

住み分けが大事。わたくしの主義のつもりです。自分が比較的、得意なつもりの分野で、書く人が足りないところを補って、それが自分の縄張りに自ずとなってゆけば、とってもいい。そういうつもりで音楽評論の仕事をやってきました。わたくしは、子供の頃から日本の伊福部昭という作曲家が大好きでした。伊福部に関連するところから、内外の近現代の作曲家をたどって聴いてゆきました。そこからロマン派や古典派やバロックに遡る。民族音楽にもつなげる。そうやって音楽への興味を拡げました。そして、日本人の作曲家、近現代の音楽については、おそらくは書き手が世の中に薄めだったので、自ずと仕事をさせてもらえるようになった。そんな具合だったかと思います。ありがたいことです。

ということは、言い方を変えますと、日本人の作曲家、欧米を含めた近現代の音楽について以外は、書き手もたくさんいらして、何もわたくしがどうこう言うような需要も必要もそんなにはなかったわけでございます。無理に戦線を拡大し、領土を広げたい野心もありません。やはり基本は頼まれ仕事ですから、とにかく頼まれたことをしていればよい。その頼まれたことが自分の縄張りの真ん中のことであれば、めでたしめでたし。かといって外れているからとやたらめったら断っては、おまんまの食い上げだ。そんなところでやってきた稼業でございました。

ところが、二〇一一年の地震の直後あたりからでしょうか、河出書房新社の『文藝別冊』が西洋クラシック音楽史上の大物を取り上げるたびに、なぜかわたくしに仕事を振ってくださるようになったのです。具体的に申しますと、河出の編集者の西口徹さんが、わたくしを毎度ご指名くださる。「そんな偉い人たちのことはなかなか書き原稿ではおそれおおくて」とか申すと、「談話でよいから」と言ってくださる。「おしゃべり」なら少しは気軽にやれるし、「談話原稿」の特性で、話が散らかって飛躍や曲折が多くなっても、自然にかたちになってくれやすい。それならばなんとかと、ついつい西口さんに乗せられて毎回お引き受けし、「放談」を繰り返してしまいました。それを起こして多少整えることを九回。九本の「談話」の束ができました。そうしたら「本にしましょう」と言ってくださった。ついにこうなりました。だいぶん越境してゲリラ戦を展開してしまったのだろうか。果たして統制はとれていたのか。わたくしの心のうちなる「関東軍」を叱りつけても、「時すでに遅し」でした。何を言っているのか分からなくなって来ましたが、そんなところでございます。

「地震の直後」というのが、少し気の大きくなる時期ではあったのです。世の中、どうなるか分かったものではないから、言いたいことは言えるときに言っておこうか。大げさに言うと、特に二〇一一年はすべての仕事が「書き置きモード」になっておりました。そのへんから続いていって、バッハからグレン・グールドまで、西洋クラシック音楽ファンにとっての核心の領分に揃って場所を占めるだろう九人について、いつの間にか喋ってしまいました。せめてシェーンベルクやストラヴィンスキーがいてくれてもよいではないか。そう言いたいところなのですが、そこは『文藝別冊』でございます。取り上げられるのは見事に人気の面でも興味の面でも「核心」をなす人々ばかり。それで本書の名前も『クラシックの核心』とあいなりました。

といっても、ずばり「核心」について喋っているのかというと、どんなものでしょうか。「西洋クラシック音楽史の核心をなす人たちについての、極私的な、搦め手からの説き語り」といったくらいのものでございましょうか。『文藝別冊』掲載時には分量等の都合で落とした内容も、いくぶん復活させていることをここでお断りしておきます。それなので九本とも元より長くなっております。

インタヴューは、事前の打ち合わせはなく、ふられた話題にその場で即興的に応答するかたちでやりました。「聞き手」をやっていただいた西口徹さんと近藤憲一さんに深く感謝します。インタヴューは毎回必ず、テーマ音楽家との「出会い」を尋ねられるところから始まりました。

そのおかげで、一九六〇年代に生まれた日本の子供がバッハやモーツァルトやマーラーなどとどう初対面したかという、ひとつのサンプル・ケース集にはなったかと思います。映画やテレビの話もよく出てくるのですが、決して奇をてらっているわけではありません。きっとみなさんの中の多くの方も、出会いというと、いきなり自分の意思でコンサートに行ったりレコードを買ったりというわけではなくて、メディアを通じて自然といつの間にか耳に入ってきたとか、小学校の音楽の授業とか、音楽のお稽古ごととか、そういうところからではなかったでしょうか。そのような種類の記憶をたどるきっかけ、何かを呼び覚ます入口にでも、もしも本書がなれば、願ったりかなったり。もちろん、辺境からの遊撃戦的展開が何らかの「核心」にまで到達していそうな箇所があってくれれば、これに優る喜びはありません。

二〇一四年一月

片山杜秀

文庫版あとがき

本書は、二〇一四年三月に河出書房新社から単行本として出して頂いた『クラシックの核心』の文庫版です。といっても、全九章から全十五章になり、分量も相応に増えております。書名も変わりました。増補・改題版ということでございます。

『クラシックの核心』の成り立ちについては前掲のオリジナル版のあとがきに記した通りです。『文藝別冊』でクラシック音楽の作曲家や演奏家がテーマとなる度に、談話から構成した原稿を載せて頂いていて、それが九本になったところで本に纏まったのでございました。一冊になったからにはそこで一区切りかなとも存じていたのです。ベートーヴェンの交響曲も第九番で終わりでしょう。九本で完結ではないかと。

ところが、河出書房新社の西口徹さんがそのあとも『文藝別冊』でクラシック系の人物が特集されるとなると、同趣向のことを繰り返させて下さいました。それでいつの間にかだいぶん増えておりました。ベートーヴェン、トスカニーニ、バーンスタイン、マリア・カラス、カール・リヒター、吉田秀和の六本です。やはり、クラシック音楽の核心的な人々ばかりですから、タイトルは元のままでも構わなかったのかもしれません。けれど、クラシックの核心と言っても、交響曲とか、オペラとか、バロックとか、ロマン派とか、フーガとか、ソナタ形式とか、ピアノとか、ヴァイオリンとか、そういう主題ではなくて、あくまでずっと人についての話ばかりですから、そこを強調した書名でも悪くないかと、『クラシック大音楽家15講』とさせていただきました。

音楽家というと普通は作曲家や演奏家を指す言葉でしょう。音楽評論家は音楽家とは呼ばれないのではないか。演劇評論家は演劇人なのか、映画評論家は映画人なのか。やはりその世界を外から観るから評論できるということになりましょうから、評論家は別次元と考えるのが一般的なように思います。だとすると、大音楽家の中に吉田秀和さんを数えるのは妙な気もしますけれど、吉田さんには妙を超えた大きさがあるし、もしも「十四人の音楽家と一人の音楽評論家」なんて書名にしたら、これはもう奇妙なので、「十五人の中に、評論家が一人居てもいいじゃないか！」と岡本太郎風に呟かせていただいて、この問題の答えと致したく。

表紙は烏田晴奈さんに描いていただきました。まことに僭越な話ですが、二〇一七年にサントリーホールのサマーフェスティバルのプロデューサーを務めさせて頂き、諸井三郎や大澤壽人や伊福部昭や黛敏郎の作品を並べて幾つかのコンサートをお届けしましたが、そのときに「怪物！カタヤマくん」という宣伝漫画を、私ごときを丁寧に取材して創作してくださったのが烏田さんでした。彼女は福士則夫門下の作曲家であられる。作曲家がいつも居てこそのクラシック音楽史でございます。

どうかみなさん、評論家のことは忘れても、クラシック音楽のことは忘れないでください。

二〇二二年十二月

片山杜秀

＊本文庫は、片山杜秀『クラシックの核心――バッハからグールドまで』（河出書房新社、二〇一四年三月刊／初出は九冊の『文藝別冊』各総特集号、二〇一一年二月刊～二〇一四年一月刊）に、新たに六冊の同誌各特集号（二〇一四年七月刊～二〇二〇年六月刊）の片山杜秀原稿に加筆修正したものを加えたものです。

片山杜秀のクラシック大音楽家15講

二〇二三年 二 月一〇日　初版印刷
二〇二三年 二 月二〇日　初版発行

著　者　片山杜秀
発行者　小野寺優
発行所　株式会社河出書房新社
〒一五一-〇〇五一
東京都渋谷区千駄ヶ谷二-三二-二
電話〇三-三四〇四-八六一一（編集）
〇三-三四〇四-一二〇一（営業）
https://www.kawade.co.jp/

ロゴ・表紙デザイン　粟津潔
本文フォーマット　佐々木暁
本文組版　有限会社マーリンクレイン
印刷・製本　凸版印刷株式会社

Printed in Japan ISBN978-4-309-41945-9

カラヤン

吉田秀和　41696-0

今こそカラヤンとは何だったか、冷静に語る時。適任はこの人をおいていない。カラヤンの、ベートーヴェン、モーツァルト、ワーグナー、オペラ、ブルックナー、ドビュッシー、新ウィーン学派……。

決定版　マーラー

吉田秀和　41711-0

2011年オリジナル文庫の増補新装版。新たに「マーラー、ブルックナー」「マーラーの新しい演奏」「五番　他　シノーポリ」「菩提樹の花の香り」など五篇を追加。

私のモーツァルト

吉田秀和　41809-4

吉田秀和がもっとも敬愛した作曲家に関するエッセイ集成。既刊のモーツァルトに関する本には未収録のものばかり。モーツァルト生誕230年記念。長文の「私が音楽できいているもの」は全集以外初収録。

ホロヴィッツと巨匠たち

吉田秀和　41714-1

圧倒的な技巧派・ホロヴィッツの晩年公演を「ひびの入った骨董品」と称し名声を高めた吉田秀和。他、著者が愛した名ピアニスト３人――ルービンシュタイン、リヒテル、ミケランジェリに関する一冊。

ブラームス

吉田秀和　41723-3

ブラームスの音楽の本質・魅力を、ブラームスの人間像も含めて解き明かす。交響曲、協奏曲、ピアノソロ、室内楽等々、幾多の名曲と名演奏を味わう、ブラームス鑑賞の決定版。文庫オリジナル。

クライバー、チェリビダッケ、バーンスタイン

吉田秀和　41735-6

クライバーの優雅、チェリビダッケの細密、バーンスタインの情動。ポスト・カラヤン世代をそれぞれに代表する、３人の大指揮者の名曲名演奏のすべて。

ベートーヴェン

吉田秀和　41741-7

「ベートーヴェンの音って？」から、ソナタ、協奏曲、交響曲について、さまざまな指揮者、演奏家の解釈を通じて、ベートーヴェンとは何かを味わう。文庫オリジナル編集。

フルトヴェングラー

吉田秀和　41927-5

2011年初版の新装版。ベートーヴェン、ブラームス、ブルックナーなどの演奏論。巻末に『LP300選』に掲載されたレコード表に基づくCD一覧を増補。著者没後10年を期して。解説＝片山杜秀。

グレン・グールド

吉田秀和　41683-0

評価の低かったグールドの意義と魅力を定め広めた貢献者の、グールド論集。『ゴルトベルク』に始まるバッハの他、モーツァルト、ベートーヴェンなど、多角的に論じる文庫オリジナル。

バッハ

吉田秀和　41669-4

バッハについて書かれたさまざまな文章を一冊に集める。マタイ受難曲、ロ短調ミサ曲、管弦楽組曲、平均律クラヴィーア、ゴルトベルク、無伴奏チェロ……。リヒターからグールドまで。

西洋音楽史

パウル・ベッカー　河上徹太郎〔訳〕　46365-0

ギリシャ時代から二十世紀まで、雄大なる歴史を描き出した音楽史の名著。「形式」と「変容」を二大キーワードとして展開する議論は、今なお画期的かつ新鮮。クラシックファン必携の一冊。

中世音楽の精神史

金澤正剛　41352-5

祈りの表現から誕生・発展したポリフォニー音楽、聖歌伝播のために進められた理論構築と音楽教育、楽譜の創造……キリスト教と密接に結び付きながら発展してきた中世音楽の謎に迫る。

憂鬱と官能を教えた学校 上 【バークリー・メソッド】によって俯瞰される20世紀商業音楽史 調律、調性および旋律・和声

菊地成孔／大谷能生 41016-6

二十世紀中盤、ポピュラー音楽家たちに普及した音楽理論「バークリー・メソッド」とは何か。音楽家兼批評家＝菊地成孔＋大谷能生が刺激的な講義を展開。上巻はメロディとコード進行に迫る。

憂鬱と官能を教えた学校 下 【バークリー・メソッド】によって俯瞰される20世紀商業音楽史 旋律・和声および律動

菊地成孔／大谷能生 41017-3

音楽家兼批評家＝菊地成孔＋大谷能生が、世界で最もメジャーな音楽理論を鋭く論じたベストセラー。下巻はリズム構造にメスが入る！　文庫版補講対談も収録。音楽理論の新たなる古典が誕生！

服は何故音楽を必要とするのか?

菊地成孔 41192-7

パリ、ミラノ、トウキョウのファッション・ショーを、各メゾンのショーで流れる音楽＝「ウォーキング・ミュージック」の観点から構造分析する、まったく新しいファッション批評。文庫化に際し増補。

ユングのサウンドトラック

菊地成孔 41403-4

気鋭のジャズ・ミュージシャンによる映画と映画音楽批評集。すべての松本人志映画作品の批評を試みるほか、町山智浩氏との論争の発端となった「セッション」評までを収録したディレクターズカット決定版！

「声」の資本主義 電話・ラジオ・蓄音機の社会史

吉見俊哉 41152-1

「声」を複製し消費する社会の中で、音響メディアはいかに形づくられ、また同時に、人々の身体感覚はいかに変容していったのか——草創期のメディア状況を活写し、聴覚文化研究の端緒を開いた先駆的名著。

メディアはマッサージである

マーシャル・マクルーハン／クエンティン・フィオーレ　門林岳史〔訳〕 46406-0

電子的ネットワークの時代をポップなヴィジュアルで予言的に描いたメディア論の名著が、気鋭の訳者による新訳で、デザインも新たに甦る。全ページを解説した充実の「副音声」を巻末に付す。